# 世界汽车赏析

（白金版）

奇点文化◎编著

清華大學出版社
北京

## 内 容 简 介

本书精选50多个世界著名车企旗下的320多个车型，通过上千张高清精美插图和数据信息介绍，为广大汽车爱好者展示了大量值得品味的优秀汽车产品，带领读者领略汽车的艺术魅力、文化内涵和鉴赏价值。全书共8章，包括世界汽车起源与发展以及德国、法国、英国、意大利、美国、中国、日本、韩国等国家的著名汽车赏析。

全书高清彩印，可鉴可赏，具有阅读、欣赏、研究和收藏价值。适合对汽车感兴趣、想要了解汽车功能和学习汽车结构、设计的读者阅读，同时也可以作为汽车爱好者的收藏图册和鉴赏指南，或作为开设了汽车赏析等相关课程的各学校、培训机构的教学参考用书。



**图书在版编目（CIP）数据**

世界汽车赏析：白金版 / 奇点文化编著. -- 北京：清华大学出版社, 2025. 7. -- ISBN 978-7-302-69496-0

Ⅰ. U469

中国国家版本馆CIP数据核字第2025S3A218号

**责任编辑：** 李玉萍
**封面设计：** 王晓武
**责任校对：** 张彦彬
**责任印制：** 丛怀宇

**出版发行：** 清华大学出版社

网　　址：https://www.tup.com.cn，https://www.wqxuetang.com
地　　址：北京清华大学学研大厦A座　　邮　　编：100084
社 总 机：010-83470000　　邮　　购：010-62786544
投稿与读者服务：010-62776969，c-service@tup.tsinghua.edu.cn
质 量 反 馈：010-62772015，zhiliang@tup.tsinghua.edu.cn

**印 装 者：** 涿州汇美亿浓印刷有限公司
**经　　销：** 全国新华书店
**开　　本：** 146mm×210mm　　**印　　张：** 15.25　　**字　　数：** 634千字
**版　　次：** 2025年7月第1版　　**印　　次：** 2025年7月第1次印刷
**定　　价：** 98.00元

---

产品编号：104217-01

# 前言

人类的发展离不开文化的交流与物资的交换，自古以来，道路和交通工具都承载着人类文明前进的步伐。在古代交通不便的时期，由牲畜或人力拉动的原始交通工具如马车、牛车、雪橇等，虽然效率不高，但依旧是人们出行的重要工具。

随着时代的发展和技术的进步，时至今日，由电力或燃油等提供动力的汽车早已实现了普及。这种方便快捷的交通工具不仅能够帮助人们实现快速移动、扩大日常生活的活动半径、加速商品的运输速度，还能使人们能够自由地旅行和探索新的环境，在某种意义上象征着自由。

不过，自19世纪世界上第一辆得到专利批准的汽车诞生以来，汽车的意义就不仅仅是普通的交通工具了。在某些文化中，汽车被视为地位的象征，豪华的、具有多种功能或者带有独特标识、结构的汽车能够展示人们的财富和社会地位，豪华的汽车越多，越能彰显人们的富有程度。

而且，不同的人对于汽车的理解和需求可能大相径庭，在满足基本出行要求之外，国家统治者可能更加追求汽车的安全性与独一性，富有的商人追求汽车的美观性和设计的舒适性，竞赛选手追求汽车的性能与速度，军队追求汽车的坚固耐用性和环境适应性，普通人追求汽车的外形设计与空间容量……为了适应不同人群的不同需求，汽车逐渐划分出大量的分支，从越野车到轿车，从敞篷跑车到面包车，从SUV到MPV，种类丰富，应有尽有，外观也五花八门。

对于汽车爱好者来说，无数小巧的零件组合成复杂的结构，再通过各种传动装置和框架组合成一辆能通过简单操作实现快速驱动的汽车，无疑是一种令人惊叹的奇迹，汽车的发明者与技术推动者更是令人心生敬佩。本书为汽车爱好者收集了50余个世界汽车品牌以及300余个车型，通过图片展示、数据信息、赏析介绍等穿插排版的方式，向读者展示各个车企的发展历程和旗下代表性车型。

全书分为两大部分，第一部分介绍世界汽车发展史，了解汽车的起源与发展过程，熟悉汽车的基本结构和功能，为后面的车型赏析打下基础。第二部分是本书的主体，按照国家分类来介绍世界著名汽车品牌旗下的代表性车型，其中涵盖了德国、法国、英国、意大利、美国、中国、日本、韩国等国家的汽车品牌，通过图文搭配的方式展现汽车的多样性和丰富性。

书中设置了车企介绍、汽车数据信息、车型展示和赏析介绍四大板块，脉络清晰，按照国家分章后又按汽车品牌旗下车型上市的先后顺序进行排序，这样有助于读者了解各大车企技术与设计方向的演变。在汽车数据信息方面，本书会使用一些专业术语，但这些术语在第一部分内容中都有详细介绍，并且在赏析文字中也会有相应的解释，因此并不影响读者的阅读乐趣。

需要说明的是，由于某些车型年代久远，相关信息不全，网络公布数据与实测数据可能存在一定的差异，还有一些汽车因多版本或后续改版等原因造成数据变化，因此书中展示的部分汽车的发动机、变速箱、车身结构、驱动方式、悬挂系统等信息中有一些不可考或存疑的情况，一些车型的车身尺寸也存在估判的情况，具体信息有待进一步研究、完善和补充，所以书中难免会有错漏和不足之处，希望读者理解，也欢迎读者朋友批评指正。

全书可鉴可赏，具有阅读、欣赏、研究和收藏的价值，适合对汽车感兴趣、想要了解汽车功能和学习汽车结构、设计的读者阅读，同时也可以作为汽车爱好者的收藏图册和鉴赏指南，或作为开设了汽车赏析等相关课程的各学校、培训机构的教学参考用书。

编　者

# 目录

## 第1章 世界汽车起源与发展 1

## 第2章 德国汽车赏析 53

# 第1章 世界汽车起源与发展

装备轻便动力、能够自行推进的轮式道路车辆——汽车，从最基础的发动机动力探索到如今的自动驾驶技术研发，历经了上百年发展、改进与创新，它已经完全融入和改变了人类社会的格局，成为人类最重要的陆上交通工具之一。

# 摸索前进的汽车发明时期

世界上第一辆得到专利批准的汽车诞生于19世纪，但在此之前，关于机器动力和车辆零部件的研究已经进行了上百年。从引发第一次工业革命的蒸汽机到推动交通工具革命的内燃机，从最基础的车轮改造到灵活的车身转向控制系统，无数科研先驱的智慧和匠心凝聚起来，最终造就了汽车这一具有划时代意义的交通工具。

## 汽车发明的基础——蒸汽机

英国

蒸汽机是一种能够将蒸汽的能量转换为机械功的往复式动力机械，而它的雏形早在公元1世纪就已经出现，即由古希腊数学家亚历山大港的希罗（Hero of Alexandria）发明的汽转球。

◆汽转球

1712年，托马斯·纽科门（Thomas Newcomen）发明了不依靠人和动物来做功而是靠机械做功的蒸汽机，被称为纽科门蒸汽机。

1769年，英国人詹姆斯·瓦特（James Watt）与马修·博尔顿（Matthew Boulton）合作，发明了装有冷凝器的蒸汽机。1776年，他们又制造出了第一台有实用价值的蒸汽机，以后经过一系列重大改进，使之成为“万能的原动机”，在工业上得到广泛应用，开辟了人类利用能源新的时代，使人类进入“蒸汽时代”。

◆蒸汽机

## 第一辆蒸汽驱动的三轮汽车

法国

在动力研究得到重大突破的同时，人类对载人交通工具的探索也在进行中。1769 年，法国人 N. J . 居纽（Cugnot）制造了世界上第一辆蒸汽驱动的三轮汽车。这辆汽车被命名为“卡布奥雷”，车长 7.32 米，车高 2.2 米，车架上放置着一个像梨一样的大锅炉，前轮直径 1.28 米，后轮直径 1.50 米，前进时靠前轮控制方向，每前进 12 ~ 15 分钟需停车加热 15 分钟，运行速度为 3.5 ~ 3.9 公里 / 时。

◆蒸汽三轮汽车

可惜的是，由于各方面限制以及蒸汽汽车动力、续航方面的缺陷，居纽的这项发明宣告失败。

但它是古代以人、畜、帆为动力的交通运输与近代以机械动力驱动的交通运输的分水岭，具有划时代意义，同时也为后人对汽车的研究打下了基础。

1804 年，英国人脱威迪克（Trouithick）设计并制造了一辆蒸汽汽车，并成功地拉着 10 吨重的货物在铁路上行驶了 15.7 公里，可谓向前跨出了一大步。

1825 年，英国人斯瓦底 · 嘉内制造了一辆 18 座的蒸汽公共汽车，车速为 19 公里 / 时，开始了世界上最早的公共汽车运营。

1828 年，英国人瓦尔塔 · 哈恩格克造出的蒸汽机汽车载客量达到 22 人，最高车速达到 32 公里 / 时，公共运输开始规模化。1834 年，世界上第一个公共汽车运输公司——苏格兰蒸汽汽车公司宣告成立。

◆蒸汽公共汽车

## 有划时代意义的立式四冲程内燃机

德国

由于蒸汽机的笨重和能量转换效率低，人们开始寻求其他更加轻巧、便捷的动力来源。

1794 年，英国人斯特里特提出从燃料的燃烧中获取动力，并且第一次提出了燃料与空气混合的概念。

1833 年，英国人赖特提出了直接利用燃烧压力推动活塞作功的设计。

1861 年，法国人德·罗夏提出了进气、压缩、作功、排气等容燃烧的四冲程内燃机工作循环方式，被法国当局授予了专利。

◆尼古拉斯·奥托

1866 年，这一设想被实践验证，德国工程师尼古拉斯·奥托成功试制出动力史上具有划时代意义的立式四冲程内燃机。1876 年，他又制出第一台实用的活塞式四冲程煤气内燃机，并于 1877 年 8 月 4 日获得专利。

这是第一台往复活塞式、单缸、卧式、3.2 千瓦（4.4 马力）的四冲程内燃机，以煤气为燃料，采用火焰点火，转速为 156.7 转 / 分，压缩比为 2.66，热效率达到 14%，运转平稳，被称为奥托内燃机。为纪念这一伟大发明，人们将四冲程循环称为奥托循环，奥托本人也以内燃机奠基人的身份被载入史册。

◆奥托内燃机

◆立式汽油机

奥托内燃机是以煤气作为燃料的动力装置发展史上的一个重要里程碑，不过随着石油开采业的发展，人们开始将目光转向更加便携、更易获得的汽油和柴油。

1883 年，德国的戈特利布·戴姆勒（Gottlieb Daimler）成功制造了第一台立式汽油机，具有轻型和高速的特点。当时其他内燃机的转速不超过 200 转 / 分，它却一跃而达到了 800 转 / 分，特别适应交通运输机械的要求，同时在燃料上也具备优势。

◆戴姆勒

## 压缩点火式内燃机的首创

法国

19 世纪末，尼古拉斯·奥托的点火式内燃机已较成熟。德国人鲁道夫·狄塞尔在奥拓发动机的基础上专注开发高效率的内燃机，并以柴油为燃料进行研究。

由于柴油燃点高，点火性能不佳，无法套用奥托内燃机的结构，于是狄塞尔开始另寻他路。1892 年，狄塞尔受面粉厂粉尘爆炸的启发，设想将吸入气缸的空气高度压缩，使其温度超过燃料的自燃温度，再用高压空气将燃料吹入气缸，使之着火燃烧。

1897 年，他首创的压缩点火式内燃机（柴油机）研制成功，为内燃机的发展开拓了新途径，压缩点火式内燃机也被称为狄塞尔引擎。

◆狄塞尔引擎

## 第一台真正意义上的汽车

德国

世界上第一台真正取得了专利批准的汽车是以内燃机为动力来源的，其发明者卡尔·弗里德里希·本茨（Karl Friedrich Benz）身为德国著名的戴姆勒·奔驰汽车公司的创始人、现代汽车工业的先驱者之一，在第一台汽车问世之前也经历了不少挫折。

◆卡尔·本茨及家人

卡尔·本茨于 1844 年 11 月 25 日在德国卡尔斯鲁厄出生。1846 年，本茨的父亲因一次火车事故丧生，只余母亲支撑着家庭。

虽然家境清贫，他还要靠修理手表来挣零用钱，但在母亲的支持下，从中学时期就对自然科学产生了浓厚兴趣的卡尔·本茨，先后就读于卡尔斯鲁厄文理学院和卡尔斯鲁厄综合科技大学。

在学校里，卡尔·本茨不仅遇到了两位影响了自己一生的深信“资本发明”学说的老师，更学到了重要的机械构造、机械原理、发动机制造、机械制造经济核算等课程，为以后的事业打下了基础。

◆卡尔·本茨与乘客

毕业之后，卡尔·本茨四处谋生，在经历了卡尔斯鲁厄机械厂学徒、制秤厂的设计师、桥梁建筑公司工长等工作后，于 1872 年下定决心创建一个以自己名字命名的工厂，即奔驰铁器铸造和机械工厂。

但由于当时各行业经济不景气，奔驰工厂经营困难，无力偿还朋友借款的本茨在无奈之下，决定制造可以获取高额利润的发动机来缓解经济压力。

经过几年的不懈努力和探索，卡尔·本茨成功地改进了奥托四冲程内燃机，终于在 1886 年 1 月 29 日试制成功世界上第一辆单缸发动机三轮汽车，获得 DRP 37435 号专利，这一天也被公认为世界汽车诞生日。

专利故事

## 专利申请坎坷多

卡尔·本茨的三轮车在试制成功后，由于技术不成熟总是抛锚，虽然可以行走，但故障频出，被别人嘲讽为“散发着臭气的怪物”。

在经历了多次测试和修正后，卡尔·本茨在 1886 年 1 月 29 日提交专利申请，在同年 7 月 3 日才完成试驾演示，最终于 11 月 2 日获颁专利授权（DRP37435），这台三轮车获得的专利说明是“燃气或燃油发动机车辆”。

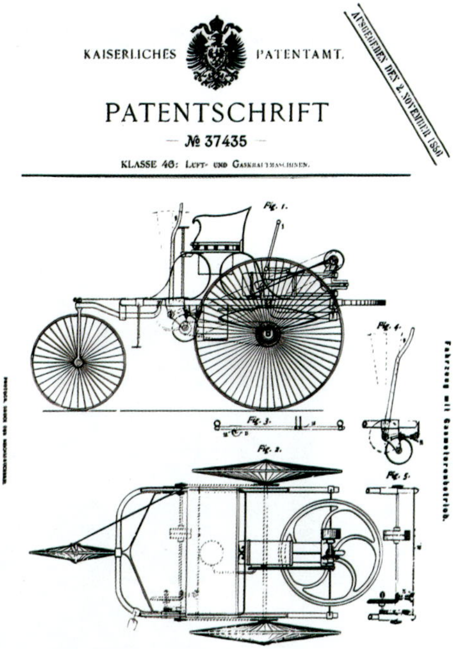


◆汽车制造专利证书

◆ Motowagen 1 号车

## 贝瑞塔·林格完成人类首次汽车自驾旅行

德国

在本茨三轮车诞生的初期，由于不被人看好，还遭到冷嘲热讽，怕出洋相的卡尔·本茨甚至不敢在公共场合驾驶它。1888 年 8 月，从始至终一直在本茨身后默默支持他的夫人贝瑞塔·林格作出了一个勇敢的决定——带着儿子尤根（15 岁）和理查德（14 岁）从曼海姆（Mannheim）驱车 100 公里前往普福尔茨海姆（Pforzhcim）看望母亲。

◆卡尔·本茨的夫人贝瑞塔·林格

她的座驾是“专利汽车”的第三版，该车配备实木辐条车轮和一台动力更强的发动机。贝瑞塔·林格和儿子们拂晓出发，经过一次逸趣横生的冒险之旅，成功地到达普福尔茨海姆。

贝瑞塔在中途的药店找石油醚等石油提取物充当燃料。第一个为贝瑞塔提供燃料的药店在维斯洛赫（Wiesloh）。至今，这个老药店建筑还坚持宣传自己是“世界上第一个加油站”。

5 天后的回程，他们途经布雷滕（Bretten）、布鲁赫萨尔（Bruchsal）和施韦青根（Schwetzingen）返回曼海姆。贝瑞塔·林格实现了她的目标，而这一轰动性的新闻也立刻传开，奔驰专利汽车成为热门话题。

◆中途加油

Bertha Benz
Memorial Route

## 世界上第一条自驾之路

这次旅程不仅使贝瑞塔·林格成为世界上第一位驾驶汽车的人，这条路也被称为世界上第一条自驾之路——贝莎·本茨之路。

该纪念之路是一条位于德国巴登-符腾堡州的旅游主题路线，全长 194 公里，自 2008 年开通以来，大众再次有机会重温 1888 年世界上第一次汽车长途旅行的路线。

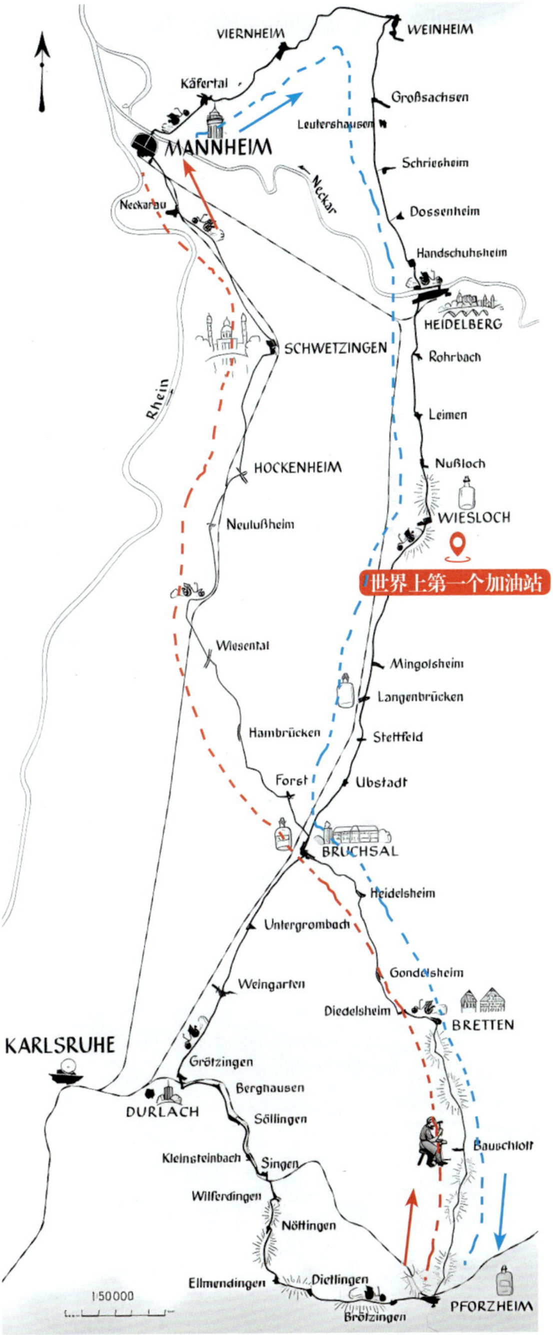

◆自驾路线

## 戈特利布·戴姆勒的四轮汽车

德国

戈特利布·戴姆勒是世界上首辆摩托车和首辆四轮汽车的发明者，同时也是梅赛德斯-奔驰公司（Mercedes - Benz）的前身之一戴姆勒公司的创始人，在汽车发展史上有举足轻重的地位，是现代汽车工业的先驱者之一。

1834 年 3 月 17 日，戈特利布·戴姆勒出生于德国符滕堡雷姆斯河畔舍恩多夫的一个手工业工人家庭，父亲是一位面包店老板。对于子承父业，戴姆勒显然志不在此，再加上哥哥威尔海姆继承了家业，年轻的戴姆勒开始向着自己的理想——研制燃气发动机进发。

1848 年，14 岁的戴姆勒便开始在铁炮锻造工厂中学习，1852 年进入斯图加特的工业补修学校学习，1857 年进入斯图加特高等工业学校学习，1861 年成为在英国曼彻斯的阿姆斯特朗·霍特瓦士工厂学习的研究生，1862 年在参观伦敦世界博览会后回到德国工作。

1883 年，他与好友——著名的发明家、迈巴赫品牌的创始人威廉·迈巴赫（Wilhelm Maybach）合作，成功研制出使用汽油的发动机（也就是前面介绍过的第一台立式汽油机），并于 1885 年将此发动机安装在木制双轮车上，从而发明了摩托车。

◆第一辆摩托车

◆第一辆四轮汽车

1886 年，戴姆勒把这种立式汽油发动机安装在他为妻子 43 岁生日而购买的马车上，并且将马车改装，增加了转向、传动装置，装上四个轮子，创造了第一辆戴姆勒汽车，也是第一辆四轮汽车。

与卡尔·本茨一样，戴姆勒也是人们公认的以内燃机为动力的现代汽车的发明者。他们的发明创造，成为汽车发展史上最重要的里程碑，他们两人因此被世人尊称为“汽车之父”。

# 汽车工业化进程的首次变革

汽车工业化进程首次变革的关键在于批量生产的流水装配线的建立，这代表着汽车制造进入了新的时代，汽车真正成为人类的代步工具。汽车生产及各项技术也随着时事的发展而不断革新、进步，在人类历史中添上了浓墨重彩的一笔。

## 庞哈德·莱瓦索马车制造公司手工制造

法国

在汽车诞生初期，由于普及度不高、造价昂贵等原因，汽车的生产流程以买主定制为主，全年产量基本维持在千辆以内，且大多是手工制造。即便如此，汽车制造和销售依旧有较大利润可图，吸引了当时一些有远见的公司参与。

19 世纪末，法国巴黎已经成为世界艺术中心，也是当时世界现代化大都市之一。香榭丽舍大道位于法国巴黎西北部第八区，被喻为巴黎最美丽的街道、世界三大繁华中心大街之一。

宽阔的街道和对奢华风尚的追求，使得汽车在当时成为上层社会人士追求的具有身份代表性的商品，进而带动了汽车产业的发展。

◆法国巴黎

1887 年，法国庞哈德·莱瓦索马车制造公司抓住时机，在获得戴姆勒高速汽油机在法国生产的专利权后，根据买主的要求，采用工匠手工装配的方式，在装配大厅配制每辆各不相同的轿车。

其生产的汽车基本奠定了今日汽车的原型，即发动机放在车前部，乘客分排坐在后面，整车装备离合器、变速器和后驱动轴。

1894 年，该公司每年能生产几百辆汽车，是世界领先的轿车制造公司。

◆庞哈德·莱瓦索汽车

巴黎

## 亨利·福特试制第一辆汽车成功

美国

亨利·福特（Henry Ford）是世界上第一位使用流水线大批量生产汽车的人，也是美国福特汽车公司的建立者。他的流水装配线生产方式使汽车成为一种大众产品，不但改革了工业生产方式，还对现代社会和文化产生了巨大的影响。

亨利·福特在1863年7月30日出生于美国密歇根州韦恩郡的史普林威尔镇（Springwells Township,Wayne County,MI.），从小就对机械有极大的兴趣，更是在15岁时亲手造了一台内燃机。

1879年，亨利·福特离开家乡去底特律做机械师学徒工，自学成为一名蒸汽机技术师。1891年，亨利·福特进入底特律爱迪生照明公司当技术员，后升职为工程师。

◆亨利·福特

这时，他有了足够的精力和资本去追求对内燃机的研究，此后也有了不小的进展。1896年，亨利·福特试制成功了一辆二汽缸气冷式四马力汽车，并命名为“四轮车”（quadricycle）。

## T型福特汽车诞生，流水装配线开启

美国

亨利·福特离开爱迪生照明公司后建立了自己的第一家汽车公司——底特律汽车公司，但由于重研究不重销售，第一家公司很快倒闭了。后来，福特重整旗鼓建立了第二家汽车公司——亨利·福特公司，但依旧没能长久延续。

1903年，亨利·福特与其他投资者再次合资建立了第三家汽车公司——福特汽车公司。这一次亨利·福特的事业终于顺畅了起来，1908年8月12日，第一辆福特T型车制造完成。

◆ 1909年款福特Model T Touring车型

尽管在此之前福特汽车公司已经制造了数十款车型，但T型车是第一个将发动机缸体和曲轴箱整体铸造的车辆，第一个具有可拆卸气缸盖以方便维护的车辆，也是第一个广泛使用轻量化但更加坚固耐用的钒钢合金的车辆。

按照亨利福特的构想，T型车将是一台面向大众的、满足家庭和个人需求的、通过现代化技术来设计、由最好的工人和原材料制造的产品。

T 型车投放市场后广受好评，公司接到了大量订单。从 1909 年开始，T 型车单一品种的产量就达到了上万辆。1913 年，福特创立了全世界第一条汽车流水装配线，在装配过程中通过生产设备使零部件连续流动，便于对制造技能进行分工，把复杂技术简单化、程序化，从而极大地提高了生产效率。

有赖于流水线惊人的生产效率，福特公司制造汽车的时间从750分钟大幅缩短到93分钟，工厂单班生产能力达 1212 辆。到了 1914 年，福特汽车的年产量已经超过了其他所有汽车制造商产量的总和。

◆汽车生产流水线

随着汽车产能和公司利润的增加，福特汽车公司开始不断地改进 T 型车，完善动力技术，美化外部设计，不同型号的 T 型车如百花齐放般涌现。

◆ 1916 年款福特 Model T Coupelet 车型

◆ 1921 年款福特 Model T 车型

1917 年，福特公司市场占有率逾 42%；1921 年达 55.45%，成为当时美国最大的汽车制造商。T 型车于 1927 年停产，共售出 1500 万辆，这是 T 型车大批量生产创造的辉煌。

福特发明的流水线生产方式的成功，不仅大幅度地降低了汽车成本、普及了汽车的使用范围、扩大了汽车的生产规模、创造了一个庞大的汽车工业，还使当时世界上的大部分汽车产业从欧洲转移到了美国。1929 年，美国生产汽车 54.5 万辆，出口占 10%，占领了除美国之外的世界市场的 35%。

## 战争促进载货汽车的发展

1914 年 7 月 28 日，第一次世界大战爆发，极大地促进了各国载货汽车的制造和发展，汽车类型逐渐趋于多样化，同时各种汽车新技术也层出不穷。

### 英国

英国最初的汽车发展是滞后于美国、德国的，但从英国政府于 1911 年开始对车辆制造商推行政府补贴制度后，英国汽车业开始迎头赶上。不过，该制度要求车辆制造商开发出适合军队需要的车型才可以从政府处获得补贴，显然是在为进入战时做准备，以达到一有需要就可以立即大量制造车辆以供军队使用的目的。

这一补贴政策有效地刺激了英国军用车辆的发展，一战期间，英国共向比利时出口了 816 辆卡车和 352 辆汽车，向俄国提供 1200 辆以上的卡车。此外，英国还向法国、罗马尼亚、意大利、美国等国出口了大量保障车辆，而且英国的卡车装备数量是所有参战国中最多的。

◆英国军用汽车

### 意大利

意大利也是一战时期世界上为数不多的能生产汽车的国家，当时的菲亚特 18BL 军用卡车和菲亚特 2F 卡车在一战期间制造颇多。

◆菲亚特 18BL 军用卡车

◆菲亚特 2F 卡车

## 美国

美国也参加了一战，并为之生产出了第一辆官方标准化陆军机动车辆—自由卡车，是 B 级标准化的军用卡车。

它是由军需汽车运输部门与民用汽车工程师协会成员在 1917 年合作设计的，以帮助标准化当时美国使用的巨大零件目录和多种类型的车辆。这是一辆为军事用途制造的卡车，它拥有当时重型卡车技术的所有最佳性能。

◆美国军用汽车

## 汽车设计高端化，豪车开始涌现

一战结束后，世界汽车工业重整旗鼓，开始在原有技术的基础上向着高端车型设计发展，为上流社会客户提供豪华汽车定制服务，同时更加追求性能，汽车业发展黄金时期来临。英国的宾利、劳斯莱斯，美国的纳什、林肯、凯迪拉克，法国的布加迪，意大利的阿尔法・罗密欧等品牌，都在 20 世纪 20 年代竞相推出豪车款式。

宾利 8L 车型是由品牌创始人华特・欧文・宾利亲手设计和打造的超豪华运动旅行座驾的鼎力之作，也是他为宾利汽车公司设计的最后一款车型。该车型于 1930 年上市，是当时体积超大、配置超豪华的宾利车型。

◆宾利 8L 车型

劳斯莱斯从诞生开始就定位于豪华型汽车的设计和制造，即便经历了战争时代、萧条时期和破产的威胁，劳斯莱斯也没有放弃生产豪华汽车。但由于一战导致的经济萧条，劳斯莱斯也不得不开始设计一些制造成本较低的小型车。1935 年，劳斯莱斯 20/25HP 木制旅行轿车就此诞生，即便在当时的权贵眼中，这也是一辆不折不扣的珍品贵族车。

◆劳斯莱斯 20/25HP 木制旅行轿车

德国作为一战战败国，在 20 世纪 20 年代所遭受的经济打击是远大于其他参战国的，但现代汽车工业的先驱之一，卡尔·本茨旗下公司的产品梅赛德斯－奔驰汽车依旧坚挺，它不仅是德国的骄傲，更以其处处张扬着贵族气质的外观设计而备受工业美学爱好者的追捧。

1937 年，奔驰汽车在原有的奔驰 770 系列豪华轿车的基础上进行了一系列改进，设计出了奔驰 770K 型敞篷轿车，专供当时的国家领导人乘坐。

为了增加安全系数，奔驰 770K 的挡风玻璃和车门内壁都进行了加厚防弹处理，轮胎也采用了特种钢丝编织的防弹橡胶布，底盘加装了可抵御地雷爆炸的 4.5 厘米防弹装甲钢板。因此，奔驰 770K 也被称为防弹车的鼻祖。

◆奔驰 770K 型敞篷轿车

# 汽车设计与性能发展跨入新时代

随着市场对汽车外观和性能各方面的更高追求以及战后经济的恢复，世界汽车业进入了繁盛时期。这一时期，汽车外观设计出现了划时代的改变，汽车性能也有了飞跃式的进步，世界车商持续竞争，引领时代潮流。

## 凯迪拉克 lasalle 出现，哈利 · 厄尔扬名 美国

哈利 · 厄尔（Harley Earl）在 1893 年 11 月 22 日出生于美国好莱坞。他是改变了汽车产业历史进程的关键人物，提出了打造概念车的想法，是领先时代的幻想家，被称为“概念车之父”“汽车界的整容医生”。

◆哈利 · 厄尔

哈利 · 厄尔曾经在史丹佛从事技术工作，后来在父亲的工厂——厄尔汽车厂工作。他用黏土做成车身模型，以独特的方式来设计和展示汽车，这个新奇的做法引起了当时的凯迪拉克总裁佛列得 · 菲雪的注意，他希望哈利 · 厄尔能够重新设计一台成本低廉的凯迪拉克 lasalle，这也是哈利 · 厄尔进入通用汽车公司之后的第一项工作。

1927 年，凯迪拉克 lasalle 车型问世。与市面上行驶的汽车有很大不同，它有着圆润的线条、锥形的尾部和修长低矮的轮廓，构造和谐，线条流畅，被认为是艺术家而非工程师设计的经典汽车。同时，这辆车的问世，也标志着哈利 · 厄尔时代的开始。

◆凯迪拉克 lasalle

当时的通用汽车公司总裁艾尔弗雷德·斯隆（Alfred P. Sloan）也非常欣赏哈利·厄尔的才华。1927 年年末，斯隆在通用汽车公司成立了艺术与色彩部，邀请哈利·厄尔担任新部门的主管。

哈利·厄尔开始面向全美招募人才，到 1928 年 1 月，艺术与色彩部已经拥有 50 位员工，这也是世界上第一个全部由女性组成的汽车设计团队。

哈利·厄尔的艺术与色彩部在 20 世纪 30 年代对通用汽车公司产生了意义深远的影响，首创了汽车业中专门从事车身造型和内饰设计的部门。

◆女性汽车设计团队

1938 年，哈利·厄尔设计出别克 YJob 车型，事业也达到了另一个巅峰。这是世界上第一款概念车，同时也是“船型”车身的开山之作。别克 YJob 有着由复杂曲面构建而成的流线型车身，在此后的数十年中，这个超前的设计也成为各厂商争相模仿的对象。

◆别克 YJob

## 流线型车身引领时代潮流

20 世纪 30 年代，车型设计开始重视空气动力学效应，流线型车身就是在这个时期诞生的。除了哈利·厄尔设计的别克 YJob 车型外，皮尔斯银箭原型车、迈巴赫 SW38 流线型概念车、Tatra T77、克莱斯勒的气流和迪索多公司的气流型车也都是当时有名的流线车型。

◆皮尔斯银箭原型车

◆迈巴赫 SW38

◆ Tatra T77

流线型设计样式的发展虽然是与空气动力学密切相关的，但后来发展成了一种畸形的审美形式追求，以至于这种“流线型”风格设计在当时成了一种狂热，导致形成了纯粹的形式主义。

除此之外，一些比较保守的高档轿车的消费群体也认为流线型破坏了车厢庄重、古典艺术的美感。最终，流线型车型在盛行一段时间后便销声匿迹，市场回归到主流的车身设计中。

## 竞争车商开始追求汽车性能

同样是在 20 世纪 30 年代，随着市场风向的转变、各大车商的互相竞争以及各项汽车赛事的开办，市面上开始大量出现追求极致性能的竞赛汽车，有些国家（比如苏联）甚至将汽车竞赛视为一种军事训练形式。

在这一时期，苏联 GL-1、ZIS-101 Sport、Formula 2、阿尔法·罗密欧 8C、宾利 Speed Six 等赛车在另一个战场——竞速赛场上大放异彩。

◆苏联 Formula 2

◆阿尔法·罗密欧 8C

◆宾利 Speed Six

除了追求极致速度的赛车外，一些汽车新技术也在不断涌现。比如当今世界应用最广泛的轿车前悬挂系统之——麦弗逊式独立悬架，就是这个时代的产物。

麦弗逊式独立悬架由螺旋弹簧、减震器、三角形下摆臂组成，绝大部分车型还会加上横向稳定杆。

虽然该悬架结构不算复杂，但它能自动调整车轮外倾角，让其能在过弯时自适应路面，让轮胎的接地面积最大化。

同时，麦弗逊式独立悬架还拥有良好的响应性和可操控性，而且占用空间小、成本低、重量轻，适合布置大型发动机以及装配在小型车上。

◆麦弗逊式独立悬架

随着 20 世纪 30 年代横向发动机的流行，各大车商都开始竞相研究和生产前轮驱动轿车。其中比较具有代表性的就是发明于 1934 年的雪铁龙 Traction Avant 7A 老爷车，这也是被大多数人承认的第一辆前轮驱动轿车。

◆雪铁龙 Traction Avant 7A

加油站

**横向发动机**

横向发动机是安装在车辆中的发动机，发动机的曲轴轴线垂直于行驶方向，许多现代前轮驱动车辆都使用这种发动机安装配置。第一辆成功的横向发动机汽车是 1931 年首次出现的两缸 DKWF1 汽车。

在 1936 年 2 月的柏林车展上，梅赛德斯·奔驰推出了世界上首款使用鲁道夫·狄赛尔设计的柴油发动机的轿车—梅赛德斯·奔驰 260D。这款柴油轿车的问世完美地诠释了梅赛德斯·奔驰环保科技先驱的角色，同时也开创了汽车柴油技术的应用先河。

◆梅赛德斯·奔驰 260D

梅赛德斯·奔驰 260D 搭载了 2.5L 柴油发动机，最大输出功率为 26 千瓦（35 马力），每百公里仅耗油 9L，最高速度可达 97 公里 / 时。

这款车型所展现出的优越性能，充分证明了柴油发动机的性能优势，让所有人看到了柴油作为未来汽车燃料的巨大发展前景和优势。

# 战后经济回暖，汽车发展进入黄金期

二战之后，世界经济开始全面恢复，汽车业也进入了黄金发展时代。在这一时期，无论是汽车的外形、动力来源还是各项相关技术都有了长足的进步，世界各大车商更是进一步崛起，形成了多足鼎立的局面。

## 集团竞争，汽车行业欧美两霸并存

20 世纪 40 年代末，美国已经发展成为一个大国。借助在沙特阿拉伯的石油资源优势，美国拥有了比其他竞争国更加丰富的汽车燃料和生产汽车所需的电力及各类材料，价格也比较低廉，使得各大美国汽车厂商利润丰厚，促进了豪车和大型车的发展。

在品牌方面，美国也形成了以通用、福特、克莱斯勒三大公司为首的发展模式，三大车企相互竞争，各种创新的设计层出不穷。电动车窗、自动变速箱、盒式磁带汽车音响等技术的出现，使汽车的舒适性有了质的飞跃，美国汽车以压倒性的优势雄居世界汽车市场首位。

与此同时，欧洲车商也在迎头赶上，凭借其卓越的产品设计性能和汽车起源的历史底气，也生产了大量的跑车和豪车销往美国，世界汽车市场形成了欧美两霸并存的局面。

◆凯迪拉克温莎公爵夫人定制款

### 第一辆车窗自动升降汽车

凯迪拉克的温莎公爵夫人定制款汽车是世界上首个装备电控液压车窗升降系统的轿车。

不久后，福特汽车公司的林肯 Custom 也装备了电控液压车窗升降系统。

二战结束后，通用汽车公司的别克分部研制了被称为 Hydro-Lectric 的中央控制电控液压系统，功能包括电动升降车窗、电动调节前排座椅和开启车顶棚，配置在通用汽车的凯迪拉克 62 敞篷车和 60 系列、75 系列轿车中。

◆ CVT 变速箱

### 最早的 CVT 变速箱

CVT 变速箱的种类主要包括钢带式 CVT 和条式 CVT 两种。钢带式 CVT 是最早的 CVT 变箱，由荷兰的 Daf 汽车公司开发，采用的是钢带接两个锥形轮的结构，工作原理是通过钢带的拉和松弛来实现变速。

链条式 CVT 则采用链条连接两个锥形轮的构，它的优点是更加耐用和可靠。

### FM 调频收音机的发展

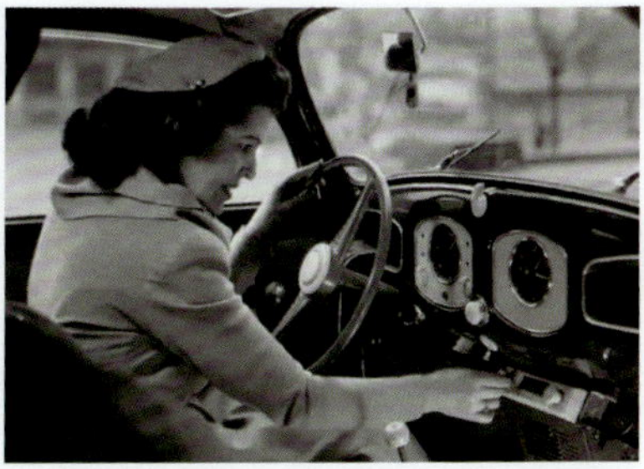

◆车载调频收音机

1952 年，Blaupunkt 公司推出了 FM 调频收音机，预示着汽车立体声音响时代的到来。

1953 年，Beck 公司推出了 FM / AM 调频调幅收音机，电子元器件——晶体管的新技术革命开始了。

1955 年，克莱斯勒公司的豪车上首次提供了选装的全晶体管汽车收音机，汽车收音机进入半导体时代。

## 美国肌肉跑车大受欢迎

美国

20 世纪 50 年代之后，搭载大排量 V8 发动机、具有强劲马力、外形富有肌肉感的各式美国跑车开始盛行。这些马力、扭力极其强劲，外形粗犷，甚至让人觉得有些“暴力”的车型被美国人称为 Muscle Car，也就是“肌肉车”。

◆火箭 V8

### 第一辆肌肉车：火箭 V8

1949 年推出的装备顶置气门 V8 发动机的 Oldsmobile Rocket 88，为今后至少 30 年内所有的美式 V8 引擎立下了标准，与当时的凯迪拉克共同将美国带入了高性能 V8 引擎时代。

### 雪佛兰 Camaro 系列

20 世纪 60 年代，为了在比赛中击败当时其最大的竞争对手福特，雪佛兰设计出了 1967 年款雪佛兰 Camaro。它从挡风玻璃到后防火墙采用了单片式车身架构，双摆臂组成前独立悬挂系统，是现代汽车标准配置的典型。

◆雪佛兰 Camaro

雪佛兰 Camaro 不止 1967 年款一个款式，事实上在 2023 年 3 月 22 日，雪佛兰才正式宣布旗下第六代 Camaro 跑车将于 2024 年停售。在这几十年时间内，Camaro 跑车经历了六代改革，分别是 1967—1970 年一代系列、1970—1981 年二代系列、1981—1993 年三代系列、1993—2009 年四代系列、2009 年以后五代系列以及雪佛兰科迈罗 Camaro RS 六代系列。

除此之外，雪佛兰 Camaro 系列还是电影《变形金刚》中大黄蜂的原型。

### Chevelle Malibu SS

这是当时雪佛兰主力车型 Chevelle 系列中高级轿车的顶级车型，集动感造型、精细内饰、丰富标准配置于一身，引入了更加强劲的 5.4L350 马力小缸体发动机和 6.5L375 马力大缸体发动机，在问世第一年就售出了 20 万辆，荣膺 1964 年年度车型大奖。

◆雪佛兰 Chevelle

◆道奇挑战者

### 1970 年款道奇挑战者

1970 年款道奇挑战者是为了福特野马竞争而诞生的车型。它的动机从 3.24L 的直列 6 缸到 7.2L V8，共有 8 款不同排量的六缸或缸发动机可选，是一款很有收藏价的肌肉车。

### 第一代福特野马

1964 年，第一代福特野马在纽约世界博览会上首次亮相。一经发布，野马富有张力的线条和极具力量感的外形设计立即吸引了很多人的目光。它左右对称的三竖条尾灯以及侧面前部的野马和条纹的标志等，都成为日后野马的标志性特征。

◆福特野马

## 欧洲经济恢复期，小型车占据市场

欧洲

同一时期，欧洲的燃油和税收都不如美国有优势，再加上二战的影响，整个欧洲汽车业不得已向着降成本、降利润的方向发展。战后经济复兴中，欧洲的车商开始重点发展设计轻巧、各具特色又省油的小型车。

20 世纪 50 ~ 60 年代，奥斯汀公司推出的迷你（MINI）系列轿车在汽车行业中产生了巨大反响，不仅改写了车坛历史，也开启了小型车的新革命。

英国奥斯汀迷你牌小型车采用前横置小排量发动机，并将发动机与前轮驱动的传动机构紧密地集中在一起，因此被称为 F.F 紧凑型轿车。这种设计虽然导致整车很小，但车厢内却不显窄小，可让驾驶者更便利，宽敞空间也可容纳更多乘员，是继福特 T 型轿车和大众甲壳虫轿车以后，汽车史上的又一经典设计。

◆初代奥斯汀 Healey SpriteMK I

◆初代奥斯汀 Healey SpriteMk IV

另一款在欧洲家喻户晓的小型车就是大众公司的甲壳虫。甲壳虫最早在 20 世纪 30 年代就出现了，当时的德国经济处于困境之中，德国国家社会主义工人党政府希望通过推出这款便宜、可靠、易于维修的小型汽车来提高国民的生活水平和经济实力。

1938 年，首款车型在大众汽车制造厂沃尔夫斯堡制作完成。《纽约时报杂志》上，美国人认为这辆车像一只可爱的小甲壳虫，于是它才有了“甲壳虫”这样的称呼。

可惜的是，不久之后二战在欧洲爆发，甲壳虫的生产被迫中止，它的设计师也转战军工。一直到 1945 年德国战败，大众工厂由英国接管，甲壳虫才恢复生产。

◆生产线上的首款甲壳虫

在 20 世纪 50 年代的美国汽车黄金时代，美国中产阶级以拥有两辆以上的汽车为标配，小巧、造型独特、设计简洁而又物美价廉的甲壳虫成为这部分消费者的心头好。

20 世纪 60 年代，美国嬉皮士文化兴起，崇尚与众不同、价格便宜的甲壳虫，自然也成为嬉皮士们的首选。

◆西德沃尔夫斯堡工厂里的甲壳虫生产线

◆街头的甲壳虫

除此之外，英国希尔曼公司的 Hillman Minx 系列小型车、法国雷诺公司的雷诺 4CV 以及意大利菲亚特公司的菲亚特 500，都是这个年代盛行的小型车。

◆ 1961 Hillman Minx – 442 ntn

## Hillman Minx 系列

Hillman Minx系列的发展主要分6个阶段，分别是二战前、二战时期、Minx Mark 时期（1945—1957）、AUDAX 设计时期（1956—1967）以及后面的 Super Minx(1961—1967) 和 New Minx 时期（1967—1970），一共有 8 代款式，类型十分丰富，车型则更偏向于老爷车。

## 雷诺 4CV

1946 雷诺 4CV 微型车的设计受到了大众甲壳虫的启发，这是一辆采用后置发动机的经济型国民轿车。

同时，4CV 还是汽车史上最早配置可折叠后座的车。轻量化四门四座的单壳构造车身，采用了前后独立式悬挂。车身后部配置有水冷直列 4 缸 OHV 发动机，排量为 0.76L，最大功率为 12.5kW。

◆ 1946 雷诺 4CV

## 欧洲跑车迎头赶上，汽车技术进一步革新

除了各种经济实用、性价比较高的小型车以外，针对一些高端客户以及出口需求，欧洲车商们还发展了许多款跑车。其中比较著名的有英国的捷豹、奥斯汀·希利，德国的保时捷、奔驰，意大利的菲亚特、阿尔法·罗密欧等。

◆捷豹 XK120

◆捷豹 Mark II

◆捷豹 C-Type

◆保时捷 356

◆保时捷 550 Spyder

◆奔驰 300 SL

◆奔驰 W194

◆阿尔法·罗密欧 Bertone Carabo

加油站

### 汽车赛事推动跑车发展

这一时期欧洲跑车之所以如此盛行，车型如此繁多，与当时的汽车赛事是分不开的。汽车赛车运动从 19 世纪末开始发展，经历了多个阶段的发展和变革，早已成为全球最受欢迎的体育运动之一。在 20 世纪 50 ~ 70 年代，比较盛行的赛事有 F1、Le Mans、Monaco Grand Prix 等。

在各类跑车蓬勃发展之际，汽车技术也在持续进步，比较有代表性的就是盘式制动器（也称盘式刹车）、汽车控制燃油喷射系统、燃气涡轮增压技术、汽车转向助力、两点式安全带、同步齿合变速器、自动高度可调悬架、电动车门锁、定速巡航等。这些技术的应用与发展，为后世汽车的发展奠定了坚实的基础。

盘式刹车是通过以静止的刹车碟片夹住随轮胎转动的刹车碟盘产生摩擦力，从而使车轮转动速度降低的刹车装置。它最早在 20 世纪 50 年代就出现在赛车上，制动效果好，且比先前的鼓形刹车更容易维护。

汽车刹车时往往会产生很大的摩擦力和热量，这些热量将降低刹车产生的阻力。而盘式刹车带有排气口，可以使热量很快消散，进而保持低温。

如今，绝大部分汽车至少在前胎装有盘式刹车，多数汽车还会在四个轮胎上都安装。

◆盘式刹车

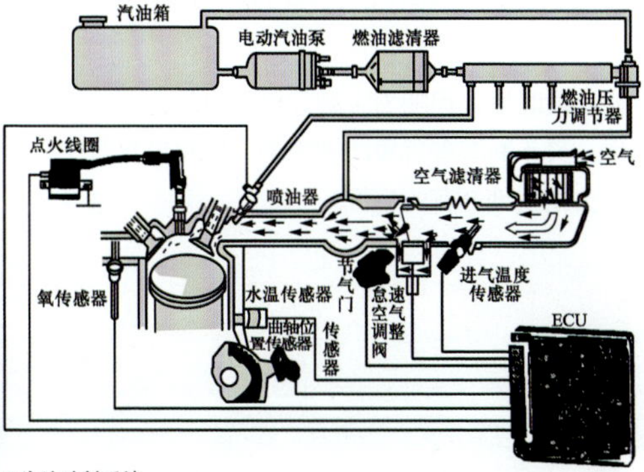


◆汽油喷射系统

汽油喷射系统是指在恒定的压力下，利用喷油器将一定量的汽油直接喷入汽缸或进气管道内的汽油机燃油供给装置。

汽油喷射形式分为机械式和电子控制式两种。机械式汽油喷射装置是一种以机械液力控制的喷射技术，早在 20 世纪 30 年代就应用在飞机发动机上，20 世纪 50 年代开始应用在德国奔驰 300BL 轿车发动机上。

不过，随着电子工业的快速发展，集成电路的出现使复杂的电子技术在发动机上得到应用，一种更好的汽油喷射装置——电子控制汽油喷射装置应运而生。不过，这都是以后的研究和发展成果了。

涡轮增压器是利用引擎排出的废气驱动一个涡轮，从而推动压缩机将更多的空气压入引擎，使燃料燃烧更充分，从而提高引擎输出功率的装置。

涡轮增压技术最早应用于航空领域，20 世纪 60 年代开始在汽车上广泛应用。它具有两大显著优势，首先，由于更多的空气被压缩，引擎可以燃烧更多的燃料，从而提供更大的动力。其次，涡轮增压技术可以提高汽车的燃油效率，由此降低引擎的废气排放，减少对环境的污染。

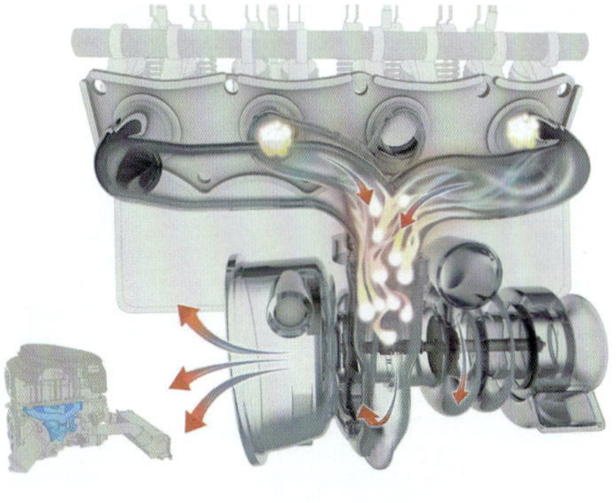

◆涡轮增压技术

# 汽车全球化进程与电子智能化时代

进入 20 世纪 80 年代，汽车逐渐步入电子化、智能化时代，新兴的电子技术取代了汽车原来单纯的机、电、液操纵控制系统，以适应对汽车安全、排放、节能日益严格的要求。各强势汽车工业集团也在产品、成本、技术、售后服务和资本运作等领域展开了全方位的激烈竞争，汽车全球化进程进一步加快。

## 世界汽车工业 6+3 格局

世界汽车工业 6+3 格局是指以通用、福特、戴 – 克、丰田、大众和雷诺 6 个集团化程度高的大集团，以及本田、宝马和标致 – 雪铁龙 3 个集团化程度低的公司联合构成的世界汽车业格局。

这一格局形成于 20 世纪末到 21 世纪初这段时期，但随着金融危机的出现，全球汽车版图调整速度开始加快，不断有新兴集团出现，又不断有老牌集团被削弱，导致世界汽车业出现了以各大集团为首，小集团、小品牌、小公司遍地开花的情况。

## 汽车业版图调整后的强势车企

由于集团之间互相存在兼并重组的情况，有时候还会不断分裂一些小品牌，导致世界高端车企频繁洗牌，甚至一些老牌集团都面临被整合的局面。

后续崛起了新的 6 个大集团，即日本丰田集团、德国大众集团、新通用、福特、日欧联合车企雷诺 - 日产联盟、新的菲亚特 - 克莱斯勒联盟。而新的 3 小集团有现代 - 起亚、本田和标志 - 雪铁龙。

不难看出，日本车企正不断跻身世界前列，这也是因为 20 世纪 70 年代的石油危机导致的原材料紧缺，给了日本的省油、耐用、低价格的小汽车强势发展的机会。1980 年，日本汽车的出口量和产量甚至超过了美国，居世界第一位，并一直保持到 1993 年。

**加油站**

在 20 世纪 70 ~ 80 年代出现了两次石油危机，分别是源于第四次中东战争爆发的第一次石油危机（1973 年 10 月—1974 年 3 月），以及源于伊朗伊斯兰革命的第二次石油危机（1978 年年底—1980 年年底）。能源的紧缺和油价的上调极大地促进了汽车节能技术发展，尤其是新能源和优化排放两项技术。

巧合的是，也正是在 20 世纪 70 年代，波音公司和通用汽车公司基于动力电池而设计制造的电动月球巡逻车问世。两项因素结合起来，使得公众的目光投向了纯电动汽车。在这样一个特殊的历史背景下，许多高端车企迎来了一波电动汽车热。

不过很可惜，由于当时的技术尚不成熟，纯电动汽车的发展受到了一定的阻碍，并且由于一些性能上的硬伤，在石油危机结束后，纯电动汽车很快消失在了公众视野中，油车依旧占据主流。

◆奔驰汽车

## 汽车安全技术使驾驶更安全

汽车的发展给人类带来的是出行的便利和高速行驶的快感，但性能的增强、速度的加快必然伴随着安全技术的发展，否则得不到任何生命安全保障的高风险驾驶会给汽车业带来毁灭性的打击。

**加油站**

第一起交通事故：早在汽车诞生之前，第一起交通事故就已经出现了。1771 年，法国军事工程师约瑟夫·纽居（Nicolas-Joseph Cugnot）在演示自己发明的世界上第一款能够自行移动的车辆——由蒸汽驱动的 Fardier 时，不幸撞上了墙。

第一个因交通事故殒命的人：1869 年，英裔爱尔兰女天文学家玛丽·沃德乘坐自己表弟驾驶的蒸汽动力汽车旅行，在转弯时被甩到车下，当场丧生。玛丽·沃德也因此成为第一个因为交通事故殒命的人。

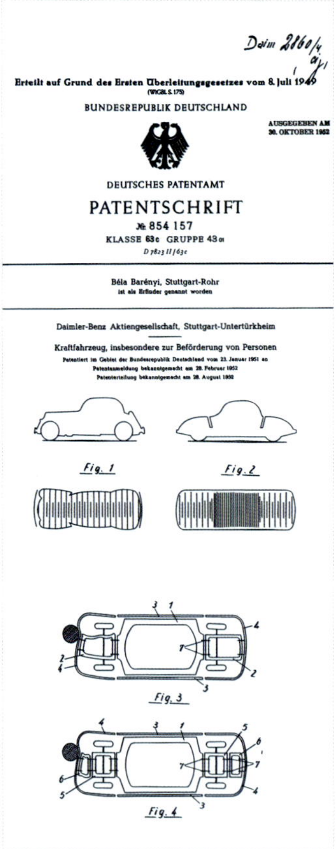
Erteilt auf Grund des Ersten Überleitungsgesetzes vom 8. Juli 1949
(WiGBl. S. 175)

BUNDESREPUBLIK DEUTSCHLAND

AUSGEGEBEN AM
30. OKTOBER 1952

DEUTSCHES PATENTAMT

PATENTSCHRIFT

№ 854 157

KLASSE 63c GRUPPE 43 01

D 7823 II / 63c

Béla Barényi, Stuttgart-Rohr
ist als Erfinder genannt worden

Daimler-Benz Aktiengesellschaft, Stuttgart-Untertürkheim

Kraftfahrzeug, insbesondere zur Beförderung von Personen

Patentiert im Gebiet der Bundesrepublik Deutschland vom 23. Januar 1951 an
Patentanmeldung bekanntgemacht am 28. Februar 1952
Patenterteilung bekanntgemacht am 28. August 1952

Fig. 1 Fig. 2 Fig. 3 Fig. 4

◆贝拉·巴恩伊的安全车身专利

汽车安全技术发展至今已经经历了上百年变革，从安全车身结构到安全带，从安全玻璃到防撞钢梁，从安全气囊到儿童安全座椅，从头颈保护装置到爆胎应急安全装置，从刹车防抱死系统到 ESP 电子稳定系统，从制动辅助系统到预防性安全系统，从高级辅助驾驶到自动驾驶……安全技术越来越先进和有预见性，为人们提供的安全保障也越来越高效。

### 汽车被动安全之父：贝拉·巴恩伊

1951 年，贝拉·巴恩伊，首次提出了安全车身结构的概念，通过支撑结构设计来实现溃缩区效果以降低撞击对人员的冲击。简单来说，就是当汽车在事故中受到撞击时，车身前、后部将会产生变形，从而吸收部分冲击力，以避免车内人员受到所有冲击力的伤害。

1951 年 1 月 23 日，贝拉·巴恩伊的安全车身结构设计获得了德国专利，编号为 845157。这一设计被认为是首个考虑安全性的设计，为现代汽车工业被动安全的发展奠定了基础，贝拉·巴恩伊也因此被誉为汽车被动安全之父。

该设计很快被梅赛德斯－奔驰采用。1959 年，安全车身经过七年的进化终于实现量产，梅赛德斯·奔驰 W 111 车型系列中的 220、220 S 和 220 SE 车型成为世界上第一批应用了安全车身设计的轿车。

◆梅赛德斯·奔驰 W 111

◆尾部带转向信号灯的别克汽车

## 首款转向信号灯出现

转向信号灯装于汽车前、后的左、右角，用于汽车转弯时发出明暗交替的闪光信号，使前后车辆、行人、交警知其行驶方向。

1938 年，通用汽车的工程师将继电器与灯光系统结合起来，在车辆转弯的时候不断地接通和断开电源开关，形成闪烁的灯光来告诉其他车辆即将转弯。

别克汽车上首次启用了转向信号灯，但当时只在汽车尾部安装。1940 年以后，汽车前面也装有转向信号灯了，而且信号开关有随时调节的功能。

## 第一个安全带专利

安全带是汽车发生碰撞过程中保护驾乘人员的基本防护装置。早在 19 世纪，安全带就出现并使用在了马车和滑翔机上，防止乘客从载具上摔下。

当然，那时的安全带十分简陋，也不具有后世的缓冲功能，但依旧是现代安全带的雏形。

最早的安全带专利于 1885 年 2 月 10 日由美国人 Edward J. Claghorn 申请，编号 312085，是第一套用于纽约的士的安全带，以保证乘客的安全。

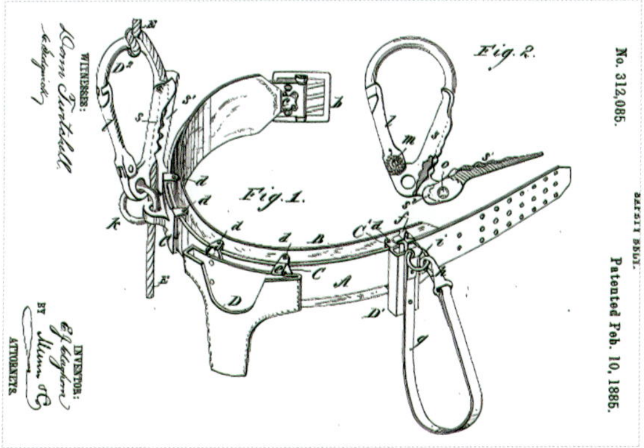


◆第一个安全带专利

◆尼尔斯·博林的三点式安全带

## 安全带的划时代进步：三点式安全带

1951 年，两名美国飞行员设计了一种 Y 形的三点式安全带，并于 1951 年申请了专利。不过这种安全带各端点的设计并不理想，人体在受力状态下仍能移动，未能起到保护人体的作用。

1958 年，瑞典沃尔沃汽车公司首席安全工程师尼尔斯·博林（Nils Bohlin）发明了沿用至今的三点式安全带。这种安全带能跨过腹部以下部位并横跨在肩部，从生理角度衡量是很理想的位置，是名副其实的“安全”带。

1959 年，三点式安全带装备在沃尔沃 P120 型和 PV544 型汽车上。

在汽车发展史上，三点式安全带可谓是汽车安全应用方面最广泛、最有深远意义的安全技术。

## 安全气囊的诞生

1952 年，美国工程师赫特里克（John.W.Hetrick）在驾车时险遭车祸，此后萌发出了制作安全气囊的想法。

两周之后，他设计出了一种汽车缓冲安全装置，原理是在发动机罩下装一个盛满压缩空气的储气筒，当汽车受到正面碰撞时，惯性冲击力促使一个滑动重块向前移动推动储气筒，将隐藏在方向盘中央以及仪表板旁的空气袋快速充气，从而形成“气垫”，以降低车内人员受到的伤害。

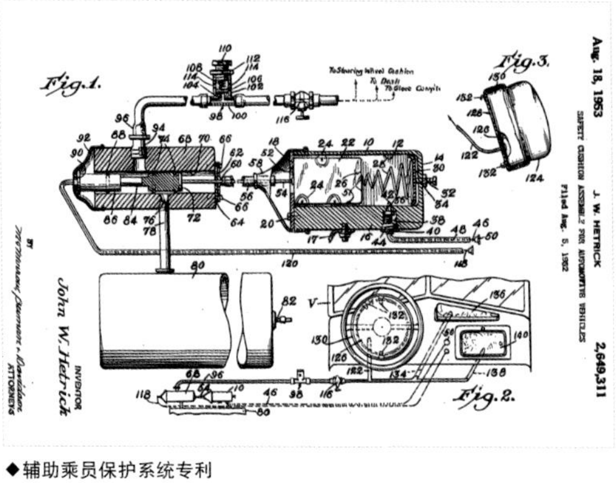


◆辅助乘员保护系统专利

1953 年 8 月 18 日，约翰·赫特里克取得了美国“辅助乘员保护系统”（Supplemental Restraint System，SRS）专利，这就是安全气囊的雏形。

但由于技术方面存在如何让汽车精准地判断气囊打开的时机、如何瞬间让气囊充满气体的两大难题，赫特里克的安全气囊发展陷入了停滞。直到 1966 年，美国陆军对爆炸真空管的成功测试为触发气囊提供了解决方法，汽车企业终于开始筹划并装配安全气囊。

1974—1976 年间，通用汽车公司为旗下奥兹莫比尔、别克和凯迪拉克共计 10 000 台车装配了安全气囊。同一时期，梅赛德斯－奔驰的工程师也终于突破了技术障碍，将安全气囊技术成熟化，奔驰 S 级（W126）成为首款普及安全气囊的车型。

◆奔驰 S 级（W126）

◆奔驰 S 级（W126）驾驶室内部

1984 年，美国国家公路交通安全管理局制定的《联邦汽车安全标准》（Federal Motor Vehicle Safety Standard，FMVSS）中增加了安装安全气囊的要求。1995 年，该文件正式经由美国国会通过法案，并提供明确的法则及指导方向。文件中规定从 1995 年 9 月 1 日以后制造的轿车，前排座前均应装备安全气囊，同时还要求 1998 年以后的新轿车都装备驾驶者和乘客用的安全气囊。自此，安全气囊的作用才被确认。

## 挡风玻璃从出现到改进

在汽车诞生初始挡风玻璃是不存在的，毕竟那时的车速十分有限。但随着车辆性能的提高，挡风、挡碎石、挡飞溅泥土的玻璃开始被安装在汽车上。

◆简单的汽车挡风玻璃应用

1908 年，福特出售的 T 型车配备有挡风玻璃的选装，但也十分昂贵。并且由于当时的玻璃是最普通的平面玻璃，一旦发生事故，破碎的玻璃反而会对驾驶员造成极大的伤害。

于是，亨利 · 福特决定推动安全夹层玻璃在汽车上使用，即将两块玻璃夹在一起，中间用一层胶隔开。夹层玻璃更加结实，发生事故后的破碎率也大大降低，即使破碎，中间的夹层也会粘连住破碎的玻璃，使之不会通过碰撞惯性四处飞溅，造成二次伤害。

1919 年，福特 Model T 两门版就使用了福特最新研发的安全夹层玻璃，在未来十年内福特将旗下所有车型都装备上了安全夹层玻璃。

1924 年，夹层玻璃的专利拥有者 Triplex 将含有碳酸脂成分的防弹玻璃用在了汽车上。1932 年，雪弗兰推出倾斜式前挡风玻璃，间接提升了挡风玻璃的安全性。1934 年，克莱斯勒的新车搭载了弧形的挡风玻璃，整车拥有了更好的流线型、密封性。1938 年，匹茨堡玻璃公司将钢化玻璃带入了汽车挡风玻璃领域，此后钢化玻璃一直沿用至今。

## ABS 刹车防抱死系统

ABS 刹车防抱死系统是一种用于在制动困难或在潮湿或光滑的表面上制动时，防止制动器锁定导致车轮打滑、车辆危险滑行，并允许驾驶员在制动时保持转向控制的安全装置。

最早的刹车防抱死系统还不叫 ABS，该项技术也是专属于飞机制动的。为了将其应用到汽车上，各大车商的工程师们也做了不少努力，但由于技术有限，防抱死装置的成本和体积都比较大，导致该项技术始终无法在汽车中普及开来。

1964 年集成电路诞生，博世公司开始刹车防抱死系统的研发计划，最后发现可以通过电子装置控制来防止车轮抱死，并将其命名为 ABS（Anti-lock Braking System）。

1978 年，在持续研发 40 余年后，梅赛德斯 – 奔驰终于将电控四轮 ABS 刹车防抱死系统应用到了奔驰 S 级（W116）旗舰轿车上。至此，由机电、液力联动的现代化 ABS 刹车防抱死系统逐渐定型，并开始普及到道路交通的应用中。

◆奔驰 S 级（W116）

## ESP 电子稳定系统

ESP（Electronic Stability Program）电子稳定系统又称车身电子稳定系统，是对旨在提升车辆操控表现的同时，有效地防止汽车达到其动态极限时失控的系统或程序的通称。

ESP 电子稳定系统整合了包括 EBD 电子刹车分配力系统、ABS 刹车防抱死系统、TCS 循迹控制系统及 VDC 车辆动态控制系统等功能。通过对从各传感器传来的车辆行驶状态信息进行分析，然后向 ABS、EBD 等发出纠偏指令来帮助车辆维持动态平衡，使车辆在各种状况下保持最佳的稳定性，在转向过度或转向不足的情形下效果更加明显。

不难看出，这项技术的难度之高，决定了其成型的时间较晚。一直到 1992 年，宝马与博世公司才在 ABS/TCS 的基础上合作开发了旨在解决车辆侧向稳定性问题的第一代稳定性控制系统。21 世纪初，ESP 技术才彻底趋向成熟，并得到了普及。

## 智能化自动控制系统让驾驶更轻松

汽车的智能化自动控制系统是近现代的高端技术产物。从狭义来看，智能化自动控制系统是一种基于人工智能技术的新型汽车控制系统，它能够通过对车辆周围环境的感知和分析，实现自动驾驶、智能导航、车辆管理等功能。

2020 年 2 月，我国发布的《智能汽车创新发展战略》中，对智能汽车有这样的定义："通过搭载先进传感器等装置，运用人工智能等新技术，具有自动驾驶功能，并逐步成为智能移动空间和应用终端的新一代汽车。"但从广义来说，ESP 电子稳定系统、自动变速、动力转向、主动悬架、空调甚至刮水器、安全带、安全气囊、防碰撞、防盗等装置都属于智能化自动控制系统。由此可见，人类对于车辆智能化自动控制的研究其实从很早就开始了。

### 自动驾驶

自动驾驶是智能化自动控制系统的核心功能之一，通过采用不同类型的传感器，实现车辆对周边道路、行人、障碍物、路侧单元及其他车辆的感知，在不同程度上实现车辆安全、自主与自动驾驶。这看似具有极大的难度，人们也大多在近现代才听说过的名词，其实早在 20 世纪 20 年代就有了雏形。1925 年，弗朗西斯·霍迪尼（Francis Houdina）发明了一辆无线电控制的汽车，车辆在无人控制方向盘的情况下在曼哈顿的街道上行驶，霍迪纳则坐在后面的一辆车里发射无线电波操控前车。

◆弗兰西斯·霍迪纳的无线电控制汽车

◆传感器

经历了几十年的发展，自动驾驶技术在 21 世纪初逐渐趋向成熟。

2000 年，自动驾驶引入自适应巡航控制系统（ACC），可以根据交通状况的变化调整引擎的输出，从而自动调整车速。

2008 年，自动驾驶引入泊车辅助系统，可以自动、高准确性地操纵方向盘，把控停车的空间，从而将车辆移到停车处。

2012 年，自动驾驶引入车道保持辅助系统，通过从摄像机的影像中监测车线，当到达两侧车线的距离缩短时，自动地往相反的方向给方向盘阻力，从而引起驾驶员的注意。

2010 年，谷歌的第一款无人混电车诞生，依托车顶上安装的 64 线激光雷达以及建立的高分辨率的三维环境模型或高精度地图实现了完全的自动行驶。

◆谷歌第一代无人驾驶车

此后，自动驾驶技术全面开花，各大车商纷纷加大研究力度，其中的代表特斯拉更是在自动辅助驾驶系统 Autopilot 上做出极大努力。

2014 年 10 月，特斯拉在所有车型上安装自动辅助驾驶硬件 AP 1.0。

2014 年 11 月，开启车道保持功能和速度提示功能。

2014 年 12 月，开启自适应巡航和防碰撞预警功能。

2015 年 3 月，开启紧急自动刹车和盲点监测功能。

2015 年 10 月，开启自动转向和侧方位泊车功能，Autopilot 正式投入商用。

2016 年 1 月，开启倒车入库、自动出库和弯道速度控制功能。

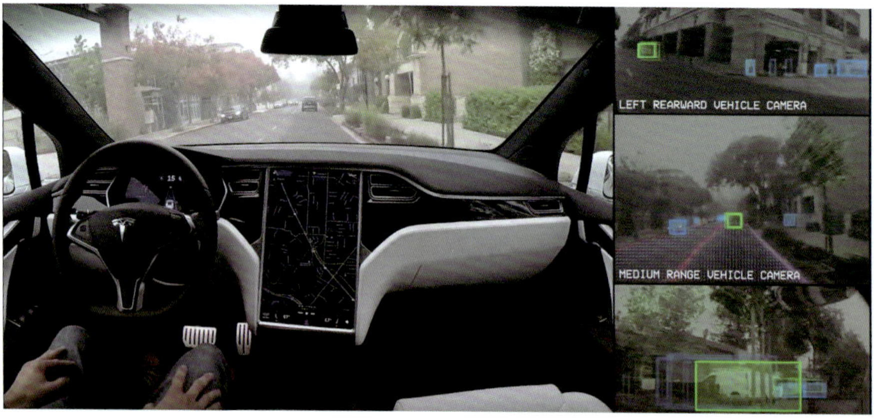


◆特斯拉自动辅助驾驶系统 Autopilot

2018 年之后，5G+ 自动驾驶技术、全球首款搭载 L3 级别自动驾驶技术的车型奥迪 A8、全球首款 L4 级自驾巴士阿波龙、无人出租车 Robo-taxi、Apollo Robotaxi 自动驾驶出租车服务相继问世，标志着自动驾驶技术成为未来发展的必然趋势。

◆搭载 L3 级别自动驾驶技术的奥迪 A8

◆奥迪 A8 内部

◆ L4 级自驾巴士阿波龙

◆无人出租车 Robo-taxi

## 智能座舱

智能座舱是汽车座舱第三个发展阶段的重要产物，也是智能汽车系统的应用场景之一。

在此之前，汽车座舱已经经历了 20 世纪 80 年代之前的机械仪表阶段，20 世纪 80 年代到 2015 年的传感器和数字仪表阶段。

◆智能座舱

在这一阶段，汽车全面智能化，出现了高度集成化、多联屏设计的智能座舱，汽车开始成为集娱乐、办公、生活、社交于一体的人机交互智能产品，人机交互趋于多元化，出现了驾驶员向乘客的转变。

智能座舱包括语音交互技术、多模态交互技术及安全保障技术等核心技术，能够实现软硬解耦及多屏间的高效互动，并通过融合及处理语音、视觉等感知数据，赋予车辆智能互动、实时监控、应用联动等能力。

## 智能导航

车载智能导航是利用卫星定位系统提供的位置、速度及时间等信息，并配合高精度导航电子地图的路线规划能力，为用户提供导航功能的系统。

但与一般的只用于展示行进路线的导航系统不同，智能导航还具有一些智能驾驶必备的功能模块，是集定位、导航、汽车安防、倒车影像、行车记录、多媒体娱乐等功能于一体的车载导航终端设备。

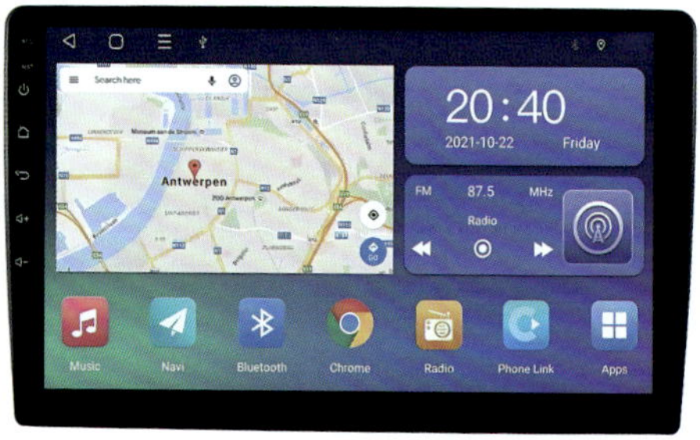


◆车载导航系统

比如，有的车载导航包含以下功能。

一键导航：一键设计导航路线，无需手动输入目的地。

位置共享：及时、准确地分享各自的位置信息，不再与朋友“擦肩而过”。

车载电话：内置通信模块的车载电话，突破距离限制的群组呼叫系统。

虚拟车库：为爱车设定一个“虚拟车库”，如果有人企图偷盗车辆，在车辆驶出“虚拟车库”时，将触发报警。

历史轨迹：为客户保存行车轨迹并直观地显示在地图上。

一键报警：触发式一键报警按键，客服中心快速掌握客户信息，及时提供报警救援措施。

经验路线：根据行程自绘路线，标记旅途信息。

专业咨询：拨打专家座席，为客户提供 24 小时专业知识的解答。

道路救援：拨打救援电话，首先会接通到 24 小时客服中心，客服中心地图会显示被救援车辆的准确位置，客服人员了解现场基本状况，并根据实际情况查询到离被救援车辆最近的 4S 店等最恰当的相关救援机构后，立即帮助客户联系，并进行及时的救援工作。

行车影像：实时录拍、保存道路途经影像。

倒车影像：倒车时，车后的状况更加直观可视，倒车亦如前进般自如、自信。

◆导航实时影像

除了这些扩展的功能之外，有些厂商的车载智能导航还带有导航实时影像，并通过激光雷达、摄像头和传感器等装置来感知周围环境。当系统检测到潜在的碰撞风险时，它会采取自动接管避让措施，例如紧急刹车或改变车道以避免与行人或障碍物发生碰撞。

## 各大公司研发的车载系统

车载系统是车载硬件与后台管理软件的结合，是一个庞大的管理控制程序。其实，很多车载系统指的就是智能导航系统，只是有的系统包含的功能更多，比如安全监测、安全分析、实时监控、数据中心、电子围栏、异常事件紧急告警提醒等。

随着汽车电子化、智能化的普及，各大车商也在车载系统上下了大功夫，各种各样的品牌车载系统随之装配在了汽车产品上，为用户提供更加舒适的驾驶感受。

### 苹果 CarPlay

CarPlay 是美国苹果公司发布的车载系统，也是最早出现的车载系统。

在经过完善和更新后，用户只需要将 iPhone 连接到启用了 CarPlay 的汽车，即可使用电话、音乐、地图、信息和第三方音频应用程序，并可通过 Siri、汽车触摸屏进行控制。

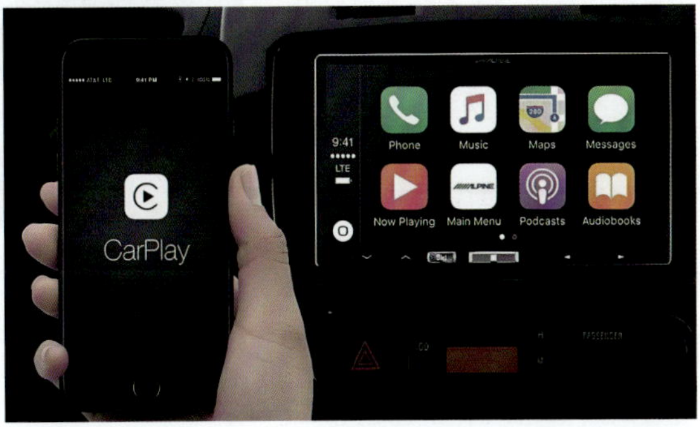

◆苹果 CarPlay

苹果 CarPlay 在 2014 年发布后，首批支持和搭载的是来自奔驰、法拉利和沃尔沃三家公司的车型，其他陆续搭载 CarPlay 的汽车品牌包括宝马、丰田、通用汽车、本田、现代、捷豹路虎、起亚、三菱、日产、标致、斯巴鲁、铃木和福特等，可见其覆盖面之广。

### 特斯拉 Model S 车载系统

特斯拉 Model S 车载系统是搭载在特斯拉 Model S 车型上的智能系统，采用了 17 英寸的触摸屏显示器，支持导航、娱乐、智能语音控制、高画质游戏、剧场模式等功能。除此之外，系统还支持 4G 蜂窝网络连接，并且能够随着软件更新不断提升功能。

◆特斯拉 Model S 车载系统

特斯拉 Model S 车载系统还配备了 Autopolit 自动辅助驾驶系统，通过摄像头来识别路面标线，自动保持既定路线行驶，用户只需握住方向盘即可。同时，Autopolit 自动辅助驾驶系统还支持自动泊车，帮助用户更安全地操作。

特斯拉 Model S 车载系统是专属于某些车型的系统，与之类似的还有雷克萨斯 LS 车载系统、奥迪 e-tron 车载系统、玛莎拉蒂 Levante 车载系统、宝马 i3 车载系统等。这些系统与苹果 CarPlay 不同，并不支持在其他品牌的车型上使用，因此存在一定的局限性。

### 华为 HiCar

华为 HiCar 是华为提供的人－车－家全场景智慧互联解决方案，将移动设备和汽车连接起来，利用汽车和移动设备的强属性以及多设备互联能力，在手机和汽车之间建立连接，把手机的应用和服务延展到汽车，实现以手机为核心的全场景体验，给消费者创造智慧出行体验。

◆华为 HiCar

目前，已通过验收测试的支持华为 HiCar 的前装车型和后装车载系统累计 400+ 款，品牌也有数十个，包括路特斯 LOTUS NYO、北京汽车、比亚迪、长安、东风雪铁龙、广汽丰田、奇瑞、上汽大众等，多数是我国国产品牌。

### 百度 CarLife

百度 CarLife 是百度车联网推出的解决方案之一，也是国内第一款跨平台的车联网解决方案。在车机端，无论是 Linux、QNX 还是 Android，百度 CarLife 都可很好地适配，用户可通过 USB 或 Wi-Fi 连接手机与车机。

◆百度 CarLife

在用户端，百度 CarLife 可以支持 Android 和 iOS 双操作系统，能够覆盖 95% 以上的智能手机用户。与其他车联网产品相比，百度 CarLife 的用户不用在意自己的智能手机是什么操作系统，只需要通过数据线或者 Wi-Fi 将手机连接到车载系统上，就可以安全、快捷地在驾驶过程中使用丰富的应用。

百度 CarLife 支持的车型和品牌比华为 HiCar 更多，覆盖面也更广一些。品牌主要有奥迪、宝马、梅赛德斯－奔驰、现代、丰田、福特、上海通用、大众、别克、宝沃、本田、比亚迪、长安汽车等。

## 绿色能源汽车加速发展

新能源汽车可以说是近年来的大热车型，伴随着碳排放量超标导致的温室效应愈发受到人们的重视，以绿色清洁能源为动力的汽车也成为各大车商主要的研究车型。

新能源汽车是指采用非常规的车用燃料作为动力来源（或使用常规的车用燃料、采用新型车载动力装置），综合车辆的动力控制和驱动方面的先进技术，形成的技术原理先进、具有新技术、新结构的汽车，包括混合动力汽车、纯电动汽车、燃料电池汽车、醇醚燃料汽车、天然气汽车等。

新能源概念看起来先进又复杂，但早在内燃机汽车问世之前，纯电动汽车就已经出现了。虽然由于记载不明，关于第一辆电动汽车的发明者众说纷纭，但能够确定的是，早在 19 世纪上半叶，电动汽车就已经初具雏形了。

◆一位英国发明家 1884 年发明的电动汽车

◆第一辆铅酸电池电动汽车

◆ 1881 年国际电力博览会上展示的三轮电动车

1832 年左右，美国人罗伯特·安德森（Robert Anderson）开发出一台原始电力车辆。

1841 年，苏格兰人罗伯特·戴维森（Robert Davidson）改进了安德森发明的电动汽车，并将其命名为 Galvani。这辆电动汽车可负载 6 吨的货物，并以时速 4 英里行驶了 1.5 英里，但需要更换电池。

1859 年，法国人盖森·普兰特（Gatson Plante）发明了铅酸电池，这使得电动汽车更加可行。

1887 年，出生于苏格兰，居住在美国爱荷华州的化学家威廉·莫里森（William Morrison）成功制造了美国第一辆电动汽车，这辆六座汽车时速可达 23 公里。

后又经过长时间的发展，电动汽车逐渐兴盛起来。但随着内燃机汽车的出现和发展，尤其是亨利・福特推出了大规模生产的汽油动力 T 型车后，造价相对高昂、性能也稍显不足的电动汽车受到了较大冲击，电动技术研究很快便陷入了停滞。

随着石油危机和美国宇航局的电动月球车的出现，电动汽车产业有过短时间的回暖，但依旧无法撼动油车的地位。不过，这依旧是一个电动汽车回归大众视野的契机，世界各大车商也开始重视电动汽车的研发。

1997 年，日本丰田公司向世界推出了第一辆大规模商业化生产的混合动力汽车普锐斯，大大提高了电动汽车的知名度，也标志着混合动力时代的到来。

◆丰田普锐斯

从此之后，新能源汽车进入了鼎盛发展时期，大量新技术也被装配在汽车上，如 2010 年通用汽车发布的首款商用插电式混合动力车雪佛兰 Volt、2010 年 12 月日产发布的全电动、零尾气排放汽车 LEAF。

◆ 2010 年款雪佛兰 Volt

◆ 2010 年款日产 LEAF

说到新能源汽车，就不得不提到一些具有代表性的新能源品牌，如比亚迪、特斯拉、极氪、AITO 问界、蔚来、小鹏等。其中多数品牌是在新能源时代来临后才成立并崛起的，并随着新能源利好政策的不断出现而持续发展。

### 比亚迪 F3DM

F3DM 不仅是比亚迪的第一款新能源汽车，还是我国的第一款新能源汽车，同时也是全球第一款插电混动车型。该车搭载 1.0L 发动机和电机组成的 DM 混动系统，可以在纯电动（EV）和混合动力（HEV）这两种模式之间自由切换。可惜的是，F3DM 的销量并不高，但对于比亚迪来说，这款车就是比亚迪新能源汽车发展的开端。

◆比亚迪 F3DM

### 特斯拉 Roadster

特斯拉的第一款电动汽车是 2008 年推出的 Roadster，这是一款基于莲花 Elise 底盘改造的纯电动跑车，在性能表现方面非常出色，零百公里加速时间仅需要 3.7 秒，续航里程达到了 400 公里。

◆特斯拉 Roadster

## 极氪 001

极氪 001 是极氪汽车品牌发布的首款车型，配备了 100 度电容量的电池包，CLTC 工况下的续航里程为 732 公里，同时搭载高性能全轮电驱动系统，零百公里加速时间 3.8 秒。除此之外，极氪 001 还配备了空气悬架、CCD 电磁减震器系统及可变转向比系统，最小转弯半径为 5.9 米，百公里速度紧急制动距离为 34.5 米，麋鹿测试成绩达 82 公里 / 时。

◆极氪 001

## AITO 问界 M5

AITO 是赛力斯发布的全新高端新能源汽车品牌，华为从产品设计、产业链管理、质量管理、软件生态、用户经营、品牌营销、销售渠道等方面全流程为赛力斯的 AITO 品牌提供了支持，双方在长期的合作中发挥优势互补，开创了联合业务、深度跨界合作的新模式。

2021 年 12 月 23 日，AITO 正式发布问界 M5，这是首款搭载 HUAWEI DriveONE 纯电驱增程平台和 HarmonyOS 智能座舱的车型，也成为智慧出行时代的引领者。该车型发布 87 天后累计交付破万，达到 11296 台，创新品牌单款车型交付破万最快纪录。

◆ AIDO 问界 M5

## 蔚来 EP9

蔚来是一个智能电动汽车品牌，于 2014 年 11 月 25 日在上海注册。蔚来 EP9 电动超跑是它的第一款汽车产品，于 2016 年 11 月 21 日在伦敦发布。EP9 创新性地使用双侧电池组布局技术，总计提供 54 度电的电能，4 组高性能电机总计能够输出 1000 千瓦的最大功率，零百公里加速时间只需 3.5 秒，极速可达 313 公里 / 时，是当时世界上最快的电动汽车之一。

◆蔚来 EP9

## 小鹏 G3

小鹏汽车成立于 2014 年，是中国领先的智能电动汽车公司之一。2016 年 9 月 13 日，小鹏汽车正式发布了首款车型 BETA 版，定位为一款纯电动 SUV，但并未实现量产。2017 年 10 月 12 日，小鹏汽车首款量产车型 G3 正式下线，并于 2018 年 12 月 12 日上市，搭载一台最大功率为 197 马力、峰值扭矩为 300 牛·米的电动机和容量为 47kWh 的三元锂电池组，零百公里加速时间为 8.4 秒。

◆小鹏 BETA 版

◆小鹏 G3

# 汽车基本构成与功能

汽车发展至今，其结构越来越复杂，也越来越多样化。比如，以驱动方式进行区分，有燃油、电机、混合驱动，发动机前置、中置、后置驱动，前 / 后轮两驱、全时 / 分时 / 适时 / 电动四驱等车型；以变速箱形式进行区分，有手动变速箱、自动变速箱、无级变速箱等车型；以悬挂进行区分，又有独立悬挂、非独立悬挂等车型……

## 汽车透视解剖图

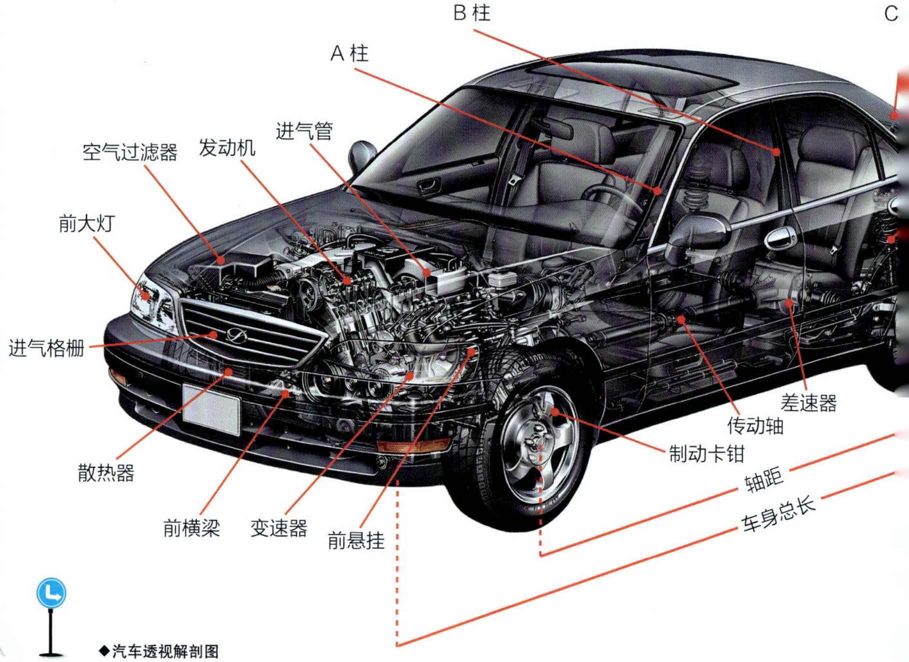


◆汽车透视解剖图

在汽车的发动机、底盘、电气设备和车身这四大构成部分中，发动机是最受关注，也是对汽车性能起决定性作用的部件。不同动力类型的发动机有不同的构成，这里以汽油发动机为例，它包含了两大机构和五大系统，分别是曲柄连杆机构、配气机构、燃料供给系统、点火系统、冷却系统、润滑系统和启动系统，每个机构和系统中又有更加复杂的结构。

汽车底盘由传动系统、行驶系统、转向系统和制动系统等组成；电气设备包括电源系统、起动系统、照明与信号系统、仪表与报警系统、电子控制装置、辅助装置等；车身包括车窗、车门、驾驶舱、乘客舱、发动机舱和行李舱等。

不过，不同型号、不同类型及不同厂家生产的汽车，基本构造大多还是由发动机、底盘、电气设备和车身四大部分组成。而人们在选购或研究汽车时，最关心的部分也基本集中在发动机、变速箱、悬挂、制动、驱动方式、车身结构以及车身尺寸等方面。下面通过透视解剖图来介绍汽车的大致构造。

**加油站**

纯电汽车与燃油汽车在动力系统方面差别较大。燃油汽车的动力系统包括发动机、变速器、驱动轴等，用于将发动机产生的动力传递到轮胎上。而电动汽车的动力系统则是由电池、电机、逆变器等组成，只需要一个转速器将电机的转速传递给驱动轮即可。电机的即时响应和高效的能量转换效率使得多数纯电汽车的启动速度都比同等级的燃油汽车快。此外，由于不需要燃料燃烧提供动力，纯电汽车大多在外观上放弃了进气格栅的设计，前脸更加锐利流线，具有现代美感。

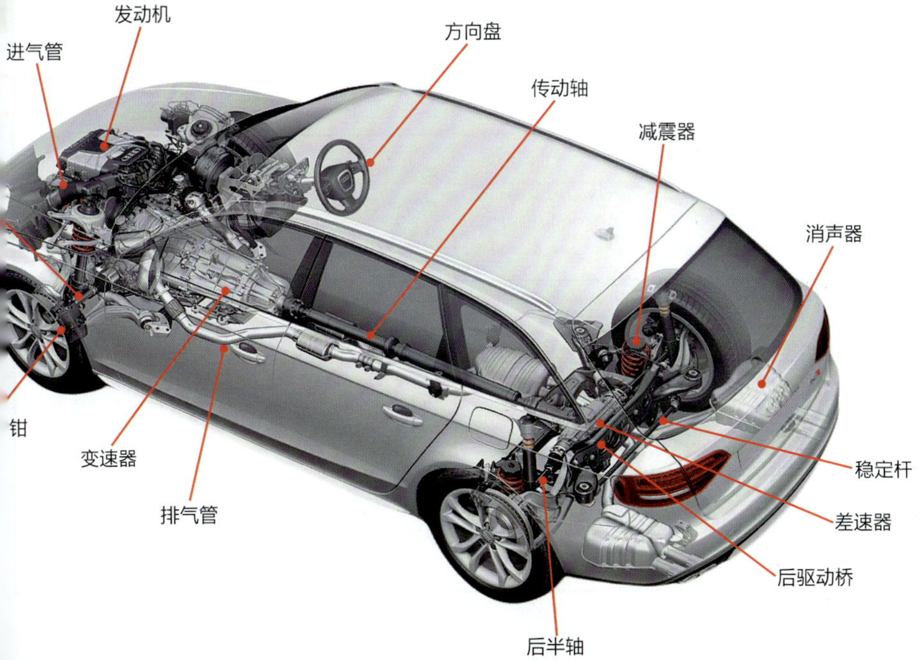

## 发动机类型与构造

目前，市面上汽车的动力来源主要包括汽油动力、柴油动力、油电混合动力、纯电动力、插电式混合动力、增程式动力、燃料电池动力等，不同动力类型的汽车，其发动机的构造也不尽相同。就最主流的汽油动力汽车来说，曲柄连杆机构、配气机构、燃料供给系统、点火系统、冷却系统、润滑系统和启动系统构成了它的动力来源。

◆汽油汽车发动机

| 结构名称 | 组成部分 | 功能 |
|---|---|---|
| 曲柄连杆机构 | 机体组、活塞连杆组、曲轴飞轮组 | 提供燃烧场所，把燃烧后的气体作用在活塞顶上的膨胀压力转变为曲轴旋转的转矩，以输出动力 |
| 配气机构 | 气门组和气门传动组 | 定时开闭各气缸的进、排气门，使新鲜气体得以及时进入气缸，废气得以及时从气缸排出，同时在气体压缩与膨胀的过程中保证燃烧室的密封 |
| 燃料供给系统 | 油箱、油管、燃油泵、燃油滤清器、空气滤清器、燃油压力调节器、喷油器、冷起动喷油器、油压脉冲衰减器、进气管、排气管等 | 根据发动机各种不同工况的要求配制出一定量和浓度的可燃混合气体供入气缸，使之在临近压缩结束时点火燃烧而膨胀做功 |
| 点火系统 | 蓄电池、发电机、分电器、点火线圈和火花塞等 | 按照气缸的工作顺序定时在火花塞两电极间产生足够能量的电火花，点燃可燃混合气体 |
| 冷却系统 | 水泵、散热器、冷却风扇、节温器、补偿水桶、发动机机体和气缸盖中的水套以及其他附属装置等 | 使发动机在所有工况下都保持在适当的温度范围内，既不过热也不过冷 |
| 润滑系统 | 润滑油道、机油泵、机油滤清器和一些阀门等 | 向做相对运动的零件表面输送定量的清洁润滑油，以实现液体摩擦，减小摩擦阻力，减轻机件的磨损，并对零件表面进行清洗和冷却 |

◆汽油汽车动力来源

| 结构名称 | 组成部分 | 功能 |
| --- | --- | --- |
| 启动系统 | 蓄电池、导线、点火开关、起动机、继电器或电磁开关、起动机啮合传动机构等 | 曲轴在外力作用下，转动到发动机开始自动地怠速运转，使发动机由静止状态过渡到工作状态 |

现在市面上许多新能源汽车已经实现纯电机驱动，燃油发动机和油箱被替换成了电机和蓄电池。按照电源性质，新能源汽车的电机可分为直流电机和交流电机两大类，目前交流电机占主流；按结构和工作原理划分，又有永磁同步、励磁同步、感应异步等种类。其中，大部分纯电动车型搭载的都是永磁同步电机，它是一种采用永磁体作为转子磁场源的同步电机，与传统的感应电机相比具有结构简单、体积小、效率高、功率因数高等优点。

## 汽车底盘关键结构

一般燃油汽车的底盘由传动系统、行驶系统、转向系统和制动系统等组成。

### 传动系统

传动系统一般由离合器、变速器、万向传动装置、主减速器、差速器和半轴等组成，其作用是将发动机发出的动力传给汽车的驱动车轮，产生驱动力。

不同驱动类型的汽车，其传动系统结构存在一定的差别。比如，前置后驱的汽车，其驱动轮是后轮，所以汽车前部发动机发出的转矩需要依次经过离合器、变速箱、万向节、传动轴、主减速器、差速器和半轴传给后车轮。而前置前驱的汽车，传动系统中就没有传动轴等装置。

在许多越野车系和高端车系中，四轮驱动的方式更多见，发动机输出扭矩以固定的比例分配到前后轮，拥有较好的越野和操控性能。四驱主要包括全时四驱、分时四驱和适时四驱。全时四驱指汽车在任何行驶时间内都保持四驱状态；分时四驱指驾驶者可以手动在两驱和四驱之间选择；适时四驱指只有在适当的时候才会切换到四驱，一般情况下依然是两驱。

传动系统中有一个比较关键的部件，即变速器，由变速传动机构和操纵机构组成，用于固定或分挡改变输出轴和输入轴传动比，调节来自发动机的转速和转矩，以适应汽车在不同行驶条件下对驱动车轮牵引力及车速的不同要求。

变速器类型很多，如手动变速器、自动变速器、无级变速器等。手动变速器需踩下离合器踏板，用手拨动变速杆以改变齿轮啮合位置；自动变速器能根据油门踏板程度和车速变化自动换挡变速；无级变速器属于自动变速器的一种，可以自由改变传动比，不受挡位限制。

### 行驶系统

行驶系统由车架、车桥、车轮和悬架等组成，主要功能是接受传动系统的动力，通过驱动轮促使汽车行驶，承受汽车的重量，缓和不平路面对车身造成的冲击和车体的震动等。悬架是其中的关键部件，包括弹性元件、导向装置和减震器等结构，分别起缓冲、导向和减震作用。

悬架可分为非独立悬架和独立悬架两种形式。非独立悬架的特点是两侧车轮由一根整体式车桥相连，通过弹性悬架悬挂在车架或车身的下方，但舒适性及操纵稳定性都较差，在轿车中基本上已不再使用；独立悬架指每一侧的车轮都单独地通过弹性悬架悬挂在车架或车身下方，是现在的主流悬架形式，有横臂式、纵臂式、多连杆式、拖曳臂式以及麦弗逊式等。

此外还有主动悬架和空气悬挂系统等形式，前者能够在汽车制动或转弯引起弹簧变形时，通过电脑数据分析主动产生一个与惯力相对抗的力，减少车身位置的变化；后者内部装有压缩空气的空气弹簧和阻尼可变的减震器，弹簧的弹性系数能根据需要自动调节。

### 转向系统

转向系统是用来改变或保持汽车行驶或倒退方向的一系列装置，包括转向操纵机构（转向盘、转向轴、转向管柱）、转向器（将转向盘的转动变为转向摇臂的摆动或齿条轴的直线往复运动，并放大转向操纵力）和转向传动机构（将转向器输出的力和运动传给车轮使其偏转）等，主要分为机械转向系统和动力转向系统两大类。

机械转向系统以驾驶员的体力作为转向能源，所有传力件都是机械的；动力转向系统兼用驾驶员体力和发动机动力为转向能源，其中以发动机动力为主。

### 制动系统

制动系统主要由供能装置（空压机、储气筒、调压阀等，负责产生和储存用于制动的压缩气体）、控制装置（刹车踏板、手刹等）、传动装置（机械式或液压式，将制动能量从控制装置传递到制动器）、制动器（直接作用于运动部件以减速、停止或维持停止状态的装置，通常安装在高速轴上）等构成，原理是在外力作用下产生制动力矩，利用摩擦力将汽车的动能转换为热能，从而达到减速或停车的目的。

一般来说，汽车制动系统包括行车制动装置和停车制动装置两套独立的装置，前者的目的是使正在行驶中的汽车减速或在最短的距离内停车，通常通过脚踏板操作；后者的目的是使已经停在各种路面上的汽车保持不动，通常通过手动拉杆操作。

制动系统中的制动器有多种类型，如鼓式制动器、盘式制动器等。鼓式刹车由制动分泵的高压刹车油推动活塞对制动蹄片施加作用力，使其压紧鼓室内壁，靠摩擦力阻止刹车鼓转动，达到制动效果；盘式刹车通过高压刹车油推动卡钳内的活塞，将制动蹄片压向刹车盘，产生制动效果，散热效果和制动性能都比鼓式刹车好，其中又以通风盘式刹车为主流。

制动系统中的 ABS 防抱死制动系统十分关键，它包括一个电子控制单元、数个轮速感应器和一个内含电磁阀的阀门，用于防止轮胎抱死导致的车辆横向位移、爆胎、侧滑、甩尾等事故。它通过轮速感应器传来的脉冲变动来掌握车轮的运行状况，当某一个车轮有可能产生抱死状态时，电子控制单元就会向电磁阀发出指令，使其通过快速开关来达到控制刹车、调整转速的目的。

# 第2章 德国汽车赏析

作为现代汽车的发源地，德国是生产汽车历史最悠久的国家。即便在时代洪流的裹挟和战争的影响下，德国汽车业也一直处于世界领先地位。德系品牌如梅赛德斯－奔驰、宝马、奥迪、大众、保时捷等，更是一直排在全球最佳汽车品牌榜的前列。

品牌介绍

## 大众

▶ 大众汽车的德文为Volks wagen，其中的Volks在德语中意思为“国民”，wagen在德语中意思为“汽车”，全名意为“国民汽车”。大众集团是世界四大汽车生产商之一。该品牌的创始人是世界著名的汽车设计师费迪南德·波尔舍。

## 大众故事

1936 年，当时的德国元首曾提出一个设想，希望每个德国人，至少是每个德国职工都拥有一辆自己的汽车，就像美国一样。美国当时每 5 人就拥有一辆汽车，而德国每 50 人拥才有一辆汽车，职工上下班都是骑自行车或乘公共汽车。

经过与当时的世界著名汽车设计师费迪南德·保时捷探讨后，1937 年 3 月 28 日，Gesellschaft zur Vorbereitung des Deutschen Volkswagens mbH 公司宣告成立，随后于 1938 年 9 月 16 日更名为 Volkswagenwerk GmbH，也就是大众汽车公司。1938 年，大众汽车在今天的沃尔夫斯堡建厂，是当时世界上最大的汽车工厂。

加油站

2023 年《财富》世界 500 强排行榜中，大众汽车公司营收近三千亿美元，连续第二年成为全球最大汽车企业，排在此次榜单的第十五位。

1974 年 1 月，大众汽车公司的首辆高尔夫在沃尔夫斯堡亮相。这款紧凑型箱式小客车一经推出便快速风靡全世界，进而成为甲壳虫神话的继承者。

1974 年，欧洲地区正面临石油危机，而大众汽车在这一时期推出的以两厢掀背式造型为基准的高尔夫轿车，打破了后置发动机的传统，采用了前轮驱动、水冷式四缸发动机、轻量化底盘设计、麦弗逊式悬挂系统以及扭矩梁结构。

这款车型迅速吸引了市场上年轻人的眼睛，并在全球创下 680 万辆的销售佳绩。

汽车介绍

## 大众第一代高尔夫Mark1

| | | | |
|---|---|---|---|
| 英文名 | Golf Mark1 | 品牌 | 大众 |
| 量产时间 | 1974 年 | 变速箱 | 4 挡手动变速箱 |
| 车身风格 | 小型家用车型 | 前悬挂 | 麦弗逊式独立悬挂 |
| 车身构造 | 经典掀背 | 后悬挂 | 扭力梁式非独立悬挂 |
| 发动机 | 直列水冷式四缸发动机 | 刹车 | 前轮盘式、后轮鼓式 |
| 驱动方式 | 前轮驱动 | 车身尺寸 | 长 4199+ 宽 1786+ 高 1479（毫米） |

**加油站**

大众高尔夫迄今已经推出了八代，是大众汽车公司生产最多的品种，也是大众最畅销的车型之一。

▲ 汽车档案

## 大众第二代高尔夫Mark2

| | | | |
|---|---|---|---|
| 英文名 | Golf Mark2 | 品牌 | 大众 |
| 上市时间 | 1983 年 | 变速箱 | 4 挡 /5 挡手动 /3 挡自动变速箱 |
| 车身风格 | 小型家用车型 | 前悬挂 | 麦弗逊式独立悬架 |
| 车身结构 | 3 门 /5 门掀背两厢 | 后悬挂 | 纵臂扭力梁式非独立悬挂 |
| 发动机 | 1.3/1.6/1.8L 直列四缸发动机 | 刹车 | 前轮盘式、后轮鼓式 |
| 驱动方式 | 前轮驱动 | 车身尺寸 | 长 3985+ 宽 1665+ 高 1415（毫米） |

▼ 汽车介绍

鉴于第一代高尔夫为大众所带来的巨大收益，1983年8月，大众汽车公司顺势推出了第二代高尔夫Mark2。第二代高尔夫Mark2的造型相比于上一代变化不大，只在尾部稍作改进，尾灯和后牌照被上移到紧贴后窗的位置，样式更加紧凑。

但在车身尺寸方面，Mark2有所增加，配置方面也增加了电动车窗、手动天窗、后窗雨刷器、转向助力、ABS防抱死制动系统等，操控性和舒适性相比上一代车型也有所提高。

## 大众第四代高尔夫Mark4

汽车档案

| | | | |
|---|---|---|---|
| 英文名 | Golf Mark4 | 品牌 | 大众 |
| 上市时间 | 1997 年 | 变速箱 | 5 挡 /6 挡手动 /5 挡手自一体变速箱 |
| 车身风格 | 小型家用车型 | 前悬挂 | 麦弗逊式独立悬架 |
| 车身结构 | 3 门 /5 门掀背两厢 | 后悬挂 | 扭力梁式非独立悬架 |
| 发动机 | 1.4/1.6/1.8/2.0L 直列四缸发动机 | 刹车 | 四轮盘式 |
| 驱动方式 | 全轮驱动 | 车身尺寸 | 长 4148+ 宽 1735+ 高 1440（毫米） |

汽车介绍

经过前三代车型的发展，高尔夫已成为大众旗下的主力车型。第四代高尔夫于1997年亮相法兰克福车展，并在同年10月份正式上市。

高尔夫Mark4通常被认为是第一款“现代”高尔夫，在外形方面，它比以前的车型更圆润、更成熟。大众将高尔夫Mark4的后牌照从后备厢盖下移到后杠位置，而后备厢大众标识下方增加的拉手使后备厢开启变得更便捷。在技术方面，它是第一个采用完全镀锌车身的高尔夫车型，也是第一个采用全轮驱动的高尔夫车型。

## 大众第一代甲壳虫

汽车档案

| | | | |
|---|---|---|---|
| 英文名 | KdF Wagen/Volkswagen Beetle | 品牌 | 大众 |
| 上市时间 | 1938 年 | 变速箱 | 4 挡手动变速箱 |
| 车身风格 | 紧凑型轿车 | 前悬挂 | 扭杆独立悬挂 |
| 车身结构 | 3 门 4 座掀背车 | 后悬挂 | 扭杆独立悬挂 |
| 发动机 | 0.986L 4 缸 26 马力 风冷发动机 | 刹车 | 拉线制动 |
| 驱动方式 | 后置后驱 | 车身尺寸 | 长 4278+ 宽 1808+ 高 1486（毫米） |

汽车介绍

二战结束以后，1945年6月中旬，大众汽车公司被英国军政府接管，在Ivan Hirst少将的管理下，甲壳虫开始大量投入生产。甲壳虫整车外形流畅，简单实用，最突出的特点是完美的车身造型，是当时流线型设计的杰作。

随着战后世界经济的复兴，人们开始对汽车产生需求，甲壳虫的经济耐用性正好适应了这种形势，立刻成为欧洲最畅销的车种。1972年2月17日，大众汽车公司打破了汽车生产世界纪录，甲壳虫以15 007 034辆的记录超越福特汽车公司Model T车型，成为当时最畅销的汽车。

汽车档案

## 大众第二代甲壳虫

| | | | |
|---|---|---|---|
| 英文名 | New Beetle | 品牌 | 大众 |
| 上市时间 | 1998 年 | 变速箱 | 4 挡自动变速箱 |
| 车身风格 | 紧凑型轿车 | 前悬挂 | 麦弗逊式独立悬架 |
| 车身结构 | 3 门 4 座掀背车 | 后悬挂 | 多连杆式独立悬架 |
| 发动机 | 1.8T/2.0L 涡轮增压发动机 | 刹车 | 盘式 |
| 驱动方式 | 前置前驱 | 车身尺寸 | 长 4081+ 宽 1724+ 高 1498（毫米） |

汽车介绍

1994年，被称为New Beetle的第二代甲壳虫车型在北美车展上亮相。1998年，第二代甲壳虫在墨西哥工厂开始投产。它比起第一代甲壳虫有更加圆润且前后对称的造型设计，并且放弃了第一代车型后置后驱的形式，改用前置前驱。不过由于其定位从国民经济轿车转变为了时尚型轿车，第二代甲壳虫虽然开启了大众甲壳虫的新时期，销量却不如第一代。

2003年7月30日，最后一辆车辆编号为21529464的甲壳虫驶下大众汽车墨西哥工厂的生产线，甲壳虫正式迎来了自己产品周期的终结。

汽车档案

## 大众第三代甲壳虫

| | | | |
|---|---|---|---|
| 英文名 | Volkswagen Beetle | 品牌 | 大众 |
| 上市时间 | 2011 年 | 变速箱 | 6 挡手动 /6 挡 /7 挡双离合变速箱 |
| 车身风格 | 紧凑型轿车 | 前悬挂 | 麦弗逊式独立悬挂 |
| 车身结构 | 3 门 4 座掀背车 | 后悬挂 | 扭力梁式非独立悬挂 |
| 发动机 | 1.2TSI/1.4TSI/2.0TSI 双增压发动机 | 刹车 | 前轮通风盘式、后轮实心盘式 |
| 驱动方式 | 前置前驱 | 车身尺寸 | 长 4278+ 宽 1808+ 高 1486（毫米） |

汽车介绍

第三代甲壳虫于2011年重新推出，它保留了初代甲壳虫的圆形车身，加入了更多锐利的线条和现代化元素，并以现代化的设计和技术特点为卖点，引入了更多高科技特性，如导航系统、智能手机集成和倒车摄像头等。

2019年7月10日，一辆牛仔蓝色第三代大众甲壳虫汽车在墨西哥普埃布拉工厂下线，而这辆车的完工，宣告了这一汽车历史上经过三代发展、八十多年风雨的传奇车型即将走向停产，此后正式退出历史舞台。

汽车档案

## 大众第一代Polo

| | | | |
|---|---|---|---|
| 英文名 | Volkswagen Polo | 品牌 | 大众 |
| 上市时间 | 1975 年 | 变速箱 | 4 挡手动变速箱 |
| 车身风格 | 紧凑型掀背车 | 悬挂 | 麦弗逊式独立悬挂 |
| 车身结构 | 3 门两厢结构 | 刹车 | 前轮通风盘式、后轮鼓式制动 |
| 发动机 | 0.9L 40 马力 直列四缸汽油发动机 | 车身尺寸 | 长 4053+ 宽 1740+ 高 1449（毫米） |

汽车介绍

Polo是德国大众旗下最负盛誉的车型之一，在全球创造了销售佳绩，被称为德国大众的“神奇小子”。1975年，第一代Polo在德国汉诺威上市。与之前大获成功的甲壳虫不同，Polo的外形设计更富有时代感，简洁干练的线条和完美的车身比例都来源于早先推出的高端家用车奥迪50。

作为一款继承了奥迪50所有优点，但在精简多余配件后价格便宜很多的小型车，大众Polo具有实用和实惠的特点，更符合其经济型轿车的定位。不仅如此，车身源自奥迪50的第一代Polo拥有和它先辈同样宽大的车内空间和行李厢容积，因此在上市不久就取得了理想的销量。

汽车档案

## 帕萨特B5

| | | | |
|---|---|---|---|
| 英文名 | Passat B5 | 品牌 | 大众 |
| 上市时间 | 2000 年 | 变速箱 | 4 挡自动变速箱 |
| 车身风格 | 中型车 | 前悬挂 | 四连杆独立悬挂 |
| 车身结构 | 4 门 5 座 3 厢车 | 后悬挂 | 复合扭转梁式半独立悬挂 |
| 发动机 | 1.8T 150 马力 L4 涡轮增压发动机 | 刹车 | 前轮通风盘式、后轮实心盘式 |
| 驱动方式 | 前置前驱 | 车身尺寸 | 长 4780+ 宽 1740+ 高 1470（毫米） |

汽车介绍

帕萨特在大众汽车谱系中被划为B级车，自1973年诞生，几十年来以其高标准的安全、经典的设计、顶级的造车质量席卷全球汽车市场，在动力性能、整体设计、安全概念、驾乘舒适性以及耐久性、耐用性上都超越了中档轿车的标准。

帕萨特B5轿车是大众汽车的旗舰产品，这一车型将中级轿车的价值提升到前所未有的高度。2000年，上海大众汽车有限公司将帕萨特B5投放到中国市场，不过是以帕萨特B5轿车为原型，根据中国用户对轿车的审美观、使用要求而重新设计生产的，因此也被戏称为帕萨特B5.5。

汽车档案

## 大众第一代途锐

| | | | |
|---|---|---|---|
| 英文名 | Touareg | 品牌 | 大众 |
| 上市时间 | 2002 年 | 变速箱 | 6 挡手自一体变速箱 |
| 车身风格 | 中大型 SUV | 前悬挂 | 双叉臂式独立悬挂 |
| 车身结构 | 5 门 5 座 SUV | 后悬挂 | 双叉臂式独立悬挂 |
| 发动机 | 3.6L 380 马力 V6 | 刹车 | 通风盘式 |
| 驱动方式 | 前置四驱 | 车身尺寸 | 长 4754+ 宽 1928+ 高 1726（毫米） |

汽车介绍

途锐之名来源于撒哈拉游牧民族图瓦雷克（Touareg），被称为“沙漠骑士”的图瓦雷克人在严酷恶劣的环境中无畏艰险、顽强生存的精神，让大众汽车工程师们决定以“图瓦雷克”之名打造一款极具传奇色彩的SUV——途锐。

第一代途锐于2002年正式推出，其空气悬架系统、全时四驱及带锁止功能的Haldex多片离合式中央差速器等配置，能够在保证公路行驶舒适性的前提下将越野性能发挥到极致，先后实现了登顶奥霍斯-德尔萨拉多火山、牵引波音747飞机滑行、达喀尔拉力赛夺冠等一系列壮举。

## 夏朗 2004款 2.8 V6

▲汽车档案

| | | | |
|---|---|---|---|
| 英文名 | Sharan 2.8 V6 | 品牌 | 大众 |
| 上市时间 | 2003 年 | 变速箱 | 5 挡手自一体变速箱 |
| 车身风格 | 中型 MPV | 前悬挂 | 双叉臂式独立悬挂 |
| 车身结构 | 5 门 7 座 MPV | 后悬挂 | 半拖式独立悬挂 |
| 发动机 | 2.8L 204 马力 V6 | 刹车 | 前轮通风盘式、后轮实心盘式 |
| 驱动方式 | 前置前驱 | 车身尺寸 | 长 4634+ 宽 1810+ 高 1762（毫米） |

▼汽车介绍

大众夏朗车自1996年第一代全面生产以来，就一直占据着德国市场畅销汽车的位置，是德国最受欢迎的车型之一。即便在整个欧洲市场，夏朗在同级车中的销量也名列前茅。

这款夏朗 2004款 2.8 V6也是比较早引进中国的车型，它凭借宽阔的内部空间、灵活多变的座椅组合方式和无微不至的周到设计，满足了公务、商务以及休闲旅游等多方位的需求。夏朗内部空间设计周密，并且可以根据车主需要拆卸座椅，灵活布置，轻松地将内部转换为会议室、儿童活动室及运输车，使车主的商务需求及生活需求完美结合。

汽车档案

## 大众迈特威T5

| | | | |
|---|---|---|---|
| 英文名 | Multivan T5 | 品牌 | 大众 |
| 上市时间 | 2003 年 | 变速箱 | 6 挡手自一体变速箱 |
| 车身风格 | 中大型 MPV | 前悬挂 | 麦弗逊式独立悬挂 |
| 车身结构 | 5 门 7 座 MPV | 后悬挂 | 半拖曳臂式独立悬挂 |
| 发动机 | 3.2L 235 马力 V6 | 刹车 | 前轮通风盘式、后轮盘式 |
| 驱动方式 | 前置前驱 | 车身尺寸 | 长 4890+ 宽 1904+ 高 1970（毫米） |

汽车介绍

大众汽车迈特威车型是大众汽车一款多用途VAN（客货车、面包车），从最初的客货两用车到如今的商务车，历经五代革新，已经成为大众品牌历史长河中不可忽略的一部分。

第一代迈特威T1诞生于1950年，当时的迈特威还是一辆仅为载客设计的客车。而到了2003年发展到第五代时，迈特威已经有了“大众汽车豪华商务车”的定位。设计精妙的内部空间布局、具有特别的360度旋转功能的座椅以及四条滑动地轨，都是为了满足商务乘坐感受需求而量身定做的，为商务人士临时会议或者家庭、朋友小聚创造了美好的环境。

品牌介绍

## 奥迪

▶ 奥迪（Audi）是德国历史最悠久的汽车制造商之一。从1932年起，奥迪就开始采用4环徽标，它象征着奥迪与小奇迹（DKW）、霍希（Horch）和漫游者（Wanderer）合并成的汽车联盟公司。同时它也是德国大众汽车集团的子公司，总部设在德国的因戈尔施塔特。

## 奥迪历程

德国奥迪公司制造汽车与摩托车的历史可追溯到 19 世纪。最初，设在萨克森州的 4 家汽车公司——茨维考市的奥迪和霍希汽车公司、开姆尼茨 – 西格玛市的漫游者汽车公司以及茨肖波市的 DKW 汽车公司对当时德国汽车工业的进步作出了杰出的贡献。

这 4 家汽车公司于 1933 年合并为汽车联盟股份公司（Auto Union AG），从汽车产量来说，汽车联盟是当时德国第二大汽车制造公司，涵盖了德国汽车工业能够提供的所有乘用车领域，从摩托车到豪华轿车。

汽车联盟股份公司的商品标志为 4 个连接的圆环，代表参与合并的 4 家汽车公司。4 个圆环同样大小、并列相扣，代表着这 4 家公司地位平等、团结紧密。

1969 年，汽车联盟股份有限公司和 NSU 股份有限公司合并，组成奥迪 –NSU 汽车联盟股份公司。1985 年，该公司改名为奥迪股份公司，总部迁至因戈尔施塔特。而无论奥迪公司的组织结构如何变动，4 环车标都没有发生任何改变，象征着整个联盟的牢不可破。

◆奥古斯特·霍希

### 霍希汽车公司

奥古斯特·霍希（August Horch）可谓是奥迪汽车公司的奠基人，被后世称为“奥迪之父”。这位汽车工业重要先驱者出生于萨克森州，28 岁就进入了鼎鼎大名的奔驰之家。

但霍希的志向并不在此。1899 年，他离开了奔驰公司，孤身一人来到科隆创建了自己的汽车公司——奥古斯特·霍希汽车公司，这一年也成为奥迪汽车的诞生之年。

### 奥迪汽车公司

因为与投资商理念不合，霍希在 1909 年离开了自己的公司，想要重建一家新公司。但在与之前的霍希公司争夺名称失败后，霍希不得不重新考虑新公司的名字，朋友儿子的话给了他灵感，为什么不叫 Audi（德语里聆听的意思，与德语里的 Horch 同义）？从此，霍希将自己的新公司定名为奥迪汽车制造公司。

### 漫游者公司

1885 年，开姆尼斯（Chemnitz）漫游者公司成立，并于 1902 年始生产摩托车，1904 年开始生产汽车。其生产的一款名为 Puppchen 的小型汽车二代在市场上十分畅销。但因为漫游者汽车性能可靠、质量很高，所以造价也很高，导致公司财政出现了赤字，摩托车、汽车部门先后被卖掉，后续公司也并入汽车联盟中。

### DKW 公司

DKW 公司由丹麦人乔尔根·拉斯姆森（Jrgen Rasmussen）于 1904 年创建，意为“男孩的梦想”。

在拉斯姆森的研发团队的努力下，DKW 成为 20 世纪 20 年代世界上最大的摩托车制造商，同时也成为世界上占据领先地位的发动机制造商。

1945 年之后，小奇迹摩托车和汽车为汽车联盟公司在因戈尔施塔特的重建奠定了基础。

汽车档案

## 奥迪 80 Coupé

| | | | |
|---|---|---|---|
| 英文名 | Audi 80 Coupé/Audi Quattro | 品牌 | 奥迪 |
| 上市时间 | 1980 年 | 变速箱 | 4 挡手动变速箱 |
| 车身风格 | 紧凑型轿车 | 前悬挂 | 麦弗逊式独立悬挂 |
| 车身结构 | 5 门 4 座轿车 | 后悬挂 | C 型截面梁式后轴 |
| 发动机 | 直列四缸 1.6L 发动机 | 刹车 | 前轮通风盘式、后轮鼓式 |
| 驱动方式 | 全时四驱 | 车身尺寸 | 长 4383+ 宽 1682+ 高 1365（毫米） |

汽车介绍

奥迪80 Coupé是第一辆搭载了奥迪Quattro（全时四驱）的车型，因此也被称为奥迪Quattro。Quattro的来头可不小，19世纪70～80年代，奥迪技术人员借鉴大众Iltis越野车的四轮驱动理念，历经数年潜心研究，终于把该技术从笨重的越野车上成功地应用在轿车上，成为全球首创。

1980年，奥迪在日内瓦车展上首度亮相了配备Quattro的奥迪80 Coupé，这是一款基于奥迪80底盘的双门轿车，也是全球第一款搭载了四驱系统+涡轮增压的轿车车型。这款车具有的革命性驱动理念和卓越动力特性，使其立即赢得了业界的信服。

▲ 汽车档案

## 奥迪 V8

| | | | |
|---|---|---|---|
| 英文名 | Audi V8 | 品牌 | 奥迪 |
| 上市时间 | 1988 年 | 变速箱 | 4 挡自动 /5 挡手动变速箱 |
| 车身风格 | 紧凑型轿车 | 前悬挂 | 独立双叉臂悬挂 |
| 车身结构 | 5 门 4 座轿车 | 后悬挂 | 多连杆独立悬挂 |
| 发动机 | 3.6L 250 马力 V8 | 刹车 | 通风盘式 |
| 驱动方式 | 全时四驱 | 车身尺寸 | 长 4861+ 宽 1814+ 高 1420（毫米） |

▼ 汽车介绍

20世纪80年代，奥迪Quattro在WRC赛场上声名鹊起，奥迪品牌的知名度也随之树立起来。与此同时，大型豪华汽车市场的需求逐年增长，为顺应时代潮流，在1988年的巴黎国际车展上，奥迪V8正式向公众亮相。这是奥迪在二战结束后首次生产的全新大型轿车，也是当时奥迪品牌旗下唯一的一款大型豪华级轿车。

奥迪V8是首款Quattro四驱系统和自动变速箱匹配的奥迪车型，在机电性能方面采用了自动空调、安全气囊、ABS等先进技术，尤其是Quattro系统，可惜在竞品车型同样的性能下，它的油耗更高。

▲汽车档案

## 奥迪 A8

| | | | |
|---|---|---|---|
| 英文名 | Audi A8 | 品牌 | 奥迪 |
| 上市时间 | 1994 年 | 变速箱 | 4 挡手自一体变速箱 |
| 车身风格 | 大型轿车 | 前悬挂 | 多连杆空气悬挂系统 |
| 车身结构 | 5 门 4 座 3 厢轿车 | 后悬挂 | 多连杆空气悬挂系统 |
| 发动机 | 4.2L 300 马力 V8 | 刹车 | 前轮通风盘式、后轮实心盘式 |
| 驱动方式 | 全时四驱 | 车身尺寸 | 长 5034+ 宽 1880+ 高 1435（毫米） |

▼汽车介绍

20世纪80年代末，奥迪领导层决定设计和开发一款比同类车型轻得多的汽车，以弥补标准全轮驱动车型比竞争对手的后轮驱动车型重约100公斤的缺陷，目标开发的车辆将是奥迪A8。

1994年3月，奥迪A8在日内瓦车展上首次亮相。与它的前身奥迪V8车型不同，奥迪A8是全球第一款采用全铝车身的豪华型量产轿车，这种全铝单体车身被称为“奥迪空间框架”（ASF）。这在当时是一项创新，全铝单体车身有助于减轻车重并提高燃油效率，同时安全性也没有被削弱，因此为汽车带来了更加强劲的性能表现。

汽车档案

## 奥迪 TT

| | | | |
|---|---|---|---|
| 英文名 | Audi TT | 品牌 | 奥迪 |
| 上市时间 | 1998 年 | 变速箱 | 5 挡 /6 挡手动变速箱 |
| 车身风格 | 运动型轿车 | 前悬挂 | 麦弗逊式独立悬挂 |
| 车身结构 | 3 门 4 座轿车 | 后悬挂 | 扭力梁式非独立悬架 |
| 发动机 | 1.8T 180 马力涡轮增压四缸发动机 | 刹车 | 四轮碟式 |
| 驱动方式 | 前轮驱动 | 车身尺寸 | 长 4191+ 宽 1832+ 高 1345（毫米） |

汽车介绍

1995年，奥迪在法兰克福车展上发布了一款全新定位、全新级别的概念跑车——奥迪TT。车型名称TT的来源是Tourisi Trophy，一项颇负盛名的摩托车赛事。

1998年，奥迪TT正式上市，车身除了引擎盖是由铝制成的外，其他部分完全采用电镀钢铁制造。作为运动型轿车，奥迪TT以它几乎和概念车版相同的漂亮外形以及出色的性能，在市场上取得了很大的成功。可以说，奥迪TT开启了奥迪的全新跑车时代，成为奥迪整体车系中最重要的细分车型，也带来了前驱Coupe跑车的革命。

汽车档案

## 奥迪 TT Roadster 2017年款

| | | | |
|---|---|---|---|
| 英文名 | Audi TT Roadster 2017 | 品牌 | 奥迪 |
| 上市时间 | 2017 年 | 变速箱 | 6 挡双离合变速箱 |
| 车身风格 | 跑车 | 前悬挂 | 麦弗逊式独立悬挂 |
| 车身结构 | 2 门 2 座软顶敞篷车 | 后悬挂 | 四连杆独立悬架 |
| 发动机 | 2.0T 230 马力 L4 | 刹车 | 前轮通风盘式、后轮实心盘式 |
| 驱动方式 | 前置前驱 | 车身尺寸 | 长 4181+ 宽 1832+ 高 1355 （毫米） |

汽车介绍

奥迪TT Roadster敞篷跑车最早于2008年在中国市场上市，无论在外形设计、动力传动系统方面还是驾驶系统方面，TT Roadster较其前代车型都更具动感魅力，显得更舒展，稳健的车身、低置紧凑的驾驶室和优雅的软质车顶勾勒出该车型简约明朗的形象。

奥迪TT Roadster敞篷跑车配备的2.0 TFSI发动机在5100～6000转/分的转速区间内能输出147千瓦的最大功率，在1800～5000转/分内输出280牛・米的最大扭矩，使得TT Roadster零百公里加速时间仅为5.9秒，6速S tronic双离合变速箱可提供极为迅捷、平顺的驾乘感受。

汽车档案

## 奥迪 RS 4 Avant

| | | | |
|---|---|---|---|
| 英文名 | Audi RS 4 Avant | 品牌 | 奥迪 |
| 上市时间 | 2005 年 | 变速箱 | 6 挡手动变速箱 |
| 车身风格 | 中型车 | 前悬挂 | 五连杆独立悬挂 |
| 车身结构 | 4 门 5 座三厢车 | 后悬挂 | 五连杆独立悬挂 |
| 发动机 | 4.2L 420 马力 V8 | 刹车 | 通风盘式 |
| 驱动方式 | 全时四驱 | 车身尺寸 | 长 4590+ 宽 1816+ 高 1415（毫米） |

汽车介绍

RS源自法语Renn Sport，意为“赛车运动”，是奔驰品牌的最高装饰设计等级。奥迪RS家族的Avant车型则属于奥迪的赛车运动部门Audi Sport，该部门研发的车型以其卓越的性能和精湛的技术赢得了全球汽车爱好者的喜爱。

奥迪RS 4 Avant于2005年首次亮相，是第一款采用自然吸气发动机的RS家族车型，配备了新一代Quattro全时四轮驱动系统。这台RS 4在当时具有相当高的性能表现，最大功率达到420马力，零百公里加速时间仅需4.8秒。同时，这一代RS 4也是唯一一代拥有敞篷车型的奥迪RS 4。

汽车档案

## 奥迪 RS 6 Avant 2022年款

| | | | |
|---|---|---|---|
| 英文名 | Audi RS 6 Avant 2022 | 品牌 | 奥迪 |
| 上市时间 | 2022 年 | 变速箱 | 8 挡手自一体变速箱 |
| 车身风格 | 中大型车 | 前悬挂 | 多连杆式独立悬架 |
| 车身结构 | 5 门 5 座旅行车 | 后悬挂 | 多连杆式独立悬架 |
| 发动机 | 4.0T 600 马力 V8 | 刹车 | 通风盘式 |
| 驱动方式 | 前置全时四驱 | 车身尺寸 | 长 4995+ 宽 1951+ 高 1486（毫米） |

汽车介绍

像所有的奥迪RS系列车型一样，奥迪RS 6使用了最新、最先进的工程和技术，搭载一台4.0T V8双涡轮增压发动机，最大功率为600马力。

这样强大的动力通过采埃孚8AT变速箱和Quattro全时四驱系统输出，虽然整备质量足足有2.2吨，却能3.6秒完成零百公里加速，比许多跑车性能都要优秀，因此称它是全球性能最好的旅行车之一毫不为过。

汽车档案

## 奥迪 Q7

| | | | |
|---|---|---|---|
| 英文名 | Audi Q7 | 品牌 | 奥迪 |
| 上市时间 | 2006 年 | 变速箱 | 6 挡手自一体变速箱 |
| 车身风格 | 中大型 SUV | 前悬挂 | 带转向的双横臂悬架 |
| 车身结构 | 5 门 5 座 SUV | 后悬挂 | 多连杆式独立悬架 |
| 发动机 | 3.6L 280 马力 V8 | 刹车 | 通风盘式 |
| 驱动方式 | 全时四驱 | 车身尺寸 | 长 5086+ 宽 1983+ 高 1737（毫米） |

汽车介绍

2005年的法兰克福车展上，奥迪品牌的首款中大型运动SUV奥迪Q7公开亮相，是当时世界上最大的SUV之一。命名中的字母Q源于奥迪著名的Quattro四轮驱动系统，而7是指该车在奥迪规划中级别处在A6和A8之间。

2006年，奥迪Q7在国内正式上市，定位为顶级SUV，并为这一级别的SUV在设计理念、技术装备、综合性能、使用功能等方面都树立了全新基准。

汽车档案

## 奥迪e-tron

| | | | |
|---|---|---|---|
| 英文名 | Audi e-tron | 品牌 | 奥迪 |
| 上市时间 | 2019 年 | 变速箱 | 2 挡自动变速箱 |
| 车身风格 | 中大型 SUV | 前悬挂 | 多连杆式独立悬架 |
| 车身结构 | 5 门 5 座 SUV | 后悬挂 | 多连杆式独立悬架 |
| 发动机 | 408 交流 / 异步双置电机 | 刹车 | 通风盘式 |
| 驱动方式 | 双电机四驱 | 车身尺寸 | 长 4901+ 宽 1935+ 高 1628（毫米） |

汽车介绍

奥迪e-tron是奥迪在2019年推出的纯电动高性能旗舰SUV，也是奥迪的首款纯电动量产车型，搭载全新的奥迪Quattro电动四驱系统。e-tron的诞生是奥迪向着新能源领域迈进的里程碑，就如同Quattro全时四驱技术是奥迪的代名词一样，e-tron将成为奥迪纯电动技术的标志性符号。

奥迪e-tron采用全铝车身框架搭配强化碳纤维材料制成的车门、前盖和车顶，在保障车身刚性的同时降低整车重量，从而减少对能源的消耗。电池被放置在后轴之前，这样的布局也使得车身达到了更理想的前后负载比例，保证了安全性、乘坐空间和驾驶乐趣。

汽车档案

## 奥迪 R8 2022年款

| | | | |
|---|---|---|---|
| 英文名 | Audi R8 V10 Coupe Performance | 品牌 | 奥迪 |
| 上市时间 | 2022 年 | 变速箱 | 7 挡双离合变速箱 |
| 车身风格 | 跑车 | 前悬挂 | 双横臂式独立悬挂 |
| 车身结构 | 2 门 2 座硬顶跑车 | 后悬挂 | 多连杆式独立悬挂 |
| 发动机 | 5.2L 620 马力 V10 | 刹车 | 陶瓷通风盘式 |
| 驱动方式 | 中置全时四驱 | 车身尺寸 | 长 4429+ 宽 1940+ 高 1236（毫米） |

汽车介绍

奥迪R8是一款中置引擎双座跑车，是奥迪于2006年推出的首款量产的中置引擎超级跑车。该车型基于兰博基尼Gallardo的开发平台诞生，融合了奥迪在多个运动赛事中取胜的经验、技术，实现了突破传统观念的完美设计。强劲的V8和V10发动机、全时四轮驱动系统和奥迪全铝车身空间框架结构，赋予了奥迪R8出众的动力性能，以及在赛道上和公路上的卓越表现。

将发动机安置在中心位置，优化了车身前后重量的比例，促进了驱动力的发挥。车身外部线条高度紧凑，车身前部与具有优雅曲线的车顶融为一体，使这辆双座跑车凸显出清晰的奥迪特质。

品牌介绍

**保时捷**

▶ 保时捷（Porsche）是德国大众汽车集团旗下的世界著名豪华汽车品牌，也译作波尔舍。保时捷总部位于德国斯图加特，是欧美汽车的代表之一，主要车型有911、718（包含Boxster、Cayman）、Panamera、Cayenne、Macan等。

## 保时捷发展

保时捷公司的创始人是费迪南德·保时捷，同时他也是大众汽车公司的创始人，是一位伟大的汽车工业先驱。

◆费迪南德·保时捷

保时捷的历史可追溯至 1900 年，第一部以保时捷为名的汽车——Lohner Porsche 是由费迪南德·保时捷设计的，这部双座跑车正式登场后带来了不小的轰动。当时才 25 岁的费迪南德还受聘于 Lohner 车厂担任设计师，此时，他已显示了出众的设计才能。

1931 年 3 月 6 日，费迪南德在几位投资者的帮助下在德国斯图加特建立了一家设计公司，专门开发汽车、飞机及轮船的发动机，这就是保时捷公司的前身。

虽然费迪南德后续转战大众汽车的开发，又因为二战频繁遭遇坎坷，但他始终没有放弃保时捷的研发。1946 年，保时捷的设计公司迁往奥地利，费迪南德的儿子费利·保时捷（Ferry Porsche）和女儿露易丝·皮耶希（Louise Piech）也正式加入经营管理阵容。在一对儿女的辅助下，费迪南德以大众甲壳虫为基础开始着手保时捷汽车的研发工作。

一直到 1972 年，保时捷汽车公司（Porsche AG）才正式成立，实现了从设计咨询公司到独立汽车制造商的转变。在随后的几十年里，保时捷不断扩大产品线，推出了多个重要的车型，如 Boxster、Cayenne、Panamera 和 Macan 等，这些车型为保时捷带来了更大的市场份额和商业成功。

**加油站**

保时捷的车标采用了公司所在地斯图加特市的盾形市徽。商标中间是一匹骏马，表示斯图加特盛产一种名贵种马；左上方和右下方是鹿角，表示斯图加特曾经是狩猎的好地方；右上方和左下方的黄色条纹代表成熟的麦子颜色，喻指五谷丰登；商标中的黑色代表肥沃的土地，红色象征人们的智慧与对大自然的钟爱。

汽车档案

## 保时捷 356

| | | | |
|---|---|---|---|
| 英文名 | Porsche 356 | 品牌 | 保时捷 |
| 上市时间 | 1948 年 | 变速箱 | 4 挡手动变速箱 |
| 车身风格 | 跑车 | 前悬挂 | 扭力杆独立悬架 |
| 车身结构 | 3 门 2 座跑车 | 后悬挂 | 摇臂式悬挂 |
| 发动机 | 1.1L 水平对置 4 缸风冷发动机 | 刹车 | 四轮碟式 |
| 驱动方式 | 后轮驱动 | 车身尺寸 | 长 3960+ 宽 1670+ 高 1260（毫米） |

汽车介绍

保时捷356是费迪南·保时捷的设计中第一辆被冠以保时捷名字的车型，于1948年推出。保时捷356车身窄小，结构简单，甚至连装饰条都没有，但它采用轻型风冷发动机、重心低、耐久性好。由于发动机后置，汽车前鼻可以做得很低，因此视野很好。

车架采用了一种新型的钢管式结构，整备质量只有585公斤，其独特的流线型设计也成为保时捷品牌的标志性车型。1948年7月，保时捷356在奥地利的赛事中旗开得胜，为保时捷品牌奠定了基础。

汽车档案

## 第一代保时捷 911

| | | | |
|---|---|---|---|
| 英文名 | Porsche 911 | 品牌 | 保时捷 |
| 上市时间 | 1963 年 | 变速箱 | 5 挡手动变速箱 |
| 车身风格 | 跑车 | 前悬挂 | 双摇臂独立悬挂 |
| 车身结构 | 2 门 2 座跑车 | 后悬挂 | 不等长摇臂悬挂 |
| 发动机 | 2.0L 130 马力 V6 | 刹车 | 四轮碟式 |
| 驱动方式 | 后置后驱 | 车身尺寸 | 长 4519+ 宽 1940+ 高 1299（毫米） |

汽车介绍

1963年，保时捷推出了他们最著名的车型之一——保时捷911，这款车型第一次展出是在法兰克福车展上，后以其经典的外观设计、卓越的性能和驾驶操控性而闻名。

第一代保时捷911的底盘和传动系统较多地沿用了保时捷356的技术，不过经历了八代车型后，保时捷911系列已经成为整个保时捷乃至整个德国最传奇的车型之一，同时也是中后置引擎跑车的代表作之一。至今，保时捷911系列车型仍在生产，并且在保时捷的产品线中占据重要地位。

汽车档案

## 保时捷 959

| | | | |
|---|---|---|---|
| 英文名 | Porsche 959 | 品牌 | 保时捷 |
| 上市时间 | 1986 年 | 变速箱 | 6 挡手动变速箱 |
| 车身风格 | 跑车 | 前悬挂 | 双横臂独立悬挂 |
| 车身结构 | 3 门 2 座跑车 | 后悬挂 | 双横臂独立悬挂 |
| 发动机 | 2.8L 水平对置 6 缸风 / 水冷发动机 | 刹车 | 盘式 |
| 驱动方式 | 四轮驱动 | 车身尺寸 | 长 4260+ 宽 1840+ 高 1280（毫米） |

汽车介绍

1983年，保时捷在德国法兰克福国际车展上展出959的原型车Gruppe B，可见保时捷制造959的初衷就是参加拉力赛事。在经历了几年的比赛历程后，保时捷终于在1985年法兰克福车展上展出了街道版959，并于1986年正式投产。

保时捷959是全球首款搭载ABS系统的超级跑车，有电子控制的连续前后轮间驱动力调节功能，确保速度与操控匹配，相较于奥迪Quattro更加高级。它也是唯一一款在1986年赢得巴黎-达喀尔拉力赛和勒芒24小时耐力赛的汽车，同时还是1986年合法上路行驶的最快超级跑车。

## 第一代保时捷 Boxster

| | | | |
|---|---|---|---|
| 英文名 | Porsche Boxster | 品牌 | 保时捷 |
| 上市时间 | 1996 年 | 变速箱 | 5 挡手动 / 手自一体变速箱 |
| 车身风格 | 跑车 | 前悬挂 | 麦弗逊式独立悬挂 |
| 车身结构 | 2 门 2 座软顶敞篷跑车 | 后悬挂 | 麦弗逊式独立悬挂 |
| 发动机 | 2.5L 201 马力 V6 | 刹车 | 盘式 |
| 驱动方式 | 中置后驱 | 车身尺寸 | 长 4315+ 宽 1780+ 高 1290（毫米） |



20世纪90年代，保时捷的经济状况不佳，急需一款能够增加销量的车型来度过危机。通过与丰田汽车公司在成本控制与经营理念上的分享，保时捷开始使用模块化、平台化的车型战略来增加车型和削减成本，保时捷Boxster应运而生。其名称由Box+ster组合而来，Box来自Boxer，代表保时捷水平对置发动机；ster则是Roadster的简写。

1993年，保时捷Boxster首次在北美车展上展出。1996年年底，保时捷正式量产Boxster并投放到市场。此后，保时捷Boxster成了保时捷销量最高的车型之一。

汽车档案

## 第一代保时捷 Cayenne

| | | | |
|---|---|---|---|
| 英文名 | Porsche Cayenne | 品牌 | 保时捷 |
| 上市时间 | 2002 年 | 变速箱 | 6 挡手自一体变速箱 |
| 车身风格 | 中大型 SUV | 前悬挂 | 主动悬挂管理系统 + 空气悬架 |
| 车身结构 | 5 门 5 座 SUV | 后悬挂 | 主动悬挂管理系统 + 空气悬架 |
| 发动机 | 3.2L 250 马力 V6 | 刹车 | 通风盘式 |
| 驱动方式 | 前置四驱 | 车身尺寸 | 长 4782+ 宽 1928+ 高 1699（毫米） |

汽车介绍

随着在1996年推出保时捷Boxster车型，保时捷开始走出低谷，但管理层很快意识到，仅靠传奇的911和新款车型Boxster无法保证公司未来的发展，因此，打造“第三个保时捷车系”的计划开始萌生。在美国销售部门的建议下，保时捷最终选择了越野车SUV，保时捷卡宴车型（Cayenne）由此诞生。

Cayenne的定位是一款适合家庭使用的旅行车，也是一款强大的越野车以及具有典型保时捷性能的高性能跑车。除此之外，第一代Cayenne还是第一款配备全新保时捷主动悬挂管理系统（PASM）的保时捷车型。

## 保时捷 Carrera GT

| | | | |
|---|---|---|---|
| 英文名 | Porsche Carrera GT | 品牌 | 保时捷 |
| 上市时间 | 2004 年 | 变速箱 | 6 挡自动变速箱 |
| 车身风格 | 跑车 | 前悬挂 | 双叉臂独立悬挂 |
| 车身结构 | 2 门 2 座敞篷跑车 | 后悬挂 | 双叉臂独立悬挂 |
| 发动机 | 5.7L 612 马力 V10 | 刹车 | 复合陶瓷式 |
| 驱动方式 | 中置后驱 | 车身尺寸 | 长 4613+ 宽 1921+ 高 1166（毫米） |



保时捷Carrera GT是一款面向传统敞篷超级跑车细分市场的敞篷双座跑车，被喻为近代保时捷代表之作，在2003年的巴黎车展上风光登场，并于2004年开始销售。

保时捷Carrera GT是一款稀有名贵的超级跑车，外观奇特、性能卓绝，专为追求极致速度与最佳操控而制造。超轻的重量、高科技的设计使Carrera GT跻身顶级汽车的行列。强劲有力的5.7L10缸605马力的发动机，可以在10秒内将速度从0提升至200公里/时，最高速度大约为330公里/时。中置发动机使得车辆重心降低，让Carrera GT即使在最急的弯道也能驾驭自如。

## 保时捷 Cayman S

汽车档案

| | | | |
|---|---|---|---|
| 英文名 | Porsche Cayman S | 品牌 | 保时捷 |
| 上市时间 | 2009 年 | 变速箱 | 7 挡双离合变速箱 |
| 车身风格 | 跑车 | 前悬挂 | 麦弗逊式独立悬架 |
| 车身结构 | 2 门 2 座跑车 / 敞篷车 | 后悬挂 | 多连杆式独立悬架 |
| 发动机 | 3.4L 320 马力 V6 | 刹车 | 复合陶瓷式 |
| 驱动方式 | 中置后驱 | 车身尺寸 | 长 4347+ 宽 1801+ 高 1306（毫米） |

汽车介绍

保时捷Cayman S是保时捷公司继911、Boxster、Cayenne后推出的第四大车系。2005年，它在法兰克福车展上正式亮相，并于2009年投入量产上市。

保时捷Cayman S具有纯粹的保时捷风格，又有截然不同的元素，比如车头部分像曲棍一样的车门下围板一直延伸到侧排气管，完美的车顶弧线投入华丽的后翼板。作为保时捷家族的跑车系列，保时捷Cayman S零百公里加速仅需5.4秒，最高车速更是达到了274公里/时。当时速超过120公里/时，保时捷Cayman S的尾翼会自动提高3.15英寸，以保持高速下的稳定性。

## 保时捷 918 Spyder

| | | | |
|---|---|---|---|
| 英文名 | Porsche 918 Spyder | 品牌 | 保时捷 |
| 上市时间 | 2013 年 | 变速箱 | 7 挡双离合变速箱 |
| 车身风格 | 跑车 | 前悬挂 | 双横臂式独立悬挂 |
| 车身结构 | 2 门 2 座硬顶敞篷车 | 后悬挂 | 多连杆式独立悬挂 |
| 发动机 | 4.6L 608 马力 V8 插电式混动 | 刹车 | 复合陶瓷式 |
| 驱动方式 | 中置四驱 | 车身尺寸 | 长 4643+ 宽 1940+ 高 1167（毫米） |

在2010年3月的日内瓦车展上，保时捷正式发布了全新的918 Spyder混合动力概念超跑，其搭载的4.6L V8发动机负责驱动两个后轮，而电动马达则驱动两个前轮，在共同输出动力的情况下，这套混合动力系统可以构成全轮驱动系统。2013年9月，918 Spyder正式投入量产。

保时捷918 Spyder出色的动力系统零百公里加速时间为2.6秒，最高时速可达345公里/时的成绩。2013年9月，配备米其林Pilot Sport Cup 2的918 Spyder原型车以6分57秒的成绩刷新了纽伯格林赛道单圈最佳纪录。

▲ 汽车档案

## 保时捷 Panamera 2019年款

| | | | |
|---|---|---|---|
| 英文名 | Porsche Panamera | 品牌 | 保时捷 |
| 上市时间 | 2019 年 | 变速箱 | 8 挡双离合变速箱 |
| 车身风格 | 大型车 | 前悬挂 | 双叉臂式独立悬架 |
| 车身结构 | 5 门 4 座掀背车 | 后悬挂 | 多连杆式独立悬架 |
| 发动机 | 2.9T 330 马力 V6 | 刹车 | 通风盘式 |
| 驱动方式 | 前置后驱 | 车身尺寸 | 长 5049+ 宽 1937+ 高 1423 （毫米） |

▼ 汽车介绍

帕拉梅拉（Panamera）是保时捷旗下的一款四门GT跑车。初代帕拉梅拉于2009年在上海车展上首发，原型为保时捷在1988年公开的989——保时捷第一辆四门GT跑车。但由于帕拉梅拉四门的配置与传统的保时捷跑车相比稍显臃肿，因此它并没有像其他系列跑车那样受欢迎。

不过到了2016年后第二代帕拉梅拉推出时，世人已经开始逐渐接受这种车型，再加上帕拉梅拉这些年的不断改款和技术革新，该车型已经成为保时捷旗下的知名系列之一。

## 保时捷 Taycan

| | | | |
|---|---|---|---|
| 英文名 | Porsche Taycan | 品牌 | 保时捷 |
| 首发时间 | 2019 年 | 变速箱 | 2 挡自动变速箱 |
| 车身风格 | 中大型车 | 前悬挂 | 双叉臂式独立悬挂 |
| 车身结构 | 4 门 4 座三厢车 | 后悬挂 | 多连杆式独立悬挂 |
| 发动机 | 纯电动 530 马力 永磁 / 同步 | 刹车 | 通风盘式 |
| 驱动方式 | 双电机四驱 | 车身尺寸 | 长 4963+ 宽 1966+ 高 1379（毫米） |

在保时捷70周年庆典上，保时捷公布了首款纯电动量产车的命名——Taycan，意为英姿飒爽的年轻骏马，灵感源自保时捷盾牌标志中心那匹跳跃的骏马。这也标志着一代经典超跑品牌正式开启了电动车时代。

Taycan是基于保时捷Mission E概念车打造的，从外观到性能都高度还原。保时捷Taycan搭载两台电机，最大功率大于600马力，欧洲NEDC工况下最大续航里程超过500公里，零百公里加速时间不超3.5秒，速度从零到200公里/时不超过12秒，同时支持快充，能够实现充电4分钟行驶100公里。

品牌介绍

## 梅赛德斯-奔驰

▶ 梅赛德斯-奔驰（Mercedes-Benz）是由奔驰公司和戴姆勒公司合并而来的，其创始人分别是汽车的发明者卡尔·本茨，以及第一辆四轮汽车的创造者戈特利布·戴姆勒。以梅赛德斯-奔驰命名的汽车，是高质量、高性能汽车产品的代表。

Mercedes-B

## 梅赛德斯-奔驰历史

### 奔驰汽车公司

卡尔·本茨于1844年11月25日出生在德国，自幼就有过人的机械制造天赋。在经历过学徒工、服兵役、娶妻生子等人生经历后，本茨于1872年与奥格斯特·里特（August Ritter）合作组建了“本茨铁器铸造公司和机械工厂”，专门生产建筑材料。

1883年10月，卡尔·本茨与两位商业伙伴共同创立奔驰公司莱茵燃气发动机厂（1899年改名为奔驰公司），并迅速取得了成功。1886年，卡尔·本茨试制出了世界上第一辆单缸发动机三轮汽车。

1890年5月，随着新合作伙伴的加入，该公司发展成为德国第二大发动机制造商，并在世纪之交成为世界领先的汽车生产商。1906年，本茨和他的两个儿子在拉登堡成立了奔驰父子汽车公司，奔驰汽车成为世界著名品牌。

## 戴姆勒汽车公司

1872 年，戈特利布·戴姆勒就任燃气发动机制造商道依茨燃气发动机厂的技术总监。1882 年，戴姆勒离开该公司，在位于坎施塔特的花园里设立开发了自己的工作室，专注于汽油驱动的四冲程发动机的开发。

1890 年 11 月 28 日，戴姆勒与马克斯·杜滕霍费尔（Max Duttenhofer）及其商业伙伴威廉·洛伦兹（Wilhelm Lorenz）共同创立了戴姆勒汽车公司。

在 1901 年 3 月的“尼斯赛车周”上，以公司主要投资人埃米尔·耶利内克的女儿的教名“梅赛德斯（Mercedes）”命名的第一辆梅赛德斯汽车正式亮相。1902 年 9 月，戴姆勒汽车公司为“梅赛德斯”这一万众瞩目的品牌申请了专利。

## 戴姆勒 – 奔驰公司

戴姆勒汽车公司与奔驰公司曾是多年的竞争对手，1924 年 5 月，双方携手组建合资企业，旨在通过协调的设计、生产技术、采购策略、销售和广告来保持在世界汽车市场上的竞争力。1926 年 6 月，戴姆勒 – 奔驰公司成立，标志着全球两家历史最悠久的汽车制造商的融合。

**加油站**

1909 年 6 月，戴姆勒汽车公司申请登记了“三叉星”作为轿车的标志，象征着陆上、水上和空中的机械化。1916 年，三叉星的四周被加上了一个圆圈，圆的上方镶嵌了四个小星，下面有 Mercedes 字样。

奔驰的标志最初是 Benz 字母外加月桂枝环绕。1926 年，戴姆勒与奔驰合并，星形的标志与奔驰的月桂枝合二为一，下方是 Mercedes-Benz 字样。

此圆环中的星形标志也演变成今天的图案，成为世界最著名的商标之一。

▲ 汽车档案

## 梅赛德斯-奔驰 S-Type

| | | | |
|---|---|---|---|
| 英文名 | Mercedes-Benz S-Type Sportwagen | 品牌 | 梅赛德斯－奔驰 |
| 上市时间 | 1927 年 | 变速箱 | 4 挡手动变速箱 |
| 车身风格 | 跑车 | 前悬挂 | 独立悬挂 |
| 车身结构 | 2 门 2 座敞篷跑车 | 后悬挂 | 半拖曳臂悬挂 |
| 发动机 | 6.8L 180 马力 V6 | 刹车 | 四轮刹车制动器镀铜散热 |
| 驱动方式 | 前置驱动 | 车身尺寸 | 长 4700+ 宽 1700+ 高 1800（毫米） |

▼ 汽车介绍

1927年，在梅赛德斯K型车W06平台的基础上，新的梅赛得斯-奔驰汽车公司造出了新款运动型车——S-Type车型，S代表Sport。由于车架降低，S-Type车型的发动机布置能够后移并降低，从而在优化了前后轴载荷分布的同时降低了重心高度，使操控性更好。

搭载机械增压发动机的S-Type车型不仅足以应付用户日常的使用，在赛道上也取得了非常不错的成绩。在1927年7月17日举行的德国大奖赛中，梅赛德斯-奔驰派出了强大的车队，而卓越的S-Type跑车包揽了前三名。

汽车档案

## 梅赛德斯–奔驰 770K

| | | | |
|---|---|---|---|
| 英文名 | Mercedes–Benz 770K | 品牌 | 梅赛德斯 – 奔驰 |
| 首发时间 | 1934 年 | 变速箱 | 4 挡手动变速箱 |
| 车身风格 | 软顶敞篷车 | 前悬挂 | 钢板弹簧悬挂 |
| 车身结构 | 4 门 4 座软顶敞篷车 | 后悬挂 | 钢板弹簧悬挂 |
| 发动机 | 7.6L 200 马力 V8 | 刹车 | 液压鼓式 |
| 驱动方式 | 前置驱动 | 车身尺寸 | 长 5600+ 宽 1840+ 高 1830（毫米） |

汽车介绍

1934年，梅赛得斯–奔驰汽车公司制造出了世界上第一辆防弹汽车——770K，该车在历史上十分著名，是为当时的德国元首特制的超豪华高级轿车。车身用4毫米厚的钢板制成，挡风玻璃厚50毫米，轮胎采用钢丝网状防弹车胎，后排坐垫靠背装有防弹钢板，地板也被加厚到4.5毫米，整车重量超过5吨。

它配有一台排量为7655毫升的直列八缸发动机，可产生200马力的功率。戴姆勒–奔驰汽车公司共为元首制造了17辆防弹770K轿车，作为德意志帝国最贵重的礼物分别送给各国首脑和将军。

▲汽车档案

## 梅赛德斯–奔驰 220

| | | | |
|---|---|---|---|
| 英文名 | Mercedes–Benz 220 | 品牌 | 梅赛德斯－奔驰 |
| 上市时间 | 1951 年 | 变速箱 | 挡手动变速箱 |
| 车身风格 | 轿车 / 敞篷车 | 前悬挂 | 螺旋弹簧双叉臂独立悬挂 |
| 车身结构 | 4 门 4 座两厢车 | 后悬挂 | 螺旋弹簧摇臂悬挂 |
| 发动机 | 2.2L 80 马力 L6 | 刹车 | 双领蹄制动器 |
| 驱动方式 | 前置后驱 | 车身尺寸 | 长 4510+ 宽 1685+ 高 1610（毫米） |

▼汽车介绍

在1951年4月举办的第一届法兰克福国际车展上，梅赛得斯–奔驰汽车公司隆重推出了第一代S级轿车——220车型。这款极具代表性的全新车型定义了二战后十数年S级轿车的发展方向，并标志着S级轿车辉煌时代的开始。

220车型被德国著名汽车刊物AMS美誉为“世界汽车工业中首个将出众的安全性能、优雅的跑车气质、极致舒适和尊贵完美结合的豪华车”。奔驰220内饰以实木材质为主，提升了车内的豪华感和庄重感，而大尺寸的三辐方向盘也与整体内饰气氛相呼应，衬托出了高级质感。

汽车档案

## 梅赛德斯–奔驰 220S

| | | | |
|---|---|---|---|
| 英文名 | Mercedes–Benz 220S | 品牌 | 梅赛德斯 – 奔驰 |
| 上市时间 | 1956 年 | 变速箱 | 4 挡手动变速箱 |
| 车身风格 | 轿车 / 敞篷车 | 前悬挂 | 螺旋弹簧双叉臂独立悬挂 |
| 车身结构 | 4 门 4 座三厢车 | 后悬挂 | 螺旋弹簧摇轴式独立悬挂 |
| 发动机 | 2.2L 106 马力 L6 | 刹车 | 鼓式 |
| 驱动方式 | 前置后驱 | 车身尺寸 | 长 4715+ 宽 1740+ 高 1560（毫米） |

汽车介绍

梅赛得斯–奔驰汽车公司是世界上第一个安全车身的开发者。1952年，研究员Bela Barenyi注册了安全车身的专利。在随后的数年中，戴姆勒–奔驰公司的工程人员将Barenyi的发明转化成了实际生产。

1956年3月，采用“浮筒式”车身设计的220S车型问世。“浮筒式”车身能够提供更充裕的车内空间、更好的外部视野以及前所未有的舒适性。另外，奔驰220、220S和220SE也是世界上首批将能量吸收变形区和刚体车身结合起来的汽车。车辆整体刚性得到大幅提高，并且车身重量有所降低，在显著提升安全性的同时，保证了更高的燃油经济性。

▲汽车档案

## 梅赛德斯-奔驰 300SL

| | | | |
|---|---|---|---|
| 英文名 | Mercedes-Benz 300SL | 品牌 | 梅赛德斯－奔驰 |
| 首发时间 | 1954 年 | 变速箱 | 4 挡手动变速箱 |
| 车身风格 | 跑车 | 前悬挂 | 螺旋弹簧独立悬挂 |
| 车身结构 | 3 门 2 座鸥翼跑车 | 后悬挂 | 螺旋弹簧摆轴悬挂 |
| 发动机 | 3.0L 215 马力 L6 | 刹车 | 鼓式 |
| 驱动方式 | 前置后驱 | 车身尺寸 | 长 4618+ 宽 1877+ 高 1316（毫米） |

▼汽车介绍

梅赛德斯-奔驰300SL（底盘代码W198）是一款鸥翼双门跑车，于1954年在纽约车展上首次亮相，这款车标志性的鸥翼门和创新的轻质管状框架结构使其成为一款开创性的、极具影响力的汽车。SL是德语术语Super-Leicht的缩写，意为“超轻”，指的是这款车的轻质结构。

奔驰300SL的起源可以追溯到该公司1952年推出的赛车W194，它配备了更加高级的机械直接燃油喷射系统，显著提高了其3L顶置凸轮轴直列六缸发动机的功率输出，使其能够达到263公里/时的速度，是当时速度最快的量产车。

## 梅赛德斯-奔驰 SLR 迈凯轮

| | | | |
|---|---|---|---|
| 英文名 | Mercedes-Benz SLR McLaren | 品牌 | 梅赛德斯 - 奔驰 |
| 上市时间 | 2004 年 | 变速箱 | 5 挡自动变速箱 |
| 车身风格 | 跑车 | 前悬挂 | 双叉臂独立悬挂 |
| 车身结构 | 3 门 2 座两厢车 | 后悬挂 | 双叉臂独立悬挂 |
| 发动机 | 5.5L 626 马力 V8 | 刹车 | 通风盘式 |
| 驱动方式 | 前置后驱 | 车身尺寸 | 长 4656+ 宽 1908+ 高 1261 （毫米） |



梅赛德斯-奔驰SLR迈凯轮被喻为“公路上的F1”，传承了300SL鸥翼跑车的悠久历史，自2004年开始实现量产。经典的5.5L V8增压发动机令SLR零百公里加速时间只需3.8秒，最高车速达到334公里/时，以融合传统与创新的完美形象以及强大的动力性能而一举赢得“21世纪的银箭”的美誉。

在创新性上，梅赛德斯-奔驰SLR迈凯轮跑车不仅采纳了众多F1赛车设计元素，更将航空和F1赛车领域的设计亮点首次运用在量产车上。这其中最引人注目的就是其碳纤维打造的车身、车门以及发动机罩，这种轻量化材料具有非同寻常的能量吸收能力，可以确保最高标准的乘客安全保护。

汽车档案

## 梅赛德斯-奔驰 SLS AMG

| | | | |
|---|---|---|---|
| 英文名 | Mercedes-Benz SLS AMG | 品牌 | 梅赛德斯－奔驰 |
| 上市时间 | 2010 年 | 变速箱 | 7 挡双离合变速箱 |
| 车身风格 | 跑车 | 前悬挂 | 双叉臂式独立悬架 |
| 车身结构 | 2 门 2 座硬顶跑车 | 后悬挂 | 双叉臂式独立悬架 |
| 发动机 | 6.2L 571 马力 V8 | 刹车 | 通风盘式 |
| 驱动方式 | 前置后驱 | 车身尺寸 | 长 4638+ 宽 1939+ 高 1262（毫米） |

汽车介绍

梅赛德斯-奔驰SLS AMG是AMG级别的顶级产品，是优雅外形与高强动力结合的典范，动力强劲而不乏豪华气质。两侧上掀式的鸥翼门是古典车型300SL的延续，车侧散热口、B柱曲线等诸多部位则还原了300SL的风韵。

在SLR迈凯轮停产之后，梅赛德斯-奔驰SLS AMG成为高性能跑车中的旗舰。它搭载的是AMG（梅赛德斯-奔驰的一个高性能子品牌）代号为M156的6.2L V8自然吸气发动机，可在转速6800转时输出571匹的最大马力，使SLS AMG最高时速达317公里/时。

▲汽车档案

## 梅赛德斯–奔驰 300SEL 6.3

| | | | |
|---|---|---|---|
| 英文名 | Mercedes–Benz 300SEL 6.3 | 品牌 | 梅赛德斯 – 奔驰 |
| 上市时间 | 1968 年 | 变速箱 | 4 挡自动变速箱 |
| 车身风格 | 运动型轿车 | 前悬挂 | 空气悬架 |
| 车身结构 | 4 门 4 座两厢车 | 后悬挂 | 空气悬架 |
| 发动机 | 6.3L 250 马力 V8 | 刹车 | 通风盘式 |
| 驱动方式 | 前置后驱 | 车身尺寸 | 长 5000+ 宽 1810+ 高 1420（毫米） |

▼汽车介绍

梅赛德斯–奔驰300SEL 6.3是一款全尺寸豪华性能车。1968年，300SEL 6.3车型在日内瓦车展上正式推出。这款车搭载了该公司旗舰600（W100）豪华轿车搭载的强大6.3L M100 V8发动机，使一辆运动型轿车具有了肌肉车的性能，零百公里加速时间仅需6.5秒，是当时世界上最快的四门车之一。

不过，即便是如此强大的动力，仍有人感觉不足。两位来自小镇Grossaspach的工程师将一台红色的300SEL 6.3车型改装了一台6.8L发动机并带到了比利时的Spa赛道，一战成名，这两个人的小作坊就是今日AMG的前身。

## 梅赛德斯-奔驰 280SE

汽车档案

| | | | |
|---|---|---|---|
| 英文名 | Mercedes-Benz 280SE | 品牌 | 梅赛德斯－奔驰 |
| 上市时间 | 1972 年 | 变速箱 | 4 挡手动变速箱 |
| 车身风格 | 轿车 | 前悬挂 | 双叉臂式独立悬架 |
| 车身结构 | 4 门 4 座两厢车 | 后悬挂 | 对角摆臂悬挂 |
| 发动机 | 2.8L 160 马力 L6 | 刹车 | 盘式 |
| 驱动方式 | 前置后驱 | 车身尺寸 | 长 4900+ 宽 1810+ 高 1440（毫米） |

汽车介绍

1972年，代号W116的第五代梅赛德斯-奔驰S级正式上市，这代车型首次被官方正式命名为“梅赛德斯-奔驰S级轿车”。梅赛德斯-奔驰S级W116车系在发布之初推出了280S版本和280SE版本，搭载代号为M110的2.8L直列六缸双顶置凸轮轴发动机，输出功率为160匹马力。

梅赛德斯-奔驰280SE将许多被动安全功能融入车辆设计，包括加强车辆乘员保护、ABS防抱死制动系统、安全气囊辅助约束系统等，是第一批配备这些功能的汽车之一。此外，W116系列也是第一批提供涡轮增压柴油发动机版本的量产车型。

## 梅赛德斯–奔驰 S400 L

| | | | |
|---|---|---|---|
| 英文名 | Mercedes–Benz S400 L | 品牌 | 梅赛德斯 – 奔驰 |
| 上市时间 | 2013 年 | 变速箱 | 7 挡手自一体变速箱 |
| 车身风格 | 大型车 | 前悬挂 | 独立多连杆悬挂 |
| 车身结构 | 4 门 5 座三厢车 | 后悬挂 | 独立多连杆悬挂 |
| 发动机 | 3.0L 333 马力 V6 | 刹车 | 通风盘式 |
| 驱动方式 | 前置后驱 | 车身尺寸 | 长 5250+ 宽 1899+ 高 1494（毫米） |



2013年5月15日，备受关注的梅赛德斯–奔驰第十代S级在德国汉堡举行了首发仪式。梅赛德斯–奔驰S级在1951年第一代车型发布后一直都是豪华车的标杆，而新一代S级轿车也是梅赛德斯–奔驰品牌的代表、身份的象征和传奇的延续，诠释着梅赛德斯–奔驰对于豪华轿车的理解，同时也代表了梅赛德斯–奔驰最先进的科技成果。

新一代S级整车的布局和设计风格都是一流的，内部采用全液晶显示仪表盘以及12.3英寸的娱乐系统屏幕。在后排舒适性上，新一代S级首次引入四座版本，并附带电动按摩功能。除此之外，还有魔术车身控制系统，由摄像头自动检测路面状况，根据需要调节悬架的软硬程度或者高低程度。

汽车档案

## 梅赛德斯–奔驰 G500

| | | | |
|---|---|---|---|
| 英文名 | Mercedes–Benz G500 | 品牌 | 梅赛德斯 – 奔驰 |
| 首发时间 | 1993 年 | 变速箱 | 7 挡手自一体变速箱 |
| 车身风格 | 中大型 SUV | 前悬挂 | 螺旋弹簧刚性轴悬挂 |
| 车身结构 | 5 门 5 座 SUV | 后悬挂 | 螺旋弹簧刚性轴悬挂 |
| 发动机 | 5.0L 306 马力 V8 | 刹车 | 通风盘式 |
| 驱动方式 | 前置四驱 | 车身尺寸 | 长 4662+ 宽 1760+ 高 1931 （毫米） |

汽车介绍

1979年，仅面向军队、政府部门及专业救援队伍的首款G型车（G–Wagen，代号W460）在奥地利格拉茨下线，G级越野车的传奇就此开启。直到1991年梅赛德斯–奔驰推出W463车型，G–Wagen才开始大量进驻民用市场。1994年，梅赛德斯–奔驰G–Wagen正式采用全新的命名法则，改名为梅赛德斯–奔驰G–Class，也就是人们熟悉的梅赛德斯–奔驰G级。

这辆梅赛德斯–G500就是G–Wagen转民用后，于1993年诞生的一款超豪华SUV，也是梅赛德斯–奔驰G级首次采用5.0L V8发动机的车型。

汽车档案

## 梅赛德斯-奔驰 G55 AMG

| | | | |
|---|---|---|---|
| 英文名 | Mercedes-Benz G55 AMG | 品牌 | 梅赛德斯 - 奔驰 |
| 首发时间 | 1999 年 | 变速箱 | 5 挡手自一体变速箱 |
| 车身风格 | 中大型 SUV | 前悬挂 | 螺旋弹簧刚性轴悬挂 |
| 车身结构 | 5 门 5 座 SUV | 后悬挂 | 螺旋弹簧刚性轴悬挂 |
| 发动机 | 5.5L 500 马力 V8 | 刹车 | 通风盘式 |
| 驱动方式 | 前置四驱 | 车身尺寸 | 长 4662+ 宽 1760+ 高 1931（毫米） |

汽车介绍

1999年，梅赛德斯-奔驰G55 AMG诞生，这款车型除了包含梅赛德斯-奔驰G级强悍的越野性能外，在动力上也十分强劲。G55搭载的是以G500原引擎为构架，经过AMG重新设计的5.5L自然进气V8引擎，同时具有比G500更大的压缩比。这款发动机早在1997年就被研发出来，随着20世纪90年代AMG成了梅赛德斯-奔驰的御用改装厂，这款发动机也开始陆续被装配在奔驰旗下的车型上。

排量的提高使得G55的功率一举突破了350千瓦，最大扭矩达到53.5公斤/米，G55在车重提高了100公斤的同时取得了零百公里加速时间仅需5.5秒的惊人成绩，最高时速达到了210公里。

汽车档案

## 梅赛德斯-奔驰 S600

| | | | |
|---|---|---|---|
| 英文名 | Mercedes-Benz S600 | 品牌 | 梅赛德斯－奔驰 |
| 首发时间 | 1995 年 | 变速箱 | 5 挡手自一体变速箱 |
| 车身风格 | 大型车 | 前悬挂 | 四连杆独立悬架 |
| 车身结构 | 4 门 5 座三厢车 | 后悬挂 | 多连杆式独立悬架 |
| 发动机 | 5.5L 517 马力 V12 | 刹车 | 通风盘式 |
| 驱动方式 | 前置后驱 | 车身尺寸 | 长 5206+ 宽 1871+ 高 1473（毫米） |

汽车介绍

1995年，梅赛德斯－奔驰S600成为首次应用车身电子稳定系统（ESP，行车安全系统中的一项领先技术）的奔驰车型。ESP是集防抱死制动系统，牵引力控制系统和刹车辅助系统于一体的主动安全设备，在弯道上也可以精确地控制刹车。

除此之外，S600还是梅赛德斯-奔驰S系列的顶级型号，装备了新型5.5L V12发动机，运用了许多梅赛德斯-奔驰所独有的更深层次标准创新技术，比如手动悬挂系统。该系统可在极短的时间内让汽车从减速状态转入通常的驾驶状态，从而大大地减少车体震动。

## 梅赛德斯–奔驰 AMG EQE 53 4MATIC+

| | | | |
|---|---|---|---|
| 英文名 | Mercedes–Benz AMG EQE 53 4MATIC | 品牌 | 梅赛德斯 – 奔驰 |
| 首发时间 | 2023 年 | 变速箱 | 1 挡固定齿比变速箱 |
| 车身风格 | 中大型车 | 前悬挂 | 四连杆独立悬架 |
| 车身结构 | 4 门 5 座三厢车 | 后悬挂 | 多连杆式独立悬架 |
| 发动机 | 460 千瓦永磁同步双电机 | 刹车 | 通风盘式 |
| 驱动方式 | 双电机四驱 | 车身尺寸 | 长 4969+ 宽 1906+ 高 1493（毫米） |



2023款梅赛德斯–奔驰AMG EQE 53 4MATIC+是AMG部门的最新作品，前后轴上的两台AMG专用电机为永磁同步，这要比常见的交流异步大功率电机更耐热，适合在赛道上激烈驾驶。

除此之外，EQE 53 4MATIC+的双电机可以带来687马力的最大功率，选装PLUS套件后，最大扭矩从858牛·米提升到1000牛·米。即使作为豪华大型电动车的EQE 53重达2.45吨，但进入比赛模式后，百公里加速也仅需3.3秒，极速达到240 公里/小时。

品牌介绍

## 宝马

▶ 宝马公司（Bavarian Motor Works）创建于1916年，总部设在德国巴伐利亚自由州的慕尼黑，其蓝白标志源自巴伐利亚自由州州旗的颜色。百年来，宝马汽车由最初的飞机引擎制造商发展成为以高级轿车为主导，生产享誉全球的飞机引擎、越野车和摩托车的集团公司。

## 宝马历程

宝马创始人之一是吉斯坦·奥托。其父奥古斯特·奥托是德国大发明家，最早发明了四冲程内燃发动机，对现代汽车的诞生起了至关重要的作用，也为航空器上天提供了动力基础。

吉斯坦·奥托在父亲发明的内燃机的基础上研制出了一种新型航空发动机，其功效较传统的发动机进步不少。为了让更多人接受这种飞机发动机，1913 年，30 岁的吉斯坦·奥托在巴伐利亚州首府慕尼黑北部的奥林匹克区开设了飞机发动机制造厂。

三年后，奥托与戴姆勒－奔驰公司股东之一杰克·莎柏奴合资创立了巴伐利亚飞机制造厂（BFW，Bayerische Flugzeug Werke），自己的飞机发动机制造厂也并入其中。1917 年 7 月 20 日，BFW 公司开始重组，并更名为 BMW（Bayerische Motoren Werke AG），自此，享誉世界的豪华汽车品牌初具雏形。

BMW 成立初期依然主要以生产飞机发动机及其他零部件为生，但在第一次世界大战结束后，宝马被迫停止了飞机发动机的生产，公司濒临倒闭。在进行了一系列重组，尝试生产卡车和轮船的发动机但收效一般后，BMW 转而开始生产摩托车产品。

1923 年，宝马首席设计师马克斯·弗里兹设计的第一款 BMW 摩托车 R32 诞生了。R32 在柏林车展初次亮相就轰动了世界，凭借 49 毫升的排量和 6.3 千瓦的输出功率，120 公斤 的 R32 可以达到 90 公里 / 时以上的速度。这款摩托车除了重心较低之外，还拥有安全的操控性能，再加上易于保养，很快便赢得了良好的声誉。

1925 年，宝马摩托车凭借出色的性能在赛场上屡获佳绩，获得逾百场的胜利，宝马的名声因此传遍全欧洲。R32 的成功也为宝马转型为汽车制造商奠定了基础。

1928 年，宝马收购了埃森那赫汽车厂，并开始生产汽车。之后，宝马将许多汽车制造史上的杰作推向市场，这些产品不断激发出人们对于豪华汽车的强烈渴望，铸就了宝马公司作为一家汽车制造商的杰出声誉。

汽车档案

## 宝马 303

| | | | |
|---|---|---|---|
| 英文名 | BMW 303 | 品牌 | 宝马 |
| 上市时间 | 1933 年 | 变速箱 | 4 挡手动变速箱 |
| 车身风格 | 中型车 | 前悬挂 | 横向叶片弹簧 |
| 车身结构 | 2 门 4 座轿车 | 后悬挂 | 纵向叶片弹簧 |
| 发动机 | 1.2L 30 马力 L6 | 刹车 | 鼓式 |
| 驱动方式 | 前置后驱 | 车身尺寸 | 长 3900+ 宽 1440+ 高 1550（毫米） |

汽车介绍

BMW 303是一款生产于1933年的中型轿车，它不仅是宝马3系的鼻祖，也是所有宝马车型的开端。宝马公司为它打出的宣传口号是："性能卓越，近乎完美的德国小型汽车。"

303是BMW历史上第一次使用直列6缸发动机以及标志性的结构——双肾型进气栅格的车型。也正因为这个独特的双肾进气格栅，BMW 303被公认为第一辆具备家族特征的车型。

从此，BMW开始使用三位数字的编号来对车型进行区分，这一传统一直延续至今。

汽车档案

## 宝马 315/1 Sport Roadster

| | | | |
|---|---|---|---|
| 英文名 | BMW 315/1 Sport Roadster | 品牌 | 宝马 |
| 上市时间 | 1934 年 | 变速箱 | 4 挡手动变速箱 |
| 车身风格 | 跑车 | 前悬挂 | 横向叶片弹簧独立悬挂 |
| 车身结构 | 2 门 2 座敞篷跑车 | 后悬挂 | 纵向叶片弹簧刚性轴 |
| 发动机 | 1.5L 41 马力 M4 | 刹车 | 鼓式 |
| 驱动方式 | 前置后驱 | 车身尺寸 | 长 3800+ 宽 1440+ 高 1350（毫米） |

汽车介绍

1934年，在303车型的发动机基础上，宝马公司开发出了1389cc同系列发动机，最大功率为34马力（25千瓦），制造出了BMW 315。凭借强大的动力，315成为BMW生产的第一辆极速突破100公里/时的车型。在1934年柏林车展上，BMW渴望通过汽车赛事获得更大的影响力，于是带来了一款更具动感造型的315/1原型车。

这是一款高功率版（41马力）BMW 315，也是继DA-3 Wartburg后，BMW又一款运动型跑车——BMW 315/1 Sport Roadster，在德国及国外的赛事中，这款BMW 315/1始终名列前茅。

汽车档案

## 宝马 319/1 Roadster

| | | | |
|---|---|---|---|
| 英文名 | BMW 319/1 Roadster | 品牌 | 宝马 |
| 上市时间 | 1935 年 | 变速箱 | 4 挡手动变速箱 |
| 车身风格 | 跑车 | 前悬挂 | 横向叶片弹簧独立悬挂 |
| 车身结构 | 2 门 2 座敞篷跑车 | 后悬挂 | 纵向叶片弹簧刚性轴悬挂 |
| 发动机 | 1.9L 46 马力 L6 | 刹车 | 鼓式 |
| 驱动方式 | 前置后驱 | 车身尺寸 | 长 3800+ 宽 1440+ 高 1350 （毫米） |

汽车介绍

在BMW 315/1获得一系列赛事成功后，BMW不满足获得1.5L这种小排量组别的奖杯，于是开始对BMW 315上的发动机进一步开发，推出排量1911毫升、最大功率46马力（34千瓦）的发动机，结合315的车身和底盘造就了BMW 319。

和315/1一样，BMW 也推出了高功率版的319——319/1 Roadster，这几乎是一辆赛道版的街车，极速达到了135公里/时。不过由于其高昂的售价，319/1 Roadster已经成为目前经典车市场里最稀有的BMW二战前的车型。

汽车档案

## 宝马 328

| | | | |
|---|---|---|---|
| 英文名 | BMW 328 | 品牌 | 宝马 |
| 上市时间 | 1936 年 | 变速箱 | 4 挡手动变速箱 |
| 车身风格 | 跑车 | 前悬挂 | 独立悬挂 |
| 车身结构 | 2 门 2 座敞篷跑车 | 后悬挂 | 扭力杆悬挂 |
| 发动机 | 2.0L 80 马力 L6 | 刹车 | 液压鼓式 |
| 驱动方式 | 前置后驱 | 车身尺寸 | 长 3900+ 宽 1550+ 高 1440（毫米） |

汽车介绍

1936年，被认为是二战之前最好的汽车——BMW 328跑车登场了。它由319车型改良而来，以流畅的车身线条、饱满的车头和强悍的性能在各大赛车比赛中一路遥遥领先，获得了多次比赛冠军和其他奖项，包括1938年的RAC拉力赛的冠军、1939年的勒芒24小时耐久赛前五名和1940年意大利的Mille Miglia赛事总冠军等。

BMW 328共获得120项奖项，创造了无数世界纪录，堪称打遍欧洲赛车无敌手，成功地建立了宝马汽车的高性能形象，成为车坛的传奇。

汽车档案

## 宝马 326

| | | | |
|---|---|---|---|
| 英文名 | BMW 326 | 品牌 | 宝马 |
| 上市时间 | 1936 年 | 变速箱 | 4 挡手动变速箱 |
| 车身风格 | 中型车 | 前悬挂 | 扭杆弹簧前悬架 |
| 车身结构 | 4 门 4 座轿车 | 后悬挂 | 扭力杆后悬挂 |
| 发动机 | 1.9L 50 马力 L6 | 刹车 | 液压鼓式 |
| 驱动方式 | 前置后驱 | 车身尺寸 | 长 4600+ 宽 1600+ 高 1540（毫米） |

汽车介绍

1936年，宝马正式进军豪车市场，并凭借首款四门豪华车型定义了自己豪华品牌的身份——BMW 326。在柏林车展上首次亮相的326搭载的直列六缸发动机排量达1.9L，最大50马力的功率只需3750转便可实现，115km/h的最高时速在当时的中型豪车领域也是首屈一指。

毫无疑问，BMW 326是一款成功的宝马豪车，它在短短5年内创下的近16 000辆的产量成绩足以证明这一点。宝马326的设计者是Fritz Fiedler，它采用了一种箱形框架，可以方便地适应衍生车型。同时，326也是第一辆提供四门的宝马车型。

## 宝马 501

| | | | |
|---|---|---|---|
| 英文名 | BMW 501 | 品牌 | 宝马 |
| 上市时间 | 1951 年 | 变速箱 | 4 挡手动变速箱 |
| 车身风格 | 轿车 | 前悬挂 | 双叉臂悬挂 |
| 车身结构 | 4 门 4 座两厢车 | 后悬挂 | 刚性轴悬挂 |
| 发动机 | 2.0L 65 马力 L6 | 刹车 | 四轮鼓式 |
| 驱动方式 | 前置后驱 | 车身尺寸 | 长 4730+ 宽 1780+ 高 1524（毫米） |

二战期间宝马公司遭受了重大打击，并且在二战结束后受制于国际条约和原材料匮乏，业务恢复缓慢。1951年，宝马终于推出了自己战后的第一款车——BMW 501。

BWM 501是一款四门车型，搭载了一台直列六缸发动机，采用了当时先进的底盘技术，如独立悬挂和电动助力转向系统。同时，它的车身材料包括钢和铝合金，进一步提升了车辆的舒适性和外观设计。可惜的是，由于BMW 501造价高昂，当时正处于经济恢复期的德国民众根本无力消费，失败的产品定位使宝马公司在数年后面临破产危机。

汽车档案

## 宝马 502

| | | | |
|---|---|---|---|
| 英文名 | BMW 502 | 品牌 | 宝马 |
| 上市时间 | 1954 年 | 变速箱 | 4 挡手动变速箱 |
| 车身风格 | 轿车 | 前悬挂 | 独立悬挂 |
| 车身结构 | 4 门 4 座两厢车 | 后悬挂 | 刚性轴悬挂 |
| 发动机 | 3.2L 140 马力 V8 | 刹车 | 鼓式 |
| 驱动方式 | 前置后驱 | 车身尺寸 | 长 4700+ 宽 1778+ 高 1524（毫米） |

汽车介绍

在1954年的日内瓦车展上，宝马推出了501的改款型——BMW 502，虽然在外观上和BMW 50并没有太大区别，但其性能完全不同。BMW 502搭载战后首款V8发动机，将最高功率从此前的6马力提升到140马力，这使得BMW 502成为当时速度最快的车之一，0～80公里/时的加速时间只需11秒左右，比BMW 501快了5秒，是宝马公司在战后的一次突破。

这款车为日后正式推出7系轿车打下了坚实的基础，奠定了宝马的豪华车地位，还有着“巴洛克天使”的称号，不过其居高不下的售价也让许多人望而却步。

## 宝马 1500

| | | | |
|---|---|---|---|
| 英文名 | BMW 1500 | 品牌 | 宝马 |
| 上市时间 | 1961 年 | 变速箱 | 4 挡手动变速箱 |
| 车身风格 | 中型车 | 前悬挂 | 麦弗逊式独立悬挂 |
| 车身结构 | 4 门 5 座两厢车 | 后悬挂 | 拖曳臂式半独立悬挂 |
| 发动机 | 1.5L 80 马力 V4 | 刹车 | 前轮盘式、后轮鼓式 |
| 驱动方式 | 前置后驱 | 车身尺寸 | 长 4440+ 宽 1651+ 高 1427（毫米） |

二战结束后，由于经济原因和新推出的车型定位问题，宝马陷入了困境，一度濒临破产。之后，宝马开启了一个自救项目——New Class，目的是打造豪华型与经济型之间的中级轿车。

在1961年的法兰克福车展上，该项目的首款新车——宝马1500，一款适合家庭使用的运动型家庭轿车问世。这款车型除了沿用双肾型进气格栅的设计风格外，还开创了宝马的特殊标识，也就是霍夫迈斯特拐角（Hofmeister Kink）C柱弯角设计。从那以后，霍式拐角设计在宝马所有的车型中都得以体现，并成为标志性的设计元素。

## 宝马 323i

汽车档案

| | | | |
|---|---|---|---|
| 英文名 | BMW 323i | 品牌 | 宝马 |
| 上市时间 | 1978 年 | 变速箱 | 5 挡手动变速箱 |
| 车身风格 | 运动型轿车 | 前悬挂 | 麦弗逊式独立悬架 |
| 车身结构 | 2 门 4 座两厢车 | 后悬挂 | 半拖臂式独立悬架 |
| 发动机 | 2.3L 143 马力 L6 | 刹车 | 前轮盘式、后轮鼓式 |
| 驱动方式 | 前置后驱 | 车身尺寸 | 长 4355+ 宽 1610+ 高 1380（毫米） |

汽车介绍

第一代宝马3系诞生于1975年，而在第一代宝马3系正式问世之前，宝马就打造了一款名为200的车型，这款车因为操控性能优秀，在北美市场和欧洲市场受到了热烈的追捧。1975年5月，代号为E21的宝马3系正式上市并取代2002车型，成为宝马旗下首款销量超过百万辆的车型。

1978年，宝马发布了动力强悍的E21车型——323i，该车采用了Bosch K-Jetronic燃油喷射技术的M20系列2.3L发动机，零百公里加速时间仅需9.5秒，极速可以达到195公里/时，这样的成绩在当时的入门级豪华车市场中鲜少有竞争对手。

## 宝马 325ix

| | | | |
|---|---|---|---|
| 英文名 | BMW 325ix | 品牌 | 宝马 |
| 上市时间 | 1986 年 | 变速箱 | 5 挡手动 /4 挡自动变速箱 |
| 车身风格 | 紧凑型轿车 | 前悬挂 | 麦弗逊式支柱悬挂 |
| 车身结构 | 4 门 4 座两厢车 | 后悬挂 | 双叉臂悬挂 |
| 发动机 | 2.5L 168 马力 L6 | 刹车 | 前轮通风盘式、后轮实心盘式 |
| 驱动方式 | 前置四驱 | 车身尺寸 | 长 4325+ 宽 1645+ 高 1380（毫米） |

宝马公司在1986年推出的325ix是第一款采用AWD（全时四驱）的宝马3系，具有重要意义。从1981年开始，宝马开启了引入新型电池的项目，并在1987年将由燃油四驱的BMW 325ix车型改为电机前驱，并首次使用了钠硫电池组，使电动325ix成为BMW历史上首款采用前驱的车型，单次充电续航里程可达150公里，极富竞争力。

这种全新的电池技术不仅使其能量密度达到传统铅酸电池的三倍，更有效地解决了由传统电动系统所造成的电池过重及车内空间不足等缺点，为BMW电动化进程带来突破性的历史意义。

汽车档案

## 宝马 X5 2004年款

| | | | |
|---|---|---|---|
| 英文名 | BMW X5 | 品牌 | 宝马 |
| 上市时间 | 2004 年 | 变速箱 | 5 挡手自一体变速箱 |
| 车身风格 | 中大型 SUV | 前悬挂 | 双叉臂式独立悬架 |
| 车身结构 | 5 门 5 座 SUV | 后悬挂 | 多连杆式独立悬架 |
| 发动机 | 4.6L 347 马力 V8 | 刹车 | 通风盘式 |
| 驱动方式 | 前置四驱 | 车身尺寸 | 长 4667+ 宽 1872+ 高 1707 （毫米） |

汽车介绍

BMW X5不仅具有SUV的多功能性，还将宝马一贯的运动基因融到自身的设计中，因此宝马将其定义为SAV（Sport Activity Vehicle），即高性能运动型多功能车。

从1994年诞生至今，X5虽然仅经历了4代车型的演变，却已被誉为“公路之王”。1999年，第一代X正式在底特律车展亮相。2001年，宝马推出了搭载燃油经济性更好的3.0L直列六缸发动机+5MT的车型。2002年，宝马用4.6L V8发动机取代了老款的4.4L V8发动机，而这款发动机是宝马御用改装厂Alpi在原4.4L发动机的基础上改装而来的，X5也因此成为当时的“全球最快SUV”。

## 宝马 X3 2018年款

| | | | |
|---|---|---|---|
| 英文名 | BMW X3 | 品牌 | 宝马 |
| 上市时间 | 2018 年 | 变速箱 | 8 挡手自一体变速箱 |
| 车身风格 | 中型 SUV | 前悬挂 | 麦弗逊式独立悬挂 |
| 车身结构 | 5 门 5 座 SUV | 后悬挂 | 多连杆式独立悬挂 |
| 发动机 | 2.0T 252 马力 L4 | 刹车 | 通风盘式 |
| 驱动方式 | 前置四驱 | 车身尺寸 | 长 4717+ 宽 1891+ 高 1689（毫米） |

2003年，随着X5的成功，宝马顺势推出了基于第四代3系（E46）打造的中型SUV——宝马X3。X3凭借着独特的运动性与多功能性相结合的特点在豪华品牌中型SUV阵营中占据了一席之地。这一代车型是和E46 3系同平台打造而来的，并首次配备了宝马xDrive智能全时四驱系统。

2010年，第二代宝马X3（F25）发布，生产地改为美国南卡罗来纳州，在外观上更显时尚运动感。2017年，宝马发布了第三代X3（G01），车型显得更加清秀且干练，适用的人群也更广泛，同时这一代车型也终于引入中国生产。

汽车档案

## 宝马 i8 2020年款极夜流星

| | | | |
|---|---|---|---|
| 英文名 | BMW i8 | 品牌 | 宝马 |
| 上市时间 | 2020 年 | 变速箱 | 6 挡手自一体变速箱 |
| 车身风格 | 跑车 | 前悬挂 | 双叉臂式独立悬架 |
| 车身结构 | 2 门 2 座软顶敞篷车 | 后悬挂 | 多连杆式独立悬架 |
| 发动机 | 1.5T 231 马力 L3 插电式混动 | 刹车 | 通风盘式 |
| 驱动方式 | 中置四驱 | 车身尺寸 | 长 4689+ 宽 1942+ 高 1282（毫米） |

汽车介绍

宝马i8诞生于新能源崛起的年代，科技价值远高于其带来的商业价值，为宝马旗下插电混动车型的推出奠定了技术基础。宝马i8的概念车型最早于2009年的法兰克福车展上亮相，在2011年《碟中谍4》电影中，宝马i8概念车在荧屏上大放光彩。

2013年，宝马正式推出宝马i8量产版，1.5T三缸双涡轮增压发动机以及电动机的混动系统使得宝马i8能够在4.4秒内完成零百公里加速，电子限速250公里/时。2014年，宝马i8在中国上市。201年，宝马正式宣布了i8停产的消息，并在停产之前推出了i8的最后一款车型——极夜流星限量版。

## 宝马 i4 eDrive 40

| | | | |
|---|---|---|---|
| 英文名 | BMW i4 eDrive 40 | 品牌 | 宝马 |
| 上市时间 | 2022 年 | 变速箱 | 电动车单速变速箱 |
| 车身风格 | 中型车 | 前悬挂 | 连杆支柱式独立悬挂 |
| 车身结构 | 4 门 5 座掀背车 | 后悬挂 | 多连杆式独立悬挂 |
| 发动机 | 纯电动 340 马力 | 刹车 | 通风盘式 |
| 驱动方式 | 后置后驱 | 车身尺寸 | 长 4785+ 宽 1852+ 高 1455（毫米） |

宝马i4是宝马旗下的首款纯电动四门轿跑车，基于CLAR纯电平台打造，搭载第五代BMW eDrive电力驱动技术，CLTC标准下续航里程最大可达625公里。除此之外，宝马i4还配置增程式混合动力系统或者纯电动动力系统，以增强型碳纤维复合材料的Life车身材料以及全铝合金的底盘来打造，有着轻量化的车重和非常坚固的耐冲击性。

2022年2月22日，宝马宣布旗下BMW i4正式在中国上市，共推出两款车型，分别为i4 eDrive 40和 i4 M50。2022年8月3日，新款宝马i4 eDrive35正式登陆美国市场。

品牌介绍

## 迈巴赫

▶ 1919年，威廉·迈巴赫（Wilhelm Maybach）与其子卡尔·迈巴赫（Carl Maybach）共同缔造了“迈巴赫”这一传奇品牌。被誉为“设计之王”的威廉·迈巴赫同时还是戴姆勒–奔驰公司的三位主要创始人之一，更是世界首辆梅赛德斯–奔驰汽车的发明者之一。

## 迈巴赫发展

### 威廉·迈巴赫

威廉·迈巴赫于 1846 年 2 月 9 日出生在德国的海尔布隆（Heilbronn）。父母在他 10 岁时相继去世，小小的威廉·迈巴赫成为一个孤儿。幸运的是，在威廉面临生活困难的时候，一家慈善机构资助了他。在上学期间，学校的创建者和负责人发现了威廉在技术方面的天赋并很好地培养了他，这为威廉日后的发展打下了坚实的基础。

1865 年在小城鲁特林根（Reutlingen），威廉·迈巴赫与戈特利布·戴姆勒初次见面，并在后续的数年间结下了深厚的友谊。在戴姆勒建立戴姆勒汽车公司后，威廉被任命为总工程师，并在此后取得了一项又一项科技成就，比如蜂窝式散热器、喷嘴化油器、菲尼克斯引擎、对带传动系统的改进，以及第一个四缸汽车引擎等。

1907 年，威廉因为受到公司内部利益之争的迫害而愤然离开戴姆勒公司。1909 年 3 月 23 日，他建立了迈巴赫汽车公司，技术主管就是他的儿子，同时也是迈巴赫创始人之一的卡尔·迈巴赫。

## 迈巴赫汽车公司

1919 年，迈巴赫父子在梅赛德斯轿车底盘的基础上建造了第一辆试验车 W1，并进行了全面的实地测试，这就是第一辆迈巴赫轿车。1921 年，卡尔·迈巴赫在柏林车展上公开表示："我要造最昂贵的轿车"，从而正式确立了迈巴赫的市场定位和未来发展方向，迈巴赫也成为汽车家族中最璀璨、最耀眼的一颗星。

在此后的数十年间，迈巴赫汽车公司不断地推陈出新，取得一个又一个技术突破，为世界带来了数款精美豪华又不失舒适度的汽车。可惜的是，1941 年，迈巴赫汽车公司由于战争原因而被迫停产，从此进入了长达半个多世纪的沉睡期。

2014 年，在梅赛德斯－奔驰公司的强力支持下，迈巴赫品牌强势复出。不同于引领时尚的梅赛德斯－奔驰品牌，迈巴赫是作为该集团庞大产品金字塔中的最高端品牌展示在世人面前的。这时的迈巴赫汽车已经不仅是豪奢高端汽车的典范，还包含着深刻的历史意义以及卓尔不群的尊贵气质。

**加油站**

具有传奇色彩的迈巴赫品牌标志由两个交叉的 M 围绕在一个球面三角形里组成。品牌创建伊始，两个 M 是 Maybach Motorenbau（迈巴赫引擎）的缩写，而如今的两个 M 代表的是 Maybach Manufaktur（迈巴赫手工制造）。

1919 年战争结束，由于制造军用发动机，迈巴赫公司在资金方面得到了极大程度上的回暖，很快便回归汽车领域之中。

同年，一款被命名为“迈巴赫 W1”的概念车问世，其搭载了一台最大功率为 34 千瓦（46 马力）的直列 6 缸发动机，虽然这款概念车并未量产，但它的出现预示着迈巴赫造车之路的开始，为迈巴赫的繁荣打下了坚实的基础。

◆迈巴赫 W1 概念车

在 W1 车型推出后，迈巴赫汽车公司很快研发出了 W2 型发动机。该发动机缸径为 95 毫米，行程为 135 毫米，共有 6 个汽缸，最大输出功率为 70 马力（2200 转 / 分）。W2 型发动机一经问世便凭借领先的性能被众多商家看中。

其中，荷兰 Trompenburg 汽车和航空器工厂为其豪华轿车 Spyker 30/40 订购了 1000 台 W2 型发动机。然而，这家荷兰公司后来陷入了财政困境，无力购买其所订购的所有发动机。在这种情况下，迈巴赫汽车公司不得不寻找其他解决方案，最终决定通过自行制造轿车的方式来消化那些未能售出的 W2 型发动机。

在 1921 年的柏林汽车博览会上，迈巴赫公司展示了名为“迈巴赫 W3”的家用轿车。

◆ 1921 年柏林汽车博览会上的迈巴赫 W3

W3 车型是迈巴赫公司成立以来正式推出的首款量产车型，也是当时最奢华的汽车之一，为迈巴赫品牌树立了技术遥遥领先的豪华轿车形象。1921 年也被视为迈巴赫汽车正式诞生之年。

相比于 W1 车型，W3 搭载了 W2 型发动机，直列 6 缸发动机在性能方面有所提升，最大功率可达 52kW（70 马力）。当时社会上身份显赫的人都对其赞赏有加，迈巴赫 W3 也借着奢华的名义成为当时最畅销的车型之一。

1926 年年末，迈巴赫公司又推出了 W5 型轿车，该轿车装备直列 6 缸发动机，排量为 6992 毫升，功率高达 120 马力。

◆迈巴赫 W5

作为 W3 车型的改款，W5 车型提升了内外装潢的奢华程度，为了满足当时的市场需求，它的轴距达到了惊人的 3660 毫米。

除此之外，W5 车尾部分还有专供人站立的平台，在重要人物出行时方便保镖在车尾站立，观察周边情况，防止伤害事件发生。

动力方面，迈巴赫 W5 搭载的是一台排量为 7.0L 的直列六缸发动机，最大输出功率大幅提升至 122 马力 /2400 转，最大扭矩为 417 牛・米。不过由于车身尺寸及重量的增加，它的最高时速为 115 公里 / 时。

埃塞俄比亚国王的定制版迈巴赫 W5

汽车档案

## 迈巴赫 齐柏林 DS7

| | | | |
|---|---|---|---|
| 英文名 | Maybach Zeppelin DS7 | 品牌 | 迈巴赫 |
| 上市时间 | 1929 年 | 变速箱 | 手动变速箱 |
| 车身风格 | 轿车 | 前悬挂 | 独立悬架 |
| 车身结构 | 4 门 4 座两厢车 | 后悬挂 | 独立悬架 |
| 发动机 | 7.0L 152 马力 V12 | 刹车 | 机械鼓式 |
| 驱动方式 | 前置驱动 | 车身尺寸 | 长 5500+ 宽 1845+ 高 1800（毫米） |

汽车介绍

20世纪20年代末期，卡尔·迈巴赫已经开始着手开发12缸的轿车发动机，凭借在航空行业中积累的多缸发动机制造经验，他于1929年制造出了7L V12的发动机，并且命名为“迈巴赫12型”。同年，迈巴赫公司推出了著名的迈巴赫齐柏林DS7车型。

齐柏林DS7有双门及四门敞篷版可供选择，拥有巨大的车身尺寸，3734毫米的轴距以及重量近3吨的“超标体重”让政府不得不为此推出一项新规定——驾驶这台车的司机需要考取货车驾照。它的车身及顶棚可以根据用户需求随意更改造型，在当时代表了迈巴赫品牌的最高水准。

## 迈巴赫 齐柏林 DS8

| | | | |
|---|---|---|---|
| 英文名 | Maybach Zeppelin DS8 | 品牌 | 迈巴赫 |
| 上市时间 | 1931 年 | 变速箱 | 5 挡自动变速箱 |
| 车身风格 | 软顶轿车 | 前悬挂 | 半椭圆形弹簧悬挂 |
| 车身结构 | 4 门 4 座两厢车 | 后悬挂 | 半椭圆形弹簧悬挂 |
| 发动机 | 8.0L 200 马力 V12 | 刹车 | 机械鼓式 |
| 驱动方式 | 前置驱动 | 车身尺寸 | 长 5520+ 宽 1820+ 高 1900（毫米） |

1931年，迈巴赫推出了Zeppelin Doppel Sechs 8。作为迈巴赫的旗舰车型，齐柏林DS8拥有5.5米的车长，该系列包括轿车、运动型敞篷车和活顶旅行车。

DS8的轴距为3735毫米，与半椭圆长弹簧连接的刚性车桥提供了敏捷的车辆操控特性，而液压双向减震器进一步提高了乘坐的平顺性，行驶性能非常出色。在车内，迈巴赫提供了包括真皮内饰、木饰面和镀铬金属部件在内的豪华内饰。由于迈巴赫的客户主要为高级官员、国王，所以它的所有型号都具有异常宽敞的内部空间，以及舒适宽大并采用柔软皮革包裹的座椅。

汽车档案

## 迈巴赫 57

| | | | |
|---|---|---|---|
| 英文名 | Maybach 57 | 品牌 | 迈巴赫 |
| 上市时间 | 2002 年 | 变速箱 | 5 挡自动变速箱 |
| 车身风格 | 大型车 | 前悬挂 | 双横臂式独立悬架 |
| 车身结构 | 4 门 4 座三厢车 | 后悬挂 | 多连杆独立悬架 |
| 发动机 | 5.5L 550 马力 V12 | 刹车 | 通风盘式 |
| 驱动方式 | 前置后驱 | 车身尺寸 | 长 5728+ 宽 1980+ 高 1572（毫米） |

汽车介绍

在经历了战争的摧残后，迈巴赫这一高端豪车品牌在经济极度衰退的德国寻不到出路，无奈只得全面停产，进入半个多世纪的休眠期。1997年，戴姆勒与克莱斯勒公司合并，并决定复活迈巴赫品牌，在东京车展上展出一辆以Maybach为名的概念性超豪华四门轿车。

2002年，戴姆勒·克莱斯勒集团基于奔驰W220平台基础上打造了迈巴赫57与62两个系列的车型。采用21世纪轿车技术，在最先进的制造厂精心打造而成，体现了最悠久和最具创造力的汽车制造商戴姆勒·克莱斯勒无与伦比的专业技术。

▲ 汽车档案

## 迈巴赫 62

| | | | |
|---|---|---|---|
| 英文名 | Maybach 62 | 品牌 | 迈巴赫 |
| 上市时间 | 2002 年 | 变速箱 | 5 挡自动变速箱 |
| 车身风格 | 大型车 | 前悬挂 | AIRMATIC 主动空气悬架 |
| 车身结构 | 4 门 4 座三厢车 | 后悬挂 | AIRMATIC 主动空气悬架 |
| 发动机 | 5.5L 550 马力 V12 | 刹车 | 通风盘式 |
| 驱动方式 | 前置后驱 | 车身尺寸 | 长 6165+ 宽 1980+ 高 1573（毫米） |

▼ 汽车介绍

迈巴赫的新款车型进一步开发了梅赛德斯-奔驰轿车独有的创新技术，并将其作为轿车的标准配备，如SBC电子感应制动系统、AIRMATIC DC（双操纵机构）电子控制空气悬架、LINGUATRONIC声控操作系统、COMAND APS驾驶室管理和数据系统以及TELEAID紧急呼叫系统等。

迈巴赫57与62两个系列的车型是迈巴赫在戴姆勒·克莱斯勒集团主导下短暂存在过的独立品牌车型，由于市场业绩不佳，在2013年迈巴赫57与62系列就再度停产了。

汽车档案

## 迈巴赫 Exelero

| | | | |
|---|---|---|---|
| 英文名 | Maybach Exelero | 品牌 | 迈巴赫 |
| 诞生时间 | 2005 年 | 变速箱 | 5 挡自动变速箱 |
| 车身风格 | 跑车 | 前悬挂 | 电子液压调节系统 |
| 车身结构 | 2 门 2 座硬顶跑车 | 后悬挂 | 电子液压调节系统 |
| 发动机 | 5.9L 700 马力 V12 | 刹车 | 通风盘式 |
| 驱动方式 | 前置后驱 | 车身尺寸 | 长 5890+ 宽 2140+ 高 1390（毫米） |

汽车介绍

迈巴赫Exelero是一款十分特殊的概念车，它实际上是迈巴赫专门为德国富尔达（Fulda，具有百年历史的德国轮胎制造商）轮胎公司测试轮胎性能而制造的。

Exelero的研发始于2003年，当时Fulda需要一款时速能够超过350公里/时的车来测试高性能轮胎。2005年概念车完工，命名为Exelero。2005年5月1日，赛车手克劳斯·路德维希在意大利北部的Nardo测试跑道上驾驶装有Fulda轮胎的迈巴赫Exelero，时速达到351.45公里，创造了装有该型号轮胎车型的最高速度世界纪录。

## 梅赛德斯–迈巴赫 S600

| | | | |
|---|---|---|---|
| 英文名 | Mercedes–Maybach S600 | 品牌 | 梅赛德斯 – 迈巴赫 |
| 上市时间 | 2014 年 | 变速箱 | 7 挡手自一体变速箱 |
| 车身风格 | 大型车 | 前悬挂 | 双叉臂式独立悬挂 |
| 车身结构 | 4 门 4 座三厢车 | 后悬挂 | 双叉臂式独立悬挂 |
| 发动机 | 6.0T 530 马力 V12 | 刹车 | 通风盘式 |
| 驱动方式 | 前置后驱 | 车身尺寸 | 长 5457+ 宽 1899+ 高 1501（毫米） |



2014年，梅赛德斯–奔驰经过重新思考和规划，决定将迈巴赫纳入梅赛德斯–奔驰S级车系中，让其成为梅赛德斯–奔驰车系中一个独特的存在，让迈巴赫再次展现在消费者面前。

2014年11月19日，梅赛德斯–奔驰在广州正式发布全新子品牌——梅赛德斯–迈巴赫。同时，该品牌首款车型迈巴赫S级也正式全球首发。迈巴赫S级就是在梅赛德斯–奔驰S级的基础上，进行配置、性能以及外观上的加强。作为梅赛德斯–奔驰顶级旗舰轿车，迈巴赫S级不仅秉承了梅赛德斯–奔驰家族的卓越品质和性能，更拥有超豪华轿车所独有的舒适与尊贵。

汽车档案

## 梅赛德斯-迈巴赫 S 680 4MATIC

| | | | |
|---|---|---|---|
| 英文名 | Mercedes-Maybach S 680 4MATIC | 品牌 | 梅赛德斯－迈巴赫 |
| 上市时间 | 2022 年 | 变速箱 | 9 挡手自一体 |
| 车身风格 | 大型车 | 前悬挂 | 双叉臂式独立悬挂 |
| 车身结构 | 4 门 4 座硬顶跑车 | 后悬挂 | 多连杆式独立悬挂 |
| 发动机 | 6.0T 612 马力 V12 | 刹车 | 通风盘式 |
| 驱动方式 | 前置四驱 | 车身尺寸 | 长 5470+ 宽 1921+ 高 1510（毫米） |

汽车介绍

2022年8月26日，第25届成都车展正式拉开帷幕，梅赛德斯-奔驰携旗下多款车型闪耀登陆中国西部国际博览城4号馆，其中梅赛德斯-迈巴赫S 680 4MATIC匠心高定首发版亮相上市，展现出梅赛德斯-奔驰无处不在的豪华基因，同时也进一步丰富了自身的产品线。

迈巴赫S 680 4MATIC作为家族矩阵中的翘楚之作，5470毫米的车长和3396毫米的超长轴距搭配迈巴赫经典的竖直进气格栅以及20英寸锻造轮毂，尽展威仪气魄。双色车身配以电镀大饼样式的轮圈造型，进一步提升了整车的豪华氛围，位于车尾的S 680标识则象征着其与众不同的身份。

## 梅赛德斯–迈巴赫 GLS 600 4MATIC



| | | | |
|---|---|---|---|
| 英文名 | Mercedes-Maybach GLS 600 4MATIC | 品牌 | 梅赛德斯－迈巴赫 |
| 上市时间 | 2022 年 | 变速箱 | 9 挡手自一体变速箱 |
| 车身风格 | 大型 SUV | 前悬挂 | 双叉臂式独立悬挂 |
| 车身结构 | 5 门 4 座 SUV | 后悬挂 | 双叉臂式独立悬挂 |
| 发动机 | 4.0T 557 马力 V8 48V 轻混 | 刹车 | 通风盘式 |
| 驱动方式 | 前置四驱 | 车身尺寸 | 长 5210+ 宽 2030+ 高 1838（毫米） |



GLS 600是第一款采用三叉星徽立标的梅赛德斯–迈巴赫SUV车型，配合梅赛德斯–迈巴赫风格竖直进气格栅和专属外观套件，以及高大的车身和抬升的底盘，气度恢弘。

迈巴赫GLS车内的科技配置搭载量非常可观，如多仿形座椅专有的PRE–SAFE Impulse Side。尽管是SUV车型，但迈巴赫GLS 600的后排配备的是独立行政座椅，椅背倾斜角度最高可达43.5度，后排腿部空间长度最大可达1.34米，提供了头等舱级别的乘坐体验，舒适度非常接近迈巴赫S级轿车。除此之外，GLS 600还搭载了4.0L V8发动机与48伏智能电机，零百公里加速时间仅为4.9秒，性能十分出色。

品牌介绍

## 斯柯达

▶ 斯柯达（SKODA）创立于1895年，是德国大众汽车集团旗下品牌之一，也是世界上历史最悠久的汽车生产商之一，总部位于捷克姆拉达-博莱斯拉夫。在100多年的发展历程中，斯柯达经历了多次战乱、政变和兼并，仍旧存在，并谱写出了辉煌的历史篇章。

### 斯柯达历史

1895 年圣诞周，捷克书商瓦茨拉夫·克莱门特（Vaclav Klement）和机械师瓦茨拉夫·劳林（Vaclav Laurin）在布拉格共同创立了一家自行车厂，这就是斯柯达汽车公司的前身——L&K 公司。

当时的 L&K 公司还只是个小作坊，员工只有 7 人，主要从事自行车的生产和维修，并以 Slavia 做商标。捷克语中的 Slavia 是“奴隶”的意思，因为当时捷克被奥匈帝国奴役，他们以此来告诫人们不忘国耻。

1899 年，L&K 公司开始生产摩托车，并成为世界上生产机动车最早的工厂之一。1900 年，克莱门特只身前往英国推销他的摩托车。不会说英语的他却能够在三分钟内教会英国人骑摩托，如此出色的推销能力打动了当时奔驰的经销商，同意预订 150 辆摩托车。

1905 年，L&K 公司规模扩大，开始转战汽车领域。同年，斯柯达的第一辆汽车 Voiturette（捷克语意为小型汽车）问世并亮相布拉格车展。当时，世界上能生产汽车的公司还寥寥无几，一夜之间，斯柯达在欧洲风光无限。后来，这款带有 1.005L V 型双气缸发动机的 Voiturette 也成为捷克最佳经典车型。

可惜不久之后，第一次世界大战爆发，L&K 公司的汽车生产受到了严重阻碍。战后，为了重新焕发生机，L&K 公司两位创始人找到了当时国内最大的工业集团，即从事农业机械、飞机发动机及卡车生产的斯柯达·佩尔森（Skoda Pilsen）集团，将 L&K 公司并入其中，开始生产以斯柯达为品牌的汽车。

这是斯柯达汽车公司的开端，也是 L&K 公司的结束，Laurin 和 Klement 虽然丧失了对公司的控制权，但他们英明的决策却令工厂在战后再度崛起。20 世纪 20 年代，斯柯达处于蓬勃发展时期，各类车型销量急剧上升，尤其是高档豪华轿车颇受贵族、富豪的欢迎，在世界汽车工业史上留下了浓墨重彩的一笔。

然而，历史的洪流裹挟着斯柯达再次走上了坎坷的道路。1931 年，二战爆发，1939 年 3 月，捷克被德国占领，斯柯达的汽车生产线再遭重创，公司也不得不被收归国有，并转而生产军工用品。

一直到 1946 年，斯柯达才有机会转回汽车领域，开始在国家计划经济的驱使下为平民造经济实用汽车。在之后的 40 多年里，斯柯达虽然发展缓慢，但新车和新技术仍层出不穷。

1991—2000 年，经过多次股权变更，斯柯达成为大众的全资子公司。从此，斯柯达借助大众的技术优势和管理经验，使旗下各品牌重树高品质和个性化形象，质量和市场推广方面得到了长足进步，甚至成为世界畅销车。

汽车档案

## 斯柯达 Voiturette A

| | | | |
|---|---|---|---|
| 英文名 | Skoda Voiturette A | 品牌 | 斯柯达 |
| 上市时间 | 1905 年 | 变速箱 | 3 挡手动变速箱 |
| 车身风格 | 轿车 | 前悬挂 | 梯形车架配半椭圆板簧 |
| 车身结构 | 两座敞篷轿车 | 后悬挂 | 梯形车架配半椭圆板簧 |
| 发动机 | 1.0L 7 马力 V2 | 刹车 | 机械制动 |
| 驱动方式 | 前置后驱 | 车身尺寸 | 长 4200+ 宽 1500+ 高 1370（毫米） |

汽车介绍

1905年年底，斯柯达公司的前身L&K公司推出了他们的第一款汽车——L&K Voiturette A，诞生于捷克首都布拉格东北部的姆拉达·博莱斯拉夫，比福特T型车的出现还要早3年。

该车搭载1.0L排量的双缸发动机，时速可达40公里，并且拥有木质轮辐和钢制轮辋，由中央母安装在车轴上。这一技术一直沿用到19世纪20年代初。在随后不到一年的时间里，L&K公司又续推出了多款双缸和四缸车型。

▲
汽车档案

## 斯柯达 Hispano Suiza

| | | | |
|---|---|---|---|
| 英文名 | Skoda Hispano Suiza | 品牌 | 斯柯达 |
| 上市时间 | 1924 年 | 变速箱 | 4 挡手动变速箱 |
| 车身风格 | 轿车 | 前悬挂 | 半椭圆形钢板弹簧悬挂 |
| 车身结构 | 4 座敞篷轿车 | 后悬挂 | 半椭圆形钢板弹簧悬挂 |
| 发动机 | 6.6L 73.5 千瓦 V6 | 刹车 | 机械制动 |
| 驱动方式 | 前置驱动 | 车身尺寸 | 长约 5000（毫米） |

▼
汽车介绍

一战爆发后，为了改变公司的命运，L&K公司与斯柯达·佩尔森（Skoda Pilsen）集团合作，绿色飞矛的商标从此成为斯柯达汽车走向成功的见证。一战后的斯柯达为了迎合战后贵族的奢华需求，主要以生产大排量的豪华车为主。

1924年，斯柯达获得许可生产豪华车型Hispano Suiza。这款车的底盘价格甚至比劳斯莱斯还贵，堪称当时世界上最贵的汽车，问世不久后就成为当时欧洲各大王公贵族、政要和明星的专用座驾。该车型搭载6缸发动机，排量为6.654L，功率达到73.5千瓦，最高时速可达到120公里/时。

汽车档案

## 斯柯达 860

| | | | |
|---|---|---|---|
| 英文名 | Skoda 860 | 品牌 | 斯柯达 |
| 上市时间 | 1929 年 | 变速箱 | 3 挡手动变速箱 |
| 车身风格 | 轿车 | 前悬挂 | 半椭圆形钢板弹簧悬挂 |
| 车身结构 | 4 门 4 座两厢车 | 后悬挂 | 半椭圆形钢板弹簧悬挂 |
| 发动机 | 3.88L 60 马力 L8 | 刹车 | 机械鼓式 |
| 驱动方式 | 前置驱动 | 车身尺寸 | 长 5425+ 宽 1750+ 高 1880（毫米） |

汽车介绍

到了20世纪20年代末，斯柯达开始开发全新车型，1929年诞生的斯柯达860是其中最重要的一款，也是斯柯达历史上最有代表性的车型。这款车采用八缸发动机，动力达到60马力，融合了诸多豪华车的特点，体型庞大，做工精细，标志着斯柯达迈入了量产顶级豪华车的全新阶段。

这辆搭载直列8缸、排量3.88L发动机的汽车成为当时的明星、富豪和政要竞相追捧的对象，堪称斯柯达历史上生产的最大、最昂贵的私人汽车之一，高昂的售价足以购买当时的两辆劳斯莱斯钅魅了。

## 斯柯达 Superb Type 640

| | | | |
|---|---|---|---|
| 英文名 | Skoda Superd Type 640 | 品牌 | 斯柯达 |
| 首发时间 | 1934 年 | 变速箱 | 3 挡手动变速箱 |
| 车身风格 | 轿车 | 前悬挂 | 独立悬架 |
| 车身结构 | 4 门 4 座两厢车 | 后悬挂 | 独立悬架 |
| 发动机 | 2.5L 55 马力 L6 | 刹车 | 液压鼓式 |
| 驱动方式 | 前置驱动 | 车身尺寸 | 长 5510+ 宽 1710+ 高 1710（毫米） |

作为20世纪30～40年代的豪华轿车代表，Superb第一代车型诞生于1934年，车型名字叫Type 640，在1935年3月开始量产。

Superb Type 640车型体形较庞大，但由于成本的降低，所以价格并没有像当时同级别车那样昂贵，在销售上取得了不少成功，成为当时豪华车的代名词，也是斯柯达历史上最出名的车型之一。此后至1949年，斯柯达又陆续推出了多款Superb车型，在技术和工艺上不断攀向更高峰。

汽车档案

## 斯柯达 1000MB

| | | | |
|---|---|---|---|
| 英文名 | Skoda 1000MB | 品牌 | 斯柯达 |
| 上市时间 | 1964 年 | 变速箱 | 4 挡手动变速箱 |
| 车身风格 | 紧凑型轿车 | 前悬挂 | 麦弗逊式独立悬架 |
| 车身结构 | 4 门 5 座两厢车 | 后悬挂 | 摆动轴后悬架 |
| 发动机 | 1.0L 40 马力 L4 | 刹车 | 鼓式 |
| 驱动方式 | 后置后驱 | 车身尺寸 | 长 4170+ 宽 1620+ 高 1390（毫米） |

汽车介绍

捷克是一个在历史上曾属于华约，但其地理位置、经济和文化却与西欧资本主义有着深厚联系的国家。因此，捷克的市场一直保持开放，消费品风格更接近西欧。在这样的大背景下，196年，斯柯达推出了一款被誉为“法国雷诺8分身”“世界上最先进的一升车型”之一的轿车——1000MB。

1000MB是斯柯达旗下第一款承载式车身和后置后驱产品，发动机为动力仅有988cc的水冷直列四缸OHV单化油器引擎，但由于车身重量只有725kg，故1000MB依旧能获得115公里/时的速度。

## 斯柯达 110R

| | | | |
|---|---|---|---|
| 英文名 | Skoda 110R | 品牌 | 斯柯达 |
| 上市时间 | 1970 年 | 变速箱 | 4 挡手动变速箱 |
| 车身风格 | 跑车 | 前悬挂 | 麦弗逊式独立悬架 |
| 车身结构 | 2 门 4 座两厢车 | 后悬挂 | 拖曳臂式悬挂 |
| 发动机 | 1.1L 52 马力 L4 | 刹车 | 前轮盘式、后轮鼓式 |
| 驱动方式 | 后置后驱 | 车身尺寸 | 长 4155+ 宽 1620+ 高 1340（毫米） |

1970年，一款由斯柯达捷克科瓦斯尼工厂生产的新车型——斯柯达 110R在前捷克斯洛伐克布尔诺工程展览会上首次亮相。作为一款运动型后置发动机双门跑车，斯柯达 110R拥有迅捷的设计和动感的操控，是捷克汽车制造商最具标志性的车型之一，为迷人的赛车和拉力赛车奠定了基础。

1.1L四缸发动机安装在110R自承式车身后部，其轻质发动机缸体和曲轴箱采用现代压铸铝工艺制造。由于采用了双化油器，这款轻便灵活的汽车的速度可达145公里。由这款车型衍生而来的斯柯达 130RS也成为同级别车型中最成功的拉力赛车之一，并赢得了“东方保时捷”的美誉。

汽车档案

## 斯柯达 Favorit

| | | | |
|---|---|---|---|
| 英文名 | Skoda Favorit | 品牌 | 斯柯达 |
| 上市时间 | 1987 年 | 变速箱 | 5 挡手动变速箱 |
| 车身风格 | 紧凑型掀背车 | 前悬挂 | 麦弗逊式独立悬挂 |
| 车身结构 | 4 门 5 座两厢车 | 后悬挂 | 扭力梁式半独立悬挂 |
| 发动机 | 1.3L 68 马力 L4 | 刹车 | 盘式 |
| 驱动方式 | 前置前驱 | 车身尺寸 | 长 3815+ 宽 1620+ 高 1418（毫米） |

汽车介绍

1982年，捷克斯洛伐克政府决定在五年内开发一款前置发动机的现代车型，并立即筹备投产。1987年，斯柯达推出了著名的Favorit掀背车。这款车型采用简洁的车身风格线条和现代化设计布局，搭载横向安装的前置发动机和前轮驱动系统，一经推出便引起了人们强烈的关注，其中包括当时欧洲最大的汽车制造商——大众汽车集团。

Favorit是斯柯达首款前置前驱车型，正因为这款车让斯柯达得到了大众集团的关注，Favorit也成为斯柯达被大众收购前研发的最后一款车。

## 斯柯达 明锐 2004年款

| | | | |
|---|---|---|---|
| 英文名 | Skoda Octavia | 品牌 | 斯柯达 |
| 上市时间 | 2004 年 | 变速箱 | 4 挡自动变速箱 |
| 车身风格 | 轿车 | 前悬挂 | 麦弗逊式独立悬挂 |
| 车身结构 | 4 门 5 座紧凑型车 | 后悬挂 | 扭力梁式半独立悬挂 |
| 发动机 | 2.0L 85 千瓦 L4 | 刹车 | 盘式 |
| 驱动方式 | 前置前驱 | 车身尺寸 | 长 4507+ 宽 1731+ 高 1431（毫米） |

1992年，斯柯达在与大众汽车集团合作不久后开始研发全新的明锐车型。1996年，源自大众PQ34平台的第一代斯柯达明锐正式上市，其名称Octavia源于斯柯达1959年生产的一款小型家用轿车。

明锐是大众将斯柯达收购后生产的第一款斯柯达品牌车型。第一代明锐的大获成功，更坚定了大众开发第二代车型的信心。2004年3月，第二代斯柯达明锐在日内瓦车展上正式发布。该车与第二代奥迪A3、第五代高尔夫、捷达（即国内速腾）等众多车型共同出自大众PQ35平台。

▲ 汽车档案

## 斯柯达 GreenLine 2010年款

| | | | |
|---|---|---|---|
| 英文名 | Skoda GreenLine | 品牌 | 斯柯达 |
| 上市时间 | 2010 年 | 变速箱 | 7 挡双离合变速箱 |
| 车身风格 | 紧凑型掀背车 | 前悬挂 | 麦弗逊式独立悬挂 |
| 车身结构 | 5 门 5 座轿车 | 后悬挂 | 四连杆独立悬挂 |
| 发动机 | 1.4T 131 马力 L4 | 刹车 | 通风盘式 |
| 驱动方式 | 前置前驱 | 车身尺寸 | 长 4569+ 宽 1769+ 高 1462（毫米） |

▼ 汽车介绍

早在环保话题成为近年来的关注焦点之前，斯柯达品牌便一直致力于高效低耗产品的开发，以实现有限能源的最大化利用，推进人、车、环境的和谐发展。

2010年7月14日，在以“科技环保，绿色家园”为主题的长春车展上，上海大众斯柯达Gree Line系列首款车型新明锐GreenLine绿动上市。这是一款极具量产意义和实用价值的环保汽车产品，不仅满足了消费者对于动力性能的需求，更以百公里等速油耗5.0L、百公里综合油耗6.1L的卓越节能环保表现成为汽车行业节能环保的标杆车型。

## 斯柯达 柯迪亚克 2017年款

| | | | |
|---|---|---|---|
| 英文名 | Skoda Kodiaq | 品牌 | 斯柯达 |
| 上市时间 | 2017 年 | 变速箱 | 7 挡双离合变速箱 |
| 车身风格 | 中型 SUV | 前悬挂 | 麦弗逊式独立悬挂 |
| 车身结构 | 5 门 5 座 SUV | 后悬挂 | 多连杆式独立悬挂 |
| 发动机 | 1.8T 180 马力 L4 | 刹车 | 前轮通风盘式、后轮实心盘式 |
| 驱动方式 | 前置前驱 | 车身尺寸 | 长 4698+ 宽 1883+ 高 1676（毫米） |

柯迪亚克是斯柯达首款基于MQB平台打造的国产中型SUV，有5座与7座两种布局，同时搭载1.8T和2.0T两款发动机，共计推出6款车型。柯迪亚克名字来源于美国阿拉斯加州第一大岛屿。岛上重峦叠嶂、地貌奇特，恰如柯迪亚克的全能品质，面对各种路况均能游刃有余。

该款中型SUV首次亮相于2016年的广州国际车展，一经露面便得到了广泛关注与好评，并于2017年正式上市。柯迪亚克的到来，打破了斯柯达仅有一款小型SUV的尴尬局面，同时也为消费者带来了更广泛的选择。

品牌介绍

## 斯玛特

▶ smart品牌全球合资公司（smart Automobile Co., Ltd.）成立于2019年，由梅赛德斯-奔驰汽车公司和吉利汽车集团持股，双方在研发、制造和供应链等领域发挥协同效应，致力于将smart打造成为全球领先的轻奢智能纯电汽车科技品牌。

smart

### 斯玛特理念

smart 品牌全球合资公司在 2019 年成立，但 smart 的历史却可以追溯到 20 世纪末。1994 年，从“未来的城市汽车”的观念出发，奔驰汽车公司与 Swatch 公司合资成立了 MCC 公司，合作开发了叫作 SMATCH MOBILE 的超微型紧凑式汽车。后来奔驰接收了 Swatch 公司占有的 19% 的 MCC 股份，成为唯一的大股东，继续 MCC 公司的工作，并确定超微型紧凑式汽车在法国生产，定名为 smart。

smart 自诞生之初便始终引领城市出行的创新实践，拥抱汽车产业电动化和智能化的发展变革，更是业界首个全面转型为纯电的汽车品牌。smart 中的 S 代表了斯沃奇（Swatch），m 代表了梅赛德斯 – 奔驰（Mercedes-Benz），而 art 则是英文中艺术的意思，合起来可以理解为，这部车代表了斯沃奇和梅赛德斯 – 奔驰合作的艺术，而 smart 车名本身在英文中也有聪明伶俐的意思，这也契合了 smart 公司的设计理念。

smart 汽车对环境的危害较小，集团强调该车几乎所有的部件都是由人造的东西组成，没有溶剂，没有油漆污染，也没有废水流出，超过 85% 的东西可以循环再利用。除此之外，smart 也是为城市用车而设计的，它驾驶灵活、泊车方便，可作为家庭成员进城购物、接送孩子上学用车，也可作为上下班的代步工具，作为家庭用的第二辆甚至第三辆车存在。

## 斯玛特 fortwo 2009年款

| | | | |
|---|---|---|---|
| 英文名 | Mercedes-Benz smart fortwo | 品牌 | 奔驰 斯玛特 |
| 上市时间 | 2009 年 | 变速箱 | 5 挡 AMT 变速箱 |
| 车身风格 | 微型车 | 前悬挂 | 麦弗逊式独立悬挂 |
| 车身结构 | 3 门 2 座两厢车 | 后悬挂 | 纵臂扭转梁式非独立悬挂 |
| 发动机 | 1.0L 70 马力 L3 | 刹车 | 前轮实心盘式、后轮鼓式 |
| 驱动方式 | 后置后驱 | 车身尺寸 | 长 2695+ 宽 1559+ 高 1542（毫米） |

smart fortwo是由戴-克集团全资子公司MCC微型车公司设计生产的时尚两座微型车。在1997年举行的法兰克福车展上，个性潮酷的smart产品首次亮相便给现场观众留下了深刻印象。而smart品牌起源可以追溯到25年前——1972年，因为当时日益严峻的城市交通拥堵和空气污染问题，戴姆勒股份公司（梅赛德斯-奔驰品牌母公司）提出了开发小型城市汽车的概念。

至今，smart fortwo的全球累计销量已超过150万辆。不过由于其价格在同级车中比较昂贵，因此也被称为“有钱人的小玩具”。

▲ 汽车档案

## 斯玛特 fortwo 2015年款

| | | | |
|---|---|---|---|
| 英文名 | Mercedes-Benz smart fortwo | 品牌 | 奔驰 斯玛特 |
| 上市时间 | 2015 年 | 变速箱 | 6 挡双离合变速箱 |
| 车身风格 | 微型车 | 前悬挂 | 麦弗逊式独立悬挂 |
| 车身结构 | 3 门 2 座两厢车 | 后悬挂 | 纵臂扭转梁式非独立悬挂 |
| 发动机 | 1.0L 71 马力 L3 | 刹车 | 前轮实心盘式、后轮鼓式 |
| 驱动方式 | 后置后驱 | 车身尺寸 | 长 2695+ 宽 1663+ 高 1555（毫米） |

▼ 汽车介绍

2015年7月30日，梅赛德斯-奔驰在杭州正式宣布推出旗下全新一代引领都市个性时尚与绿色先锋生活的全新smart fortwo，新车先期将推出两款车型，分别为灵动版和激情版。

全新smart fortwo在设计与配置上获得全方位升级，将smart品牌的灵动非凡、鲜明个性与独特风格进行了完美演绎。在依旧小巧的身材下，工程师们又赋予了这一杰作创纪录的6.95米转弯直径和更多先进配置，令smart fortwo在拥挤的城市车流中比以往更加游刃有余，并带来时间与空间的双重释放。

## 斯玛特 forfour

| | | | |
|---|---|---|---|
| 英文名 | Mercedes–Benz smart smart forfour | 品牌 | 奔驰 斯玛特 |
| 上市时间 | 2016 年 | 变速箱 | 6 挡双离合变速箱 |
| 车身风格 | 微型车 | 前悬挂 | 麦弗逊式独立悬挂 |
| 车身结构 | 4 门 4 座两厢车 | 后悬挂 | 纵臂扭转梁式非独立悬挂 |
| 发动机 | 1.0L 71 马力 L3 | 刹车 | 前轮实心盘式、后轮鼓式 |
| 驱动方式 | 后置后驱 | 车身尺寸 | 长 3495+ 宽 1665+ 高 1554（毫米） |

全新smart forfour 4门4座车于2016年4月在中国正式上市，传承了smart家族经典的独特基因，同时融入了4门4座的创新设计，为都市家庭的生活带来更多乐趣。

全新smart forfour 4门4座车秉承了smart的经典DNA，这款车型的到来为对车辆空间有更多需求的家庭及人群带来更多选择。它不仅拥有同级别车型中最短的3.49米车身长度，还全面兼顾了个性与功能：双色车身展现丰富的色彩搭配，同级最小转弯直径打造无敌灵动身姿，超高空间利用率创造无忧装载，全方位安全科技守护乐趣驾驭。

汽车档案

## 斯玛特 精灵#1

| | | | |
|---|---|---|---|
| 英文名 | Mercedes-Benz smart #1 | 品牌 | 奔驰 斯玛特 |
| 上市时间 | 2022 年 | 变速箱 | 电动车单速变速箱 |
| 车身风格 | 小型 SUV | 前悬挂 | 麦弗逊式独立悬挂 |
| 车身结构 | 5 门 5 座 SUV | 后悬挂 | 多连杆式独立悬挂 |
| 发动机 | 纯电动 272 马力 | 刹车 | 前轮通风盘式、后轮实心盘式 |
| 驱动方式 | 后置后驱 | 车身尺寸 | 长 4270+ 宽 1822+ 高 1636（毫米） |

汽车介绍

smart 精灵#1是smart品牌焕新后的首款紧凑型纯电SUV，2022年首秀后率先在中国交付，然再销往欧洲市场。它拿下了中欧双五星安全认证，并且作为一款全球汽车品牌车型，功能配置、间表现也和国内主流同级车型看齐，为目标客群提供了个性更加鲜明的选项。

新车搭载了66kWh的三元锂电池，最大纯电续航里程可达560公里。在直流超充模式下，仅不到30分钟便可将电量由10%增至80%。其搭载的永磁同步电驱最大功率可达200千瓦，峰值扭矩343牛·米，零百公里加速时间仅需6.7秒。

## 斯玛特 精灵#3

| | | | |
|---|---|---|---|
| 英文名 | Mercedes-Benz smart #3 | 品牌 | 奔驰 斯玛特 |
| 上市时间 | 2023 年 | 变速箱 | 电动车单速变速箱 |
| 车身风格 | 紧凑型 SUV | 前悬挂 | 麦弗逊式独立悬挂 |
| 车身结构 | 5 门 5 座 SUV | 后悬挂 | 多连杆式独立悬挂 |
| 发动机 | 纯电动 272 马力 | 刹车 | 通风盘式 |
| 驱动方式 | 后置后驱 | 车身尺寸 | 长 4400+ 宽 1844+ 高 1556（毫米） |

全新smart精灵#3定位略高于smart精灵#1，官方称之为“全球新奢轿跑SUV——激能都市密友”，它是smart品牌焕新后的第二款车型，也是smart首款智能纯电紧凑型轿跑SUV。

全新smart精灵#3设计出自梅赛德斯-奔驰全球设计团队，采用“感性 · 灵锐”设计哲学，相较smart精灵#1来说，车辆造型运动特征更加明显，尤其是溜背轿跑风格一眼可辨，在延续家族设计风格的同时融入了coupe车身造型，相比smart精灵#1更加动感。smart精灵#3于2023年6月初在中国上市，并于同月开启交付。

品牌介绍

## 宝沃

▶ BORGWARD最早起源于德国中世纪，包含BORG和WARD两层含义，寓意“城堡守护者”，充满品牌魅力与时代张力。进驻中国后译名“宝沃”，“宝”寓意珍贵和地位，“沃”寓意丰盛、润泽和富饶，合二为一，取物华天宝、沃壤千里之意。

## 宝沃发展

宝沃品牌于1919年由德国工程师卡尔·宝沃在德国不莱梅创建，至今近百年历史。在当时，宝沃汽车是一家引人注目的汽车厂商，它的产品线多样，包括乘用车、卡车、巴士以及三轮车等，还率先引入空气悬架和3挡自动变速箱等技术，并在海外建厂。

20世纪50年代后期是宝沃的鼎盛期，年销量一举突破100万台，以超过当时德国60%的出口份额成为德国第三大汽车生产制造商，仅次于当时的大众和欧宝。然而好景不长，由于种种原因，宝沃汽车于1961年破产，随后陷入沉寂。

2015年3月3日，BORGWARD在日内瓦车展现场宣布品牌复兴，发布会上BORGWARD也公布了其今后在中国市场的中文名称为“宝沃”。这是继1949年宝沃Hansa 1500在日内瓦车展亮相以来，这一德国汽车品牌首次重返日内瓦车展舞台。

2016年7月，宝沃以SUV产品率先挺进中国乘用车市场，旗下BX7、BX5、BX7 TS车型已逐渐登陆中国及德国，新能源车型BXi7、GT SUV BX6已于5月9日正式上市。

宝沃拥有来自全球12个国家、16个汽车品牌的全球工程师人才2300多名，其中工程技术人员在整个宝沃员工中占比高达40%。公司具备整车、发动机、新能源的自主正向开发能力，以及传统能源和新能源整车双生产资质。

## 宝沃 汉莎 1500

| | | | |
|---|---|---|---|
| 英文名 | BORGWARD Hansa 1500 | 品牌 | 宝沃 |
| 上市时间 | 1949 年 | 变速箱 | 3 挡手动变速箱 |
| 车身风格 | 轿车 | 前悬挂 | 麦弗逊式悬挂 |
| 车身结构 | 4 门 4 座两厢车 | 后悬挂 | 摆动轴悬挂 |
| 发动机 | 1.5L 48 马力 V4 | 刹车 | 前轮盘式 + 后轮鼓式 |
| 驱动方式 | 前置后驱 | 车身尺寸 | 长 4600+ 宽 1700+ 高 1500（毫米） |



1949年，BORGWARD Hansa 1500作为德国首款采用浮筒式车身设计的轿车现身日内瓦车展，引领了德国汽车造型设计的发展潮流。

除了设计领域的变化外，Hansa 1500更是一改当时普遍采用的摆臂式转向信号灯，配备了全新闪光灯，使得汽车在安全性能上再一次获得巨大提升。杰出的设计、全新的安全保障，使Hansa 1500获得了业界的一致好评，并成为当时德国中产阶层最青睐的车型之一。

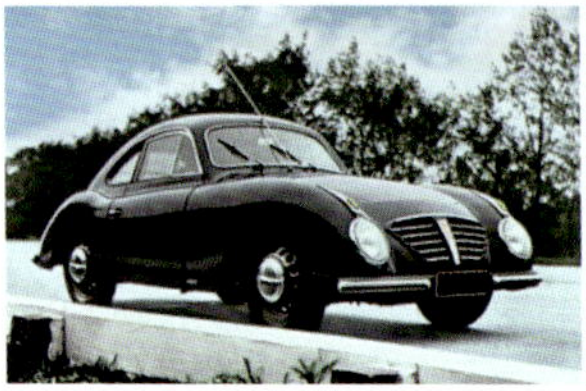

汽车档案

## 宝沃 Goliath GP700

| | | | |
|---|---|---|---|
| 英文名 | BORGWARD Goliath GP700 | 品牌 | 宝沃 |
| 上市时间 | 1950 年 | 变速箱 | 4 挡手动变速箱 |
| 车身风格 | 轿车 | 前悬挂 | 麦弗逊式滑柱悬挂 |
| 车身结构 | 2 门 2 座掀背车 | 后悬挂 | 半拖曳臂式悬挂 |
| 发动机 | 缸内直喷式二冲程发动机 | 刹车 | 鼓式 |
| 驱动方式 | 前置驱动 | 车身尺寸 | 长 3900+ 宽 1500+ 高 1400（毫米） |

汽车介绍

1950年，BORGWARD推出Goliath GP700车型，这是全球第一辆采用缸内直喷汽油发动机技术的车型，凭此技术，Goliath GP700的燃油消耗可降低30%，成为其他厂家研发的新动向，自此也成就了宝沃世界能效技术奠基者的地位。

该车型在当时的蒙特利尔赛事上创造了F组（1.5L以下）的12项纪录。包括1000公里内平均时速为172公里/时。随后多家德国公司均针对该项技术投入了研发力量，从此也拉开了未来50年德国汽车追求高效的序幕。

## 宝沃 Isabella Coupe

| | | | |
|---|---|---|---|
| 英文名 | BORGWARDIsabella Coupe | 品牌 | 宝沃 |
| 上市时间 | 1954 年 | 变速箱 | 4 挡手动变速箱 |
| 车身风格 | 轿车 | 前悬挂 | 麦弗逊式滑柱悬挂 |
| 车身结构 | 2 门 2 座溜背车 | 后悬挂 | 半拖曳臂式悬挂 |
| 发动机 | 1.5L 75 马力 TS 发动机 | 刹车 | 鼓式 |
| 驱动方式 | 后轮驱动 | 车身尺寸 | 长 4500+ 宽 1600+ 高 1400 （毫米） |

拥有优雅的流线型车身、大量采用镀铬装饰的Isabella Coupe诞生于1954年，是宝沃最成功的车型之一，被认为是经济奇迹时期的德国梦想之车。在那个年代，这款车创造了全系列车型全球总销量超过20辆的神话。

发动机盖上隆起的装饰条、车灯走线延伸上来的转向灯设计是20世纪50年代车型独有的标志。除外观方面的革新之外，性能和燃油经济性同样是Isabella Coupe的优势所在——最高速度达到130公里/时，而最低油耗仅为8.4L/100公里，因而受到了消费者的广泛赞誉。

汽车档案

## 宝沃 P100

| | | | |
|---|---|---|---|
| 英文名 | BORGWARD P100 | 品牌 | 宝沃 |
| 上市时间 | 1959 年 | 变速箱 | 4 速手动变速箱 |
| 车身风格 | 轿车 | 前悬挂 | 双叉臂式独立悬挂 |
| 车身结构 | 4 门 5 座两厢车 | 后悬挂 | 摆动轴气动悬挂 |
| 发动机 | 2.3L 直列 6 缸发动机 | 刹车 | 鼓式 |
| 驱动方式 | 前置驱动 | 车身尺寸 | 长 4715+ 宽 1738+ 高 1420（毫米） |

汽车介绍

1959年，宝沃汽车在法兰克福车展上推出P100车型，它是德国第一款装备自动平衡空气悬挂的轿车，并采用了六缸引擎和超大空间设计，最高速度可达160km/h，开创了“用科技实现豪华体验”的全新轨迹。

空气悬挂给P100带来了前所未有的舒适性，在车辆转弯或刹车时，空气悬挂可尽量避免车身的侧倾或前倾，这在当时是非常先进的配置，为宝沃赢得了很高的声誉。2.3L直列6缸发动机可输出75千瓦的动力，这使P100的最高时速可以达到160公里/时。

## 宝沃 BX7

| | | | |
|---|---|---|---|
| 英文名 | BORGWARD BX7 | 品牌 | 宝沃 |
| 上市时间 | 2016 年 | 变速箱 | 6 挡手自一体变速箱 |
| 车身风格 | 中型 SUV | 前悬挂 | 麦弗逊式独立悬挂 |
| 车身结构 | 5 门 5 座 SUV | 后悬挂 | 多连杆式独立悬挂 |
| 发动机 | 2.0T 224 马力 L4 | 刹车 | 前轮通风盘式、后轮实心盘式 |
| 驱动方式 | 前置前驱 | 车身尺寸 | 长 4715+ 宽 1911+ 高 1690（毫米） |

宝沃BX7是一款中型SUV，也是宝沃复兴后推出的首款SUV车型，外观动感，并且有5座、7座两种座位组合方式，被称为“5/7座任选宽体SUV”。

宝沃BX7全系标配12.3英寸液晶大屏，搭载的B-Link系统可以实现寻求道路救援、寻找车辆、了解车辆状况、发送导航位置、远程启动等功能，除此之外还能为车主提供信息咨询、交通驾驶、安全防护、诊断保养等服务。除此之外，宝沃BX7还配备了2.0T涡轮增压直喷发动机，最高功率为165千瓦，最大扭矩为300牛·米，采用缸内直喷的喷射方式，为汽车带来高效的动力输出。

品牌介绍

## 威兹曼

▶ 威兹曼（Wiesmann）汽车公司的标志为一只蜥蜴形象，每辆跑车的所有部件都是按照客户的要求量身定做的，在手工打造的基础上，威兹曼的车型结合了宝马引擎动力与复古的车身线条，加上由内到外极具质感的皮革铺陈与细节修饰，创造出了独具一格的高质运动车。

## 威兹曼故事

1985 年，威兹曼公司创始人马丁·威兹曼和弗莱德海姆·威兹曼两兄弟在参观了埃森车展后得到启发，想要制造一辆外观仿古而内部却极具现代化的超级跑车。

为了筹措资金，他们开办了一家小公司，专门制造给敞篷跑车配套的可拆卸硬顶。几年下来，公司的业务获得了长足的发展，兄弟俩不仅积累了资金，更如愿以偿地获得了宝马公司的许可，使用宝马的动力总成、底盘部件及部分电子系统。1993 年，第一辆威兹曼跑车终于问世了，这一年也是威兹曼公司的起始年。

威兹曼汽车公司属于全手工制作的汽车生产厂，也是德国最小的整车生产厂，但凭其车型产品个性化的外观和出色的操控性能，威兹曼成功地立足于竞争激烈的欧洲汽车市场，并成为奢侈品跑车的代名词，其客户多为王室贵族、文体明星和企业高管等。

2012 年 4 月 20 日，威兹曼在北京正式宣布入华。首期进入中国市场的包括曾获“红点”设计大奖的全新一代 MF4 系列车型及 Wiesmann 旗舰级 MF5 系列车型。

威兹曼首席执行官表示，中国汽车市场处在高速、健康的发展态势下，相信威兹曼车型能够充分满足中国消费者对于车辆优雅、激情及定制化生产的要求，也相信进入中国市场会成为威兹曼品牌发展史上浓墨重彩的一笔。

## 威兹曼 Roadster MF3

| | | | |
|---|---|---|---|
| 英文名 | Wiesmann Roadster MF3 | 品牌 | 威兹曼 |
| 上市时间 | 1993 年 | 变速箱 | 5 速手动变速箱 |
| 车身风格 | 跑车 | 前悬挂 | 双横臂式独立悬架 |
| 车身结构 | 2 门 2 座敞篷跑车 | 后悬挂 | 双横臂式独立悬架 |
| 发动机 | 3.2L 343 马力 L6 | 刹车 | 通风盘式 |
| 驱动方式 | 前置后驱 | 车身尺寸 | 长 4230+ 宽 1880+ 高 1190（毫米） |

作为威兹曼在1993年诞生的第一代车型，Roadster MF3采用了折叠软顶敞篷跑车的设计款式，并搭载宝马M提供的代号为S54B32的3.2L直列六缸发动机，最大功率为343马力，峰值扭矩为265牛·米，零百公里加速时间为5秒，最高车速为255公里/时。

Roadster MF3整体车辆的配置很高，比如显眼的镀铬仪表盘以及带刺绣的蜥蜴。威兹曼标志性的蜥蜴图标不光出现在了内饰皮革和座椅上，更出现在驾驶舱后部的风向导流板上，十分具有辨识度。

▲汽车档案

## 第二代威兹曼 MF4

| | | | |
|---|---|---|---|
| 英文名 | Wiesmann MF4 | 品牌 | 威兹曼 |
| 上市时间 | 2010 年 | 变速箱 | 6 挡手自一体变速箱 |
| 车身风格 | 跑车 | 前悬挂 | 双横臂式独立悬挂 |
| 车身结构 | 2 门 2 座软顶敞篷车 | 后悬挂 | 双横臂式独立悬挂 |
| 发动机 | 4.4T 408 马力 V8 | 刹车 | 通风盘式 |
| 驱动方式 | 中置后驱 | 车身尺寸 | 长 4230+ 宽 1880+ 高 1190（毫米） |

▼汽车介绍

随着时间的推移及MF3车型的成功，2005年，第一代威兹曼GT MF4车型正式亮相，其中包括采用BMW 4.4 V8（N63B44）引擎，拥有300千瓦的GT MF4、Roadster MF4，以及采用BMW 4.0 V8（S65B40），拥有309千瓦的GT MF4S、Roadster MF4S四款车型，全部采用前中置引擎后轮驱动。

这款车问世的目的是将驾驶动力学与复古风格的设计融合在一起，未来也将允许开发更多、更专用的车型。2010年，第二代威兹曼MF4诞生，采用铝制单体底盘，覆盖玻璃纤维车身，同时动力来自从宝马采购的4.4L双涡轮增压V8，输出为408马力，峰值扭矩600牛·米。

## 第二代威兹曼 MF5

| | | | |
|---|---|---|---|
| 英文名 | Wiesmann MF5 | 品牌 | 威兹曼 |
| 上市时间 | 2011 年 | 变速箱 | 6 挡手自一体变速箱 |
| 车身风格 | 跑车 | 前悬挂 | 双横臂式独立悬挂 |
| 车身结构 | 2 门 2 座软顶敞篷车 | 后悬挂 | 双横臂式独立悬挂 |
| 发动机 | 4.4T 555 马力 V8 | 刹车 | 通风盘式 |
| 驱动方式 | 中置后驱 | 车身尺寸 | 长 4220+ 宽 1950+ 高 1180（毫米） |

2008年，世界金融危机仍然影响着潜在客户，Wiesmann不得不更加努力地争取机会，于是推出了一款新车型——第一代威兹曼MF5。他们提供了两种形状：一辆名为GT MF5的轿跑车和一辆敞篷跑车。

2011年，第二代威兹曼MF5诞生。在它的引擎盖下，Wiesmann安装了宝马的双涡轮增压V8发动机，最大功率为555马力，车身重量仅为1470千克。车身的曲线和倾斜的车顶线增强了汽车的动态外观，而在后部，机翼确保了宽轮胎能更好地抓地。

品牌介绍

## 欧宝

▶ 德国欧宝公司是美国通用汽车公司的子公司，是通用公司在欧洲的一个窗口。欧宝的产品已遍及世界20多个国家，连续5年保持了西欧轿车头号品牌的位置，并占据了西欧轿车市场12%的份额。

OPEL

## 欧宝历程

欧宝汽车公司的历史可以追溯到 1862 年。当时的 Opel 并不是一个汽车厂牌，而是一家制造缝纫机的工厂。Adam Opel 在 1862 年制造了第一台缝纫机，并在同年的 8 月 14 日以自己的名字申请成立了公司。1885 年，Adam Opel 的工厂除了生产缝纫机之外也开始生产制造脚踏车。在公司成立后的 25 年里，欧宝成为一个成功的国际制造商，缝纫机出口遍及欧洲、美国、俄罗斯和印度等国家。

1895 年，Adam Opel 过世，留下五兄弟继承家族事业。1898 年，Opel 家族对于当时欧洲日渐风行的汽车制造产生了极大的兴趣，并成立了汽车部门。次年，Opel 的第一部新车 System Lutzmann 问世，正式宣告 Opel 车厂的诞生。

1928 年，Opel 已经成为德国最大的汽车制造商，产品年销量超过 40 000 辆，市场占有率为 37.5%。同年，Opel 第一部使用固态火箭推进的赛车 Opel Rak 诞生，在 Russelsheim 镇进行速度测试时，这辆赛车凭借 24 个火箭推进器达到 238 公里 / 时的高速。

1929 年，美国 GM 通用汽车公司买下了 Opel 汽车公司 80% 的股票，Opel 则开办了汽车保险与汽车分期付款的业务。1931 年，美国 GM 买下了 Opel 汽车公司所有的股票，正式合并 Opel，使其成为 GM 在欧洲的第一个子公司。

1935 年，Opel 推出了 P4 车款，随后以此车款衍生出了全钢打造一体成形、坚固又安全的 Olympia 房车，推出后立刻被抢购。因为这辆车，Opel 车厂的年产量超过十万辆，成为德国第一大车厂。1936 年，Opel 推出了 Kadett 车款，这一举措使 Opel 车厂的年产量再度增长，成为当时欧洲第一大汽车制造商。

在后续的数十年间，Opel 在经历了战争的残酷洗礼后一度一蹶不振，最后在 GM 公司的扶持下才再度开启了汽车事业。随着战后经济的复苏，Opel 业务逐渐回暖，开始不断制造新车型，包括 Kadett 后继车系、Rekord 房车、Commodore 轿车等。

2017 年 3 月 6 日，标致雪铁龙集团（PSA）和通用集团正式对外宣布双方已达成欧宝收购协议，PSA 将以 22 亿欧元（约 23 亿美元）的价格收购通用欧宝。

汽车档案

## 欧宝 Laubfrosch

| | | | |
|---|---|---|---|
| 英文名 | Opel Laubfrosch | 品牌 | 欧宝 |
| 上市时间 | 1924 年 | 变速箱 | 4 挡手动变速箱 |
| 车身风格 | 跑车 | 前悬挂 | 独立悬挂 |
| 车身结构 | 2 门 2 座敞篷跑车 | 后悬挂 | 钢板弹簧悬挂 |
| 发动机 | 12 马力 V8 | 刹车 | 四轮油压鼓式 |
| 驱动方式 | 前置驱动 | 车身尺寸 | 长 3200+ 宽 1350+ 高 1650（毫米） |

汽车介绍

1924年，欧宝生产了第一款双人座跑车Opel Laubfrosch，采用八汽缸引擎，最大功率为12马力，最高速度为60公里/时，为配合大马力的传递，欧宝还应用了直到今天还在使用的加重式多片离合器，在制动方面也选用当时最先进的四轮油压制动系统。

这部采用绿色涂装、流线型车尾设计的国民车售价4500德国马克，是欧宝车厂在20世纪20年代最畅销的车系，共生产了119 484辆，同时它也是世界汽车大马力来临的标志。

## 欧宝 Kadett A

| | | | |
|---|---|---|---|
| 英文名 | Opel Kadett A | 品牌 | 欧宝 |
| 上市时间 | 1962 年 | 变速箱 | 4 挡手动变速箱 |
| 车身风格 | 轿车 | 前悬挂 | Dubonnet 独立前悬挂 |
| 车身结构 | 2 门 4 座两厢车 | 后悬挂 | 半拖曳臂式悬挂 |
| 发动机 | 1.0L 23 马力 V4 | 刹车 | 四轮鼓式 |
| 驱动方式 | 前置后驱 | 车身尺寸 | 长 4230+ 宽 1550+ 高 1450（毫米） |

1936年，欧宝推出了Kadett车款，大幅提升了欧宝车厂的年产量，并使其成为当时欧洲的第一大汽车制造商。首款欧宝Kadett带来了很大的轰动，无论是技术上还是价格上，Kadett拥有开创性的整体车身结构，而无论是轿车还是敞篷车，价格均只有2100马克。1936—1940年，欧宝在当时欧洲最先进的汽车厂之一的吕塞尔斯海姆生产了共计超过10万台这种四轮汽车。

但随着二战的爆发，下一款Kadett车型的诞生被推迟到了1962年，这一代Kadett车型被命名为Kadett A。这款四座车速度高达100公里/时，很快赢得了媒体的赞誉和世人的推崇。

汽车档案

## 第一代欧宝 GT

| | | | |
|---|---|---|---|
| 英文名 | Opel GT | 品牌 | 欧宝 |
| 上市时间 | 1968 年 | 变速箱 | 3 挡自动 /4 挡手动变速箱 |
| 车身风格 | 跑车 | 前悬挂 | 麦弗逊式独立悬挂 |
| 车身结构 | 2 门 2 座硬顶跑车 | 后悬挂 | 半拖曳臂式悬挂 |
| 发动机 | 1.1L 102 马力 V4 | 刹车 | 前轮盘式 + 后轮鼓式 |
| 驱动方式 | 前置后驱 | 车身尺寸 | 长 4090+ 宽 1810+ 高 1270（毫米） |

汽车介绍

1965年，一辆曲线优美的概念车在法兰克福车展上大放异彩，它就是欧宝Experimental GT概念车，它的出现为日后生产欧宝GT铺平了道路，这辆车也是欧宝品牌和设计风格的一个重要转折点。1968年，第一辆欧宝GT驶上了公路，它成为欧洲第一款由概念车发展而来的量产车。

欧宝GT的外观深受美式“可乐瓶”风格的影响，圆滑的前脸上配有可上下翻转的前大灯，仿佛一双眼睛，显得格外特别。发动机罩则呈现出一种强有力的起伏造型，左右隆起的翼子板很好地勾勒出肌肉线条，而前脸下端的进气口则成为动感造型最好的补充。

## 第二代欧宝 GT

| | | | |
|---|---|---|---|
| 英文名 | Opel GT | 品牌 | 欧宝 |
| 上市时间 | 2007 年 | 变速箱 | 5 挡手自一体变速箱 |
| 车身风格 | 跑车 | 前悬挂 | 麦弗逊式独立悬挂 |
| 车身结构 | 2 门 2 座敞篷跑车 | 后悬挂 | 拖曳臂和横拉杆的螺旋弹簧悬挂 |
| 发动机 | 2.0T 264 马力 L4 | 刹车 | 前轮盘式 + 后轮鼓式 |
| 驱动方式 | 前置后驱 | 车身尺寸 | 长 4051+ 宽 1688+ 高 1410（毫米） |



第一代欧宝GT从1968年生产至1973年，在停产数十年后，2006年在日内瓦国际车展上，全新第二代欧宝GT首次全球亮相，并于次年1月在欧洲上市。

全新欧宝GT跑车将时尚元素引入双座跑车的设计理念之中。它拥有强大的前置发动机，后轮驱动，动感十足的驾驶室以及特制的织物软顶。修长的车头、宽阔的车身、流畅的外型和短巧的悬架打造出了其引以为豪的独特身姿。欧宝GT的发动机是264马力的2.0L ECOTEC涡轮增压版本，零百公里加速时间只需要6秒，最高时速为230公里。

汽车档案

## 欧宝 Omega A

| | | | |
|---|---|---|---|
| 英文名 | Opel Omega A | 品牌 | 欧宝 |
| 上市时间 | 1986 年 | 变速箱 | 4 挡自动变速箱 |
| 车身风格 | 轿车 | 前悬挂 | 麦弗逊式独立悬挂 |
| 车身结构 | 4 门 5 座轿车 | 后悬挂 | 多连杆独立悬挂 |
| 发动机 | 3.6L 377 马力 L6 | 刹车 | 通风盘式 |
| 驱动方式 | 前置后驱 | 车身尺寸 | 长 4845+ 宽 1790+ 高 1420（毫米） |

汽车介绍

欧宝Omega车系在德国汽车市场属于全尺寸车型，于1986—2003年间生产，总共生产了两代。第一代Omega A（1986—1993）取代Rekord车系，于1987年票选为欧洲年度车型；第二代则称为Omega B（1993—2003）。

在动力方面，欧宝为Omega A提供了多达24款的发动机搭配。其中马力最大的要数搭配了3.6涡轮增压发动机的Lotus Omega，这款由莲花调校的车型拥有377马力的惊人马力输出，能在6秒以内完成零百加速，这也是欧宝针对宝马M5等高性能车型的有力竞争者。

## 欧宝 Zafira 2004年款

| | | | |
|---|---|---|---|
| 英文名 | Opel Zafira | 品牌 | 欧宝 |
| 上市时间 | 2004 年 | 变速箱 | 4 挡自动变速箱 |
| 车身风格 | 紧凑型 MPV | 前悬挂 | 麦弗逊式独立悬挂 |
| 车身结构 | 5 门 7 座 MPV | 后悬挂 | 纵臂扭转梁式非独立悬挂 |
| 发动机 | 1.8L 125 马力 L4 | 刹车 | 前轮通风盘式、后轮实心盘式 |
| 驱动方式 | 前置前驱 | 车身尺寸 | 长 4317+ 宽 1742+ 高 1648（毫米） |

为了与法国厂商竞争家用市场，在1997年法兰克福车展上，欧宝推出了与保时捷合作开发的赛飞利（Zafira）概念车，并在1999年正式将其推向市场。Zafira保留了欧宝特色的V型外形，其紧凑的外形、大量轻质材料以及最新技术的使用使得Zafira成为具有灵活操控性的紧凑型汽车。

它是基于通用欧洲T平台的产品，可以看作是雅特二代型（Opel Astra G）的MPV版本，它的内部有7座布局，因为座椅可以灵活放倒、平放，因此也被称作是Flex 7座舱。2003年，欧宝对赛飞利初代型进行了多项技术升级，推出了中期改款版本，国内也有引进销售。

汽车档案

## 欧宝 Astra 2010年款

| | | | |
|---|---|---|---|
| 英文名 | Opel Astra | 品牌 | 欧宝 |
| 上市时间 | 2010 年 | 变速箱 | 4 挡自动变速箱 |
| 车身风格 | 紧凑型车 | 前悬挂 | 麦弗逊式独立悬挂 |
| 车身结构 | 2 门 4 座硬顶敞篷车 | 后悬挂 | 纵臂扭转梁式非独立悬挂 |
| 发动机 | 1.8L 140 马力 L4 | 刹车 | 前轮通风盘式、后轮实心盘式 |
| 驱动方式 | 前置前驱 | 车身尺寸 | 长 4476+ 宽 1759+ 高 1411（毫米） |

汽车介绍

欧宝雅特（Astra）是欧宝复兴计划中推出的第二款车，全新的外表充满了动感，车身比例紧凑和谐。2005年年初，德国原装进口、融合欧宝全新设计理念和最新汽车科技的全新第三代欧宝雅特五门掀背式轿车，作为全新雅特系列产品中的首款车型登陆中国。

与传统的三厢车相比，全新欧宝雅特采用更时尚和实用的五门掀背式设计，身形更灵动且重心更低，更省油，动态稳定性更好。与前代产品相比，第三代雅特系列是动感和实用功能的完美结合，这种风格在同类车中可谓独树一帜，它将在紧凑型轿车市场中掀起一股新的旋风。

# 第3章 法国汽车赏析

法国汽车品牌众多，既有历史悠久的老牌汽车，也有充满创新和活力的新生代汽车品牌。比较著名的汽车品牌包括历史悠久的雷诺、标致和雪铁龙，新生代的DS、布加迪等。这些品牌都有独特的地位和影响力，是一种法式生活态度和品位的象征。

品牌介绍

## 标致

▶ 标致是法国标致雪铁龙集团子公司标致汽车公司旗下的汽车品牌，也是欧洲老牌的汽车生产企业，在全球160个国家建立了庞大的销售网络。标致汽车集卓越、魅力和情感于一身，行驶在世界的每个角落。

## 标致历史

### 标致汽车公司的起源

最早时候，标致公司是属于标致家族的企业，并且早在15世纪初就已经成立。只不过这个传统的家族式企业成立之初并非是为了生产汽车，而是一家涉及弹簧、自行车、缝纫机等产品制造的公司。

阿尔芒·标致，这位标致汽车的创始人从小就对机械和经营充满了浓厚的兴趣。他在成年之后接过了公司的管理权，继续着公司的传统生产项目，但同时对机械充满浓厚兴趣的阿尔芒·标致始终希望公司可以转型生产更加复杂的机械化设备。

1886年年初，世界上第一辆蒸汽汽车的出现，让阿尔芒·标致看到了自己未来的发展方向——汽车制造业。1889年，阿尔芒和著名的蒸汽动力学家莱昂·塞伯莱合作制造了一辆三轮蒸汽动力汽车，并在庆祝法国大革命100周年的巴黎万国博览会上展出。这是第一辆以标致命名的汽车，也是标致公司正式进军汽车行业的开端。

1896 年，阿尔芒在里尔成立“标致汽车公司”，专司旅行车和卡车生产，自此开启了世界上第二个历史最悠久的汽车品牌的传奇征程。

## 标致车标进化史

标致的小狮子标识的历史开始于 1847 年，标致两兄弟于勒和埃米尔委托首饰匠设计一个狮子形状的标识，作为自己制造钢锯等工具产品的品牌。这是因为狮子能够代表标致锯条的三种品质：锯齿经久耐用——像狮子的牙齿；锯条柔韧不易折断——像狮子的脊柱；切割的速度——像腾跃的狮子般迅捷。

1882 年，狮子标识出现在自行车上，1901 年用于摩托车上。1905—1915 年间，箭上的狮子侧影开始出现于“标致兄弟之子公司”生产的“狮 – 标致”汽车上。

1910 年，自行车与汽车业务合并后，新的标致汽车和自行车股份有限公司使用古体“PEUGEOT”字样作为标识。1968 年，狮子第一次与徽章分离。1975 年，以轮廓线勾勒且镀铬、中部镂空的狮子标识出现，应用于标致所有的车型上。

2021 年 2 月 25 日，标致推出了全新标识，是其品牌历史上的第 11 次更新。其 Logo 主体变成了一个壮美的狮头，外层呈盾形轮廓设计。

◆ Type 2 型汽车

1890 年，阿尔芒·标致的公司推出了第一款汽车产品——Type 2，比之世界上第一辆汽车的诞生来说也只是差了 5 年，这在当时可算是轰动全球的大事，而这一年也就成为标致汽车的元年。

标致在 Type 2 车型上倾注了不少心血，将三点式悬挂系统、斜齿式变速箱等当时的“超前科技”放进了该车的配置表。可以说，在 Type 2 车型上，标致在机械方面的过人创造力已初见锋芒。

不久之后，在 1894 年，标致又推出了 Type 3 型汽车。

Type 3 型汽车与 Type 2 型汽车的外观还是比较相似的，它没有方向盘、没有车顶，只有四个轮子、一个大沙发，加上只有 3 匹马力的 V2 内燃机。

不过，现代汽车具有的关键部件在这辆古董车的身上都能找到雏形，比如冷却系统、变速机构、转向机构以及车灯、喇叭等。

◆ Type 3 型汽车

◆ Type 14 型汽车

Type 14 是标致汽车公司在 1896 年正式成立后的第一款车型，除此之外更重要的是，它放弃了戴姆勒提供的 V 型双缸引擎，而使用一台自行研发的 1645 毫升直列双缸引擎，最大能有 4 匹马力，以传统链条传动方式驱动后轮。

此车在 1897 年正式上市销售，一上市便在欧洲地区引起了轰动，它的出现也为后续更知名的车型打下了坚实的技术基础。

1901 年，标致经典车型 Type 36 诞生了，有三座活顶和四座无篷两款车型，并且开始使用了很多现代汽车还在使用的设计。

这是标致的第一款发动机前置、用倾斜式方向盘取代方向舵柄的汽车。除此之外，它还以螺杆螺母取代齿轮齿条作为转向传动机构，向非链条传动系统迈进了一大步。

◆ Type 36 型汽车

◆标致 L76 汽车

1912 年，三位赛车手和一位绘图员试图说服罗伯特 · 标致（当时标致公司掌舵人）采用他们的方法设计最新的赛车发动机，四人坚信掌握了当时最高效的气流优化方案。几人大胆的设计得到了罗伯特 · 标致的赏识，并为他们提供了一个巴黎的小车间以及其他支持。

不久之后，他们就造出了世界上第一台双顶置凸轮轴发动机，拥有 4 气门设计以及 7.6L 排量，并搭载在了标致当年的 L76 赛车上。与如今的皮带或链式传动方式不同，最早的双顶置凸轮轴发动机采用锥齿轮与传动轴帮助曲轴驱动凸轮轴顶开气门。

1912 年 6 月，布瓦洛（Boillot）驾驶 L76 赢得皮佩（Pieppe）ACF 大奖赛冠军。在 1912—1913 年的法国大奖赛中，L76 赛车也实现了两次夺冠。

在 1913 年、1916 年以及 1919 年的美国印第安纳波利斯 500 大赛中，L76 赛车三次站在最高领奖台上，并且创造了平均速度 170.558 公里 / 时的记录，在这之后便揭开了标致在该项赛事中霸榜 60 年神话的序幕。

1929 年 9 月，巴黎车展（Paris Auto Show）因受到经济危机的影响而在一片愁云惨雾中举行，不少有钱人都举债度日，更别提购买豪华车代步了。而在这样的时代背景下，标致适时地推出了以经济性为大主题的 201 车型。

201 车型车长为 3800 毫米，宽 1350 毫米，车重只有 890kg，正好符合平民的经济需求。除此之外，201 车型还有双门、敞篷、货车、四门等款式供人选择。

◆ 201 型汽车双门版

◆ 201 型汽车四门版

而 201 车型的推出对于标致而言还有另外一层含义，那就是从 201 车型开始，标致开始使用中间为 0 的 3 位数字命名车型的命名系统，第一个数字代表车系，最后一个数字是此系列的款型排序。标致还将这种命名系统注册成了商标，从而使标致在这么多年来一直拥有着最清晰简明的名称体系，这也成为标致车的一个特征。

201 车型本身也很有特点和技术代表性，它是世界上第一款采用前轮独立悬挂的量产车，也是最后一款使用木质车架结构的标致汽车。由于其车型定位是家庭小型轿车，因此还有油耗低的特点。

201 型使用直列 4 缸发动机，排量为 1122 毫升，缸径 × 冲程为 63 毫米 ×90 毫米，压缩比为 5.4 ： 1，最大功率为 31.2 匹 /3500 转，最高时速为 80 公里 / 时。

也正是 201 型的推出，标致安然地度过了当时的世界经济危机。此车在 1929—937 年间共生产了超过 14 万辆，而且为了满足各种商业用途，变种款型多达 1676 种。

1934 年，标致推出了全球首款折叠硬顶敞篷车——401 Eclipse。401 Eclipse 是一款装有电动折叠硬顶的双门轿跑车，这种新颖独特的创意是设计师保兰、标致特许经销商达尔马特和车身制造公司普尔图合作的结晶。

该设计颇为神奇，车辆的金属顶篷可以迅速且安静地滑入后部行李箱，在几秒内将一辆硬顶轿车变形为一辆敞篷跑车。

◆ 401 Eclipse 汽车

Eclipse 系统的研发与应用，不仅开辟了汽车的一个细分市场，同时也开启一个车型的时代，从此全球车企开始纷纷投身到敞篷车的设计和生产中来。但作为敞篷车的鼻祖，标致的 Eclipse 系列始终是品牌最得意的设计之一，并影响至今。

这款车型的问世标志着双门硬顶敞篷跑车历史的开端，标致也成为全球第一个量产电动硬顶敞篷车的汽车厂家。这一创新不仅受到了驾驶者的热烈欢迎，还在汽车设计领域引起了广泛的讨论和模仿。其他制造商纷纷效仿，推出了类似的折叠硬顶设计，这一设计成为后来众多敞篷车型的标配。

◆ 402 型汽车

◆ 402 型汽车设计图

20 世纪 30 年代，空气动力学成为汽车界的一个热词，流线型的设计也被广地泛应用在当时的汽车设计中。在 1935 年的巴黎车展上，标致以一款划时代的产品——标致 402，完美地阐述了他们对于空气动力学的理解。由于标致 402 来自标致索绍工厂，且外形容易令人联想到纺锤，因此这类车型也被称为“索绍纺锤”。

标致 402 车型在标致车史上具有里程碑意义，是首款采用空气动力学造型的量产汽车，随后标致的车型均应用空气动力学设计。这一创新大胆的设计不仅带给世界一个惊喜，还为汽车性能和燃油效率的提升作出了贡献。

虽然 24900 法郎的售价使得标致 402 的受众大幅度缩小，但该车型依旧称得上是一款超现代的优秀作品。它创新地缩小了离地间隙至 0.18 米，改变了当时车主们必须爬进汽车的局面；车头首次安装前大灯，位于盾形前栅板的下方；半自动变速器支持电力机械传动和变速手动并存；最大功率为 55 马力、排量 1991 毫升的发动机和 5 米的车身等。这些技术和创新设计集中在同一辆车上，在当时堪称顶尖豪车配置了。

## 标致 202 1946年款

| | | | |
|---|---|---|---|
| 英文名 | Peugeot 202 | 品牌 | 标致 |
| 上市时间 | 1946 年 | 变速箱 | 3 挡手动变速箱 |
| 车身风格 | 小型家用车型 | 前悬挂 | 非独立悬挂系统 |
| 车身结构 | 4 门 4 座两厢车 | 后悬挂 | 钢板弹簧 |
| 发动机 | 1.1L 30 马力 L4 | 刹车 | 液压鼓式 |
| 驱动方式 | 前置后驱 | 车身尺寸 | 长 4100+ 宽 1499+ 高 1550（毫米） |

标致早在1937年就在巴黎车展上发布了202车系，虽然仍属于小型轿车，却在市场上以独特的外观获得注意。202车系有双门敞篷和四门硬顶两种款式，造型上的最大特征就在于将头灯藏在水箱护罩之内，这对当时的民众来说是非常大胆且新颖的设计，在1938—1942年这5年间，202销售成绩亮眼。

然而，因二战爆发，标致开始制造武器，因此202在1942—1945年之间完全停产。直到1946年，标致的生产才随着202的下线开始复苏，这一年14 000万辆汽车驶下索绍的生产线。

汽车档案

## 标致 403

| | | | |
|---|---|---|---|
| 英文名 | Peugeot 403 | 品牌 | 标致 |
| 上市时间 | 1955 年 | 变速箱 | 4 挡手动变速箱 |
| 车身风格 | 小型家用车型 | 前悬挂 | 非独立悬挂系统 |
| 车身结构 | 4 门 4 座两厢车 | 后悬挂 | 非独立悬挂系统 |
| 发动机 | 1.4L 65 马力 L4 | 刹车 | 四轮鼓式 |
| 驱动方式 | 前置后驱 | 车身尺寸 | 长 4470+ 宽 1670+ 高 1510（毫米） |

汽车介绍

1955年4月20日，标致首次与意大利都灵的设计师宾尼法利纳（Pininfarina）合作设计车身，并推出了403车型。该车型是首个安装弧形挡风玻璃的标致汽车，也是标致首款产量突破百万辆的车型。

标致为403提供了一台1468毫升的直列四缸OHV配单化油器引擎，后轮驱动与4挡手动变速箱，最大输出功率为65马力/4750转、10.7kgm/2500转，.因车辆重量仅1051公斤，所以403还有1[illegible]公里/时的极速。截至1958年，403车型的引擎盖上都装有狮子的立标装饰。但从1959年起，出于[illegible]全考虑，狮子立标被去掉了。

## 标致 204

| | | | |
|---|---|---|---|
| 英文名 | Peugeot 204 | 品牌 | 标致 |
| 上市时间 | 1965 年 | 变速箱 | 4 挡手动变速箱 |
| 车身风格 | 小型家用车型 | 前悬挂 | 四轮独立悬挂 |
| 车身结构 | 4 门三厢车 | 后悬挂 | 四轮独立悬挂 |
| 发动机 | 1.1L 53 马力 L4 | 刹车 | 前轮盘式 + 后轮鼓式 |
| 驱动方式 | 前置前驱 | 车身尺寸 | 长 3970+ 宽 1560+ 高 1400（毫米） |

1965年诞生的标致204是一款首度采用前轮驱动、前置引擎的小型车，搭载顶置凸轮轴轻合金发动机，每缸2气门，排量为1130毫升，压缩比为8.8∶1，最大功率为41千瓦/5750转、89牛·米/3500转，零百公里加速时间为17.5秒。同时配备四轮独立悬挂，前轮采用盘式刹车等技术。

204的前轮驱动对于驾驶者的操控来说更便利，且机械结构比后轮驱动更简单，可以有效降低成本，标致也因为这款小型车成功地在欧洲市场树立起法系车的形象。

汽车档案

## 标致 104

| | | | |
|---|---|---|---|
| 英文名 | Peugeot 104 | 品牌 | 标致 |
| 上市时间 | 1972 年 | 变速箱 | 4 挡手动变速箱 |
| 车身风格 | 小型家用车型 | 前悬挂 | 麦弗逊式独立悬架 |
| 车身结构 | 5 门 4 座两厢车 | 后悬挂 | 拖拽臂式半独立悬挂 |
| 发动机 | 0.9L 34.3 千瓦 L4 | 刹车 | 前轮盘式 + 后轮鼓式 |
| 驱动方式 | 前置前驱 | 车身尺寸 | 长 3581+ 宽 1520+ 高 1390（毫米） |

汽车介绍

在1972年10月的巴黎车展上，标致推出了与雷诺5竞争，并将要大量生产的微型轿车104。这世界上最小的四门轿车、第一款掀背车，也是日后205、206、207、208车系的始祖，让标致在掀车领域奠定了稳固的基础。

初期的104仅有五门掀背一种形态，因为尾厢门部分只有玻璃窗能开启，故称为104 Sedan。采用前置引擎、前轮驱动的设计，加上4.9米最小转弯半径和760公斤轻量级身躯，对女性来说更易驾驶，尤其是面对法国和欧洲的狭小道路，104显得非常灵活，因此获得不少年轻群体的喜爱。

## 标致 205

| | | | |
|---|---|---|---|
| 英文名 | Peugeot 205 | 品牌 | 标致 |
| 上市时间 | 1983 年 | 变速箱 | 5 挡手动变速箱 |
| 车身风格 | 轿车 | 前悬挂 | 麦弗逊式独立悬架 |
| 车身结构 | 2 门 2 座 /4 门 4 座两厢车 | 后悬挂 | 拖拽臂式非独立悬挂 |
| 发动机 | 1.6L 78.3 千瓦 L4 | 刹车 | 前轮盘式 + 后轮鼓式 |
| 驱动方式 | 前置前驱 | 车身尺寸 | 长 3700+ 宽 1572 + 高 1365（毫米） |

1976年，标致兼并雪铁龙成立了PSA集团，1978年又收购了克莱斯勒在欧洲的3家子公司，获得克莱斯勒在欧洲的品牌Simca/Talbot。但快速的扩张让公司很快陷入了财务困境，标致意识到他们急需一款新车来救市。

1983年，基于收购的Simca品牌丰富的小型车制造经验，标致推出了两厢小型车205。小巧灵动的205凭借灵活的操控和丰富的驾驶乐趣大获好评，赢得许多人的青睐。1984年，标致205被评为欧洲年度汽车亚军，1990年又被评为20世纪80年代最佳汽车，是标致再次腾飞的转折点。

汽车档案

## 标致 Partner

| | | | |
|---|---|---|---|
| 英文名 | Peugeot Partner | 品牌 | 标致 |
| 上市时间 | 1996 年 | 变速箱 | 5 挡手动变速箱 |
| 车身风格 | 小型厢式 MPV | 前悬挂 | 麦弗逊式独立悬挂 |
| 车身结构 | 5 门 5 座 MPV | 后悬挂 | 纵臂和横拉杆结构 |
| 发动机 | 1.6L 85 马力 L4 | 刹车 | 前轮盘式、后轮鼓式 |
| 驱动方式 | 前置驱动 | 车身尺寸 | 长 4380+ 宽 1810+ 高 1803（毫米） |

汽车介绍

1996年，标致和雪铁龙联合开发的新型商用车标致Partner问世。它出自PSA的二号平台，是一款小型厢式MPV车型，由于其拥有不错的综合性能，在小型厢式车领域获得了巨大的成功。

标致Partner全长4.38米，载物容积达3.3立方米，最大有效承重能力为850公斤。另外，创新驾驶舱结构使得车内第一排可以坐下三个成年人，这也是紧凑型厢式车中首次使用这种座椅布置标致Partner出厂时可以根据实际需要提供三种不同的悬挂选择，所有版本可以选装ABS，高配车还可以选装ESP、ASR以及刹车辅助系统。

## 标致 406 1997年款

| | | | |
|---|---|---|---|
| 英文名 | Peugeot 406 | 品牌 | 标致 |
| 上市时间 | 1997 年 | 变速箱 | 5 挡手动变速箱 |
| 车身风格 | 轿跑车 | 前悬挂 | 麦弗逊式独立悬挂 |
| 车身结构 | 2 门 2 座两厢车 | 后悬挂 | 多连杆式独立悬挂 |
| 发动机 | 2.0L 99 千瓦 L4 | 刹车 | 实心盘式 |
| 驱动方式 | 前置前驱 | 车身尺寸 | 长 4598+ 宽 1765+ 高 1404（毫米） |

1995年，法国标致推出了他们的全新中型轿车——406系列（Peugeot 406），首展于德国国际汽车展览会（IAA）上。标致406在原有的405车型上改进开发，在车头部分和车尾部分增加了更多的弧型线条。

最开始，406系列只有传统三厢款式406 Berline版，随后在1996年与1997年追加了旅行车406 Break版与轿跑车407 Coup é 。此外，该系列的三厢与旅行车版本在1999年进行中期改款，销量不错，一直生产到2008年才正式停产，最终卖出了约160万台。

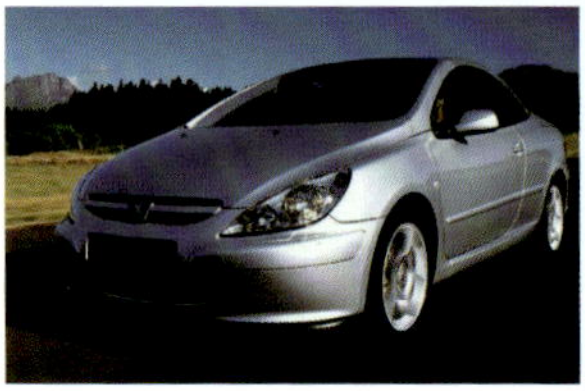

汽车档案

## 标致 307 2004年款

| | | | |
|---|---|---|---|
| 英文名 | Peugeot 307 | 品牌 | 标致 |
| 上市时间 | 2004 年 | 变速箱 | 5 挡手动变速箱 |
| 车身风格 | 紧凑型车 | 前悬挂 | 麦弗逊式独立悬挂 |
| 车身结构 | 4 门 5 座三厢车 | 后悬挂 | 纵臂扭转梁式非独立悬挂 |
| 发动机 | 1.6L 106 马力 L4 | 刹车 | 前轮通风盘式、后轮实心盘式 |
| 驱动方式 | 前置前驱 | 车身尺寸 | 长 4469+ 宽 1746+ 高 1536（毫米） |

汽车介绍

标致307的历史可追溯到20世纪末，自诞生以来，整个307系列曾获得至少16个最佳车型奖项因此，两大汽车集团决定将新款标致307作为第一款“开门车”在中国市场率先推出。

在动力性能方面，标致307与同系列其他车型的设计理念相同，发动机横置，前置前驱动，轮独立悬挂，主动、被动安全装置齐全，人性化设计得到充分体现。除了保留法国标致307系列特色技术和性能外，它还加入了许多高科技含量的配置，既适合商务用途，又极大地满足了家庭车在美观、方便、实用等多方面的需要。

## 标致 508

| | | | |
|---|---|---|---|
| 英文名 | Peugeot 508 | 品牌 | 标致 |
| 上市时间 | 2011 年 | 变速箱 | 5 挡手动变速箱 |
| 车身风格 | 中型车 | 前悬挂 | 麦弗逊式独立悬挂 |
| 车身结构 | 4 门 5 座三厢车 | 后悬挂 | 多连杆式独立悬挂 |
| 发动机 | 2.0L 147 马力 L4 | 刹车 | 实心盘式 |
| 驱动方式 | 前置前驱 | 车身尺寸 | 长 4826+ 宽 1855+ 高 1465（毫米） |

标致508是2010年在北京车展上展出的概念车C5 by Peugeot的量产版本，分为轿车和旅行车两种车型，外观大气，前脸尖锐的前大灯、宽泛的进气格栅等设计使得新车非常具有现代感。

凭借优雅中蕴含力量的设计风格，标致508荣获了汽车设计界奥斯卡之称的德国红点大奖，其外观的每一处细节都是美学创作与人性关怀的经典凝聚。除此之外，它还汲取了标致品牌120年来对于造出“最安全汽车”的技术精华，采用了顶级钢板材质，最高强度可达1600兆帕，足可媲美核潜艇与航天飞机的硬度。

品牌介绍

## 雪铁龙

▶ 雪铁龙汽车公司是标致-雪铁龙集团旗下两个汽车品牌之一。雪铁龙系列车型丰富，包括轿车系列、MPV系列、轻型商用车系列和SUV车型C-Crosser。截至2009年年底，雪铁龙汽车公司全球销量累计达到4349万辆。

CITROËN

## 雪铁龙历程

雪铁龙汽车公司是法国第三大汽车公司，创立于 1915 年，创始人是法国汽车工程师和工业家——安德列·雪铁龙（Andre. Gustave Citroen）。

1898 年，安德列从巴黎综合工科学校毕业，在波兰参观一家专门生产传动齿轮的企业时看到了人字形齿轮，并发现了其中的利润，于是决定买断此项发明专利。回到巴黎后，安德列立即将他买到的发明专利投入试生产。就这样，人字形齿轮不仅成为雪铁龙齿轮公司的主打产品，之后又成为雪铁龙汽车的商标标识。

但不久之后一战就爆发了，战争期间安德列应征担任炮兵队长。当他发现弹药不足时，主动请缨组建工厂生产炮弹，雪铁龙齿轮公司的主要产品开始转向炮弹和军事设备。

战后，安德列从亨利·福特的成功中看到了家庭汽车的未来，于是在 1919 年建造以自己名字命名的汽车工厂——CITROEN，以纪念当年的齿轮厂。1919 年 5 月，雪铁龙公司的 A 型车在法国魁德扎瓦投产，拉开了雪铁龙汽车的生产序幕。

雪铁龙 A 型车在初步投产时，年产量只有 2810 辆，但它仍然开创了法国多个第一：第一条欧洲引入的大批量、低成本、全装备的生产线；第一辆左舵驾驶车；第一款面向大众消费群的汽车（仅售 7950 法郎 / 辆）。

除此之外，A 型车自身的性能在当时还是非常先进的，三厢四座的结构也非常受欢迎。从 1919 年 5 月到 1921 年 1 月，雪铁龙 A 型车的总产量为 2.4 万辆。此后，雪铁龙公司迅速发展，到 1929 年，雪铁龙年产量已经突破了十万辆大关。

1934 年，雪铁龙面临严峻的财政困难，不过在法国政府授意下得到了当时最大信贷公司米其林的财政援助，从而艰难复苏。但不久之后，安德列 · 雪铁龙辞世，二战紧接着爆发，雪铁龙公司受到较大打击，产量开始逐年下降。好在二战结束后，雪铁龙公司抓住了经济复苏的契机迅速重新发展起来，摆脱了尴尬境地。

1976年，法国标致公司掌控了雪铁龙89.95%的股份，兼并了历史悠久的雪铁龙公司，自此雪铁龙成为法国标致 – 雪铁龙集团（PSA）的成员之一，但它仍然有很大的独立性，其经营活动仍然由自己把握。1992 年，雪铁龙和中国二汽合资兴建神龙汽车公司，开始在中国生产轿车。

汽车档案

## 雪铁龙 A型车

| | | | |
|---|---|---|---|
| 英文名 | Citroen Type-A | 品牌 | 雪铁龙 |
| 上市时间 | 1919 年 | 变速箱 | 3 挡手动变速箱 |
| 车身风格 | 敞篷车 | 前悬挂 | 倒置四分之一椭圆形弹簧 |
| 车身结构 | 3 门 4 座敞篷车 | 后悬挂 | 双四分之一椭圆形弹簧 |
| 发动机 | 1.3L 7.35kW L4 | 刹车 | 后轮鼓式 |
| 驱动方式 | 前置后驱 | 车身尺寸 | 长 3680+ 宽 1410+ 高 1750（毫米） |

汽车介绍

1919年6月4日，安德列·雪铁龙的首辆Type-A型车在香榭丽舍大街的商铺内正式面世。该车有非常传统的标准规格钢质底盘，有2.55米和2.83米两种轴距可选，发动机为水冷直列四缸，排为1327毫升，变速箱为三前进挡加倒挡，后轮驱动，最高车速达65公里/时。

最早的一辆A型车是安德列·雪铁龙根据福特公司的生产方法在流水线上组装生产的，而三四座敞篷的款式是1919年生产最多，也是最受欢迎的雪铁龙车型。它不仅是法国，也是全欧洲首大批量生产的汽车，取得了巨大的成功。

## 雪铁龙 5CV

| | | | |
|---|---|---|---|
| 英文名 | Citroen 5CV | 品牌 | 雪铁龙 |
| 上市时间 | 1922 年 | 变速箱 | 3 挡手动变速箱 |
| 车身风格 | 敞篷车 | 前悬挂 | 倒置四分之一椭圆形弹簧 |
| 车身结构 | 2 门 3 座敞篷车 | 后悬挂 | 倒置四分之一椭圆形弹簧 |
| 发动机 | 0.8L 11 马力 L4 | 刹车 | 后轮鼓式 |
| 驱动方式 | 前置前驱 | 车身尺寸 | 长 3200+ 宽 1400+ 高 1550（毫米） |

雪铁龙5CV（5HP、C2）是雪铁龙历史上的一款非常成功的传奇车型，首次亮相于1922年的第7届巴黎车展。动力方面，5CV使用的是一台4缸汽油发动机，排量仅有0.8L，最大功率约为11马力/2100转，变速箱为3挡手动变速，最高时速可以达到60公里/时，油耗约为5L/100公里。

由于车辆尺寸非常迷你，所以5CV整车质量仅有约550公斤，再加上驾驶简单、维修方便等特点，使它成为第一辆女性座驾。最初上市的短轴距车型只有两个座位，并且只在乘客一侧设计了一个车门。随后雪铁龙陆续推出了更豪华的敞篷版本、货车版本和两款三座版本。

汽车档案

## 雪铁龙 B12

| | | | |
|---|---|---|---|
| 英文名 | Citroen B12 | 品牌 | 雪铁龙 |
| 上市时间 | 1924 年 | 变速箱 | 3 挡手动变速箱 |
| 车身风格 | 敞篷车 | 前悬挂 | 半椭圆形钢板弹簧 |
| 车身结构 | 4 门 4 座两厢车 | 后悬挂 | 叠层四分之一椭圆形钢板弹簧 |
| 发动机 | 1.4L 20 马力 L4 | 刹车 | 鼓式 |
| 驱动方式 | 前置后驱 | 车身尺寸 | 长 4100+ 宽 1410+ 高 1830（毫米） |

汽车介绍

1924年，位于巴黎区的圣·安工厂生产的雪铁龙B12型车首次采用全钢车身，打破了木制结构的固有路数，也使得雪铁龙的全钢车身概念走向成熟。

经过几个月的实践后，全钢车身的优越性得到证明，车辆的整体式后桥壳和新型后轮鼓式制动抵消了底盘加固和全钢车身带来的重量增加。B12系列进而推出了更加多样化的车身种类，让封闭式汽车流行起来。

## 雪铁龙 Rosalie 8CV

| | | | |
|---|---|---|---|
| 英文名 | Citroen Rosalie 8CV | 品牌 | 雪铁龙 |
| 上市时间 | 1932 年 | 变速箱 | 3 挡手动变速箱 |
| 车身风格 | 轿车 | 前悬挂 | 单片四分之一椭圆形弹簧 |
| 车身结构 | 4 门 4 座两厢车 | 后悬挂 | 双片四分之一椭圆形弹簧 |
| 发动机 | 8 马力 L4 | 刹车 | 鼓式 |
| 驱动方式 | 前置后驱 | 车身尺寸 | 长 4270+ 宽 1500+ 高 1600（毫米） |

雪铁龙Rosalie车系在1932年巴黎车展上首次亮相，在全新的Rosalie车系中，雪铁龙提供三种发动机供选择，包括四缸8马力、10马力和六缸15马力。此外，Rosalie还有多种不同风格的车身供选择。

到1941年，Rosalie车系总共生产了162 468辆，是雪铁龙在20世纪30年代最经典的车型之一。最重要的是，雪铁龙在Rosalie车型上开始采用液压减震器，利用多个弹性附着点使发动机与底盘分开，使发动机的震动不再传向底盘及汽车的其余部分，彻底改进了乘车者的体验，使乘坐汽车具有更大的舒适性。

汽车档案

## 雪铁龙 Traction Avant

| | | | |
|---|---|---|---|
| 英文名 | Citroen Traction Avant | 品牌 | 雪铁龙 |
| 上市时间 | 1934 年 | 变速箱 | 3 挡手动变速箱 |
| 车身风格 | 轿车 | 前悬挂 | 双叉臂式独立悬挂 |
| 车身结构 | 4 门 4 座两厢车 | 后悬挂 | 钢制横梁轴 |
| 发动机 | 1.3L32 马力 L4 | 刹车 | 液压鼓式 |
| 驱动方式 | 中置前驱 | 车身尺寸 | 长 4450+ 宽 1600+ 高 1500（毫米） |

汽车介绍

20世纪30年代，雪铁龙汽车公司已经成为世界第四大汽车制造商。此时，拥有丰富的造车经验和聪慧的商业头脑的公司创始人安德列·雪铁龙希望研发一种更具竞争力、生命周期更长、研发回报更高的车型。1934年，这款车型研发完成，雪铁龙将其命名为Traction Avant，意为“前轮驱动”。从此以后，汽车进入了前轮驱动的时代。

除了前轮驱动以外，Traction Avant还采用了承载式全钢车身、液压刹车、双叉臂式悬挂系统、悬浮式发动机和齿轮齿条式转向器等先进技术，车头处的格栅镶入了两个人字形标志。

## 雪铁龙 2CV Sahara

| | | | |
|---|---|---|---|
| 英文名 | Citroen 2CV Sahara | 品牌 | 雪铁龙 |
| 上市时间 | 1948 年 | 变速箱 | 4 挡手动变速箱 |
| 车身风格 | 轿车 | 前悬挂 | 扭杆弹簧独立悬挂 |
| 车身结构 | 4 门 4 座两厢车 | 后悬挂 | 扭杆弹簧独立悬挂 |
| 发动机 | 425cc 12 马力 对置双缸 X2 | 刹车 | 鼓式 |
| 驱动方式 | 双引擎四轮驱动 | 车身尺寸 | 长 3830+ 宽 1480+ 高 1600（毫米） |

1935年，法国雪铁龙公司决定生产一种国民汽车，这款车需要便宜耐用、便于驾驶、维修方便、能走烂路、能带4个人、时速80公里、每百公里油耗不超过5L。经过4年的努力，1939年9月1日，2CV开始了试生产，首批生产了250辆，只比大众的甲壳虫晚了一年。

雪铁龙2CV被认为是与美国的福特T型车、德国的大众甲壳虫、意大利的菲亚特500齐名，世界汽车工业发展初期最著名的国民车之一。在2CV车系中，有一款叫撒哈拉（Sahara），专为穿越环境严酷多变的撒哈拉沙漠而打造，特点是在车前与车尾都配置了引擎。

汽车档案

## 雪铁龙 DS 19

| | | | |
|---|---|---|---|
| 英文名 | Citroen DS 19 | 品牌 | 雪铁龙 |
| 上市时间 | 1955 年 | 变速箱 | 4 挡手动变速箱 |
| 车身风格 | 轿车 | 前悬挂 | 高压式气液联动悬挂 |
| 车身结构 | 4 门 4 座两厢车 | 后悬挂 | 液气悬挂 |
| 发动机 | 1.9L 80 马力 V4 | 刹车 | 盘式 |
| 驱动方式 | 前置前驱 | 车身尺寸 | 长 4810+ 宽 1790+ 高 1470（毫米） |

汽车介绍

1955年10月的巴黎车展上，秘密研发了18年的Traction Avant的继任者——DS 19终于亮相，首发当天就收到了高达1.2万辆的订单，创造了汽车史上的首日订单纪录。

按当时的标准看，DS绝对算得上是一个颠覆传统的杰作，汽车工业的经典，有着“公路女皇”的美称。该车当时就已经搭载了转向助力、前置盘式刹车、玻璃纤维车顶以及最值得称赞的高压式气液联动悬挂。该悬挂系统依靠内部高压球体结构对行驶中的车辆“找平”，无论四个车轮怎样剧烈颠簸，都能让车内乘客不会感受到过度的摇晃，甚至可以让车辆在缺少一个轮子的情况下依然能够正常行驶。

## 雪铁龙 SM

| | | | |
|---|---|---|---|
| 英文名 | Citroen SM | 品牌 | 雪铁龙 |
| 上市时间 | 1970 年 | 变速箱 | 5 挡手动变速箱 |
| 车身风格 | 大型车 | 前悬挂 | 液压气动悬挂 |
| 车身结构 | 4 门 4 座两厢车 | 后悬挂 | 液压气动悬挂 |
| 发动机 | 2.7L 180 马力 V6 | 刹车 | 盘式 |
| 驱动方式 | 前置前驱 | 车身尺寸 | 长 4893+ 宽 1836+ 高 1324（毫米） |

雪铁龙于1968年收购了玛莎拉蒂的发动机部门，并将高性能的玛莎拉蒂V6发动机与自己复杂的悬架系统相结合，在1970年生产出了性能优秀、乘坐舒适的大型轿车——雪铁龙SM。

雪铁龙SM作为雪铁龙的旗舰车型，与当时的捷豹、莲花、法拉利、阿斯顿·马丁、阿尔法·罗密欧和保时捷等品牌的高性能GT车型齐名。该车型的底盘基本沿用了DS的设计，核心动力则来自玛莎拉蒂的2.7L V6发动机。此外，这款车还配备了高度自动纠正的液压气动悬挂、可变辅助转向系统、自动大灯以及类似于ABS的可调刹车系统等先进装备。

汽车档案

## 雪铁龙 CX

| | | | |
|---|---|---|---|
| 英文名 | Citroen CX | 品牌 | 雪铁龙 |
| 上市时间 | 1974 年 | 变速箱 | 4 挡手动变速箱 |
| 车身风格 | 轿车 | 前悬挂 | 液气联动悬架 |
| 车身结构 | 4 门 5 座三厢车 | 后悬挂 | 液气联动悬架 |
| 发动机 | 2.0L 106 马力 L4 | 刹车 | 盘式 |
| 驱动方式 | 前置前驱 | 车身尺寸 | 长 4659+ 宽 1734+ 高 1360（毫米） |

汽车介绍

雪铁龙CX是雪铁龙发展历史上第三代E级别车型，用于接替1955年的DS19和DS21，于1974年推出。在CX上，雪铁龙运用了大量高端配置，例如大量空气动力学外观设计、液压自调平悬挂系统、DIRAVI动力辅助转向系统等。1975年，雪铁龙CX被评选为欧洲年度汽车。

1985年7月，雪铁龙在上海车展上签署了250辆CX的订单合同，该车型成为雪铁龙进入中国市场的第一款车，是中法友谊的见证者之一。20世纪80年代，100辆雪铁龙CX以出租车的形式出现在北京的大街小巷，其中出口到中国的车型多为CX20版本。

## 雪铁龙 爱丽舍 2018年款

| | | | |
|---|---|---|---|
| 英文名 | Citroen SM | 品牌 | 东风雪铁龙 |
| 上市时间 | 2018 年 | 变速箱 | 6 挡手自一体变速箱 |
| 车身风格 | 紧凑型车 | 前悬挂 | 麦弗逊式独立悬挂 |
| 车身结构 | 4 门 5 座三厢车 | 后悬挂 | 纵臂扭转梁式非独立悬挂 |
| 发动机 | 1.6L 117 马力 L4 | 刹车 | 前轮通风盘式、后轮实心盘式 |
| 驱动方式 | 前置前驱 | 车身尺寸 | 长 4427+ 宽 1748+ 高 1476（毫米） |

1992年，雪铁龙带着“汽车梦”走进中国，与东风汽车公司合资创办了东风雪铁龙。2002年，东风雪铁龙联合推出了一款家用轿车——爱丽舍，流畅而现代的造型完全传承了雪铁龙轿车的独特风格，将法国风情与中国时尚完美地结合起来。

爱丽舍在中国屡创传奇佳绩，以“可靠品质、使用经济性和安全性”赢得了60万家庭的信赖与肯定。在2012年巴黎车展上，全新爱丽舍车系首次亮相，以其“可靠品质、宽适空间、无忧安全”三大特点继续满足全球中级车用户的需求。

品牌介绍

## 雷诺

▶ 雷诺建立于1898年，名叫Societe Renault Freres，由路易斯·雷诺和他的兄弟马塞尔·雷诺及费尔南·雷诺所创。一战时，雷诺公司主攻枪支弹药、飞机和轻型坦克，战后恢复了传统的生产活动，不断开辟新的领域和部门，逐渐成为名震一方的汽车企业。

## 雷诺发展

1877年2月15日，雷诺汽车公司的创始人之一路易斯·雷诺在巴黎一个富商家庭出生了。在少年时，路易斯·雷诺就对机械制造十分痴迷，为此他在家里设计出一种高效蒸汽机，并申请到了专利。1898年，21岁的路易斯·雷诺还将自己的德·迪翁牌拖斗摩托车改装成了当时还很少见的汽车。在两个哥哥的帮助下，1899年，雷诺兄弟汽车厂在巴黎郊外成立，开始生产最早的雷诺A型汽车。

随着雷诺汽车在竞赛上获得胜利和车型的快速更新换代，到了1903年，雷诺兄弟汽车厂已经售出了9种型号的1600多辆汽车，占据法国第一大汽车公司的位置。1913年，雷诺兄弟汽车厂的雇工达5000名，年产汽车超过1万辆。一战时，法国军队购买大量的雷诺牌汽车作为军车，使雷诺公司在规模、资金、技术等各方面都雄居法国汽车业的首位。

1919年，荷兰商人安德列·雪铁龙以同类产品便宜一半的价格推出了雪铁龙A型车，彻底终结了雷诺汽车公司在法国汽车业中的垄断地位。紧跟而来的进口车冲击以及世界性的经济危机和动荡，使雷诺汽车公司受到了较为沉重的打击。

二战期间，路易斯·雷诺为保住他的汽车公司，替德军生产大量的飞机、坦克和军车，因此遭到了盟军的轰炸，大半厂房和设备化为灰烬。

1944 年 9 月 23 日，二战快要结束时，路易斯·雷诺向法院自首。10 月 24 日，雷诺汽车公司创立 45 周年之际，等候审判的路易斯·雷诺去世。1945 年 11 月 6 日，雷诺汽车公司被收归国有，成了世界上最大的一家国营汽车公司。

在国营化之后，雷诺汽车公司迅速调整状态，于 1946 年推出了新车型 4CV。雷诺 4CV 被认为是与 Morris Minor 和大众甲壳虫旗鼓相当的存在，因而取得了巨大的成功，使它一直生产到 1961 年。在后续的数十年间，雷诺汽车公司不断推陈出新，并持续扩张销售范围，最远达到了东南亚和北美地区。

然而，雷诺汽车公司在财务上却出现了极大的危机，1984 年，雷诺亏损达到 125 亿法郎。于是政府出手干预，以较为激进的手段遏止住了雷诺的亏损。1987 年，雷诺的财务状况终于达到稳定。20 世纪 90 年代之后，雷诺汽车公司焕然新生。

随着雷诺汽车公司的稳步发展，政府意识到了国营的限制性，于是从 1996 年开始大量释出股份，使雷诺转为民营汽车公司，但政府至今仍持有雷诺 15.7% 的股份。

汽车档案

## 雷诺 4CV

| | | | |
|---|---|---|---|
| 英文名 | Renault 4CV | 品牌 | 雷诺 |
| 上市时间 | 1946 年 | 变速箱 | 3 挡手动变速箱 |
| 车身风格 | 轿车 | 前悬挂 | 螺旋弹簧支撑 |
| 车身结构 | 4 门 4 座两厢车 | 前悬挂 | 螺旋弹簧支撑 |
| 发动机 | 0.76L 12.5kW L4 | 刹车 | 鼓式 |
| 驱动方式 | 后置后驱 | 车身尺寸 | 长 3663+ 宽 1430+ 高 1470（毫米） |

汽车介绍

在1946年的巴黎车展，4CV第一次在全世界面前亮相。这是法国汽车工业史上首次销量突一百万的车型，其设计初衷是便宜、简单、实用、易维修，以满足法国人民对车辆的需求。

雷诺4CV的外形设计非常独特，采用了流线型的车身，车身长度不到4米，宽度不到1.5米，常适合城市驾驶。该车还采用了后置发动机的设计，使得车内空间更加宽敞，并且重心更低、驾更加稳定。配合600kg的车重以及3MT的手动变速箱，这款车最高时速可以达到100公里/时。

## 第一代雷诺 Dauphine

| | | | |
|---|---|---|---|
| 英文名 | Renault Dauphine | 品牌 | 雷诺 |
| 上市时间 | 1956 年 | 变速箱 | 3 挡手动变速箱 |
| 车身风格 | 轿车 | 前悬挂 | 螺旋弹簧支撑 |
| 车身结构 | 4 门 4 座两厢车 | 前悬挂 | 螺旋弹簧支撑 |
| 发动机 | 0.8L 26.5 马力 L4 | 刹车 | 鼓式 |
| 驱动方式 | 后置后驱 | 车身尺寸 | 长 3940+ 宽 1520+ 高 1400（毫米） |

1956年，雷诺为了取代4CV而推出了Dauphine，这款车是1957—1961年最畅销，在后续12年里共销售超过200万辆，开创了现代欧洲经济型汽车，同时奠定了雷诺在轿车领域的权威。

Dauphine的推出也对应了法国的经济复兴，3940 × 1520 × 1400毫米的尺寸非常适合在欧洲狭窄的道路中行驶；2270毫米的轴距则创造出可轻松容纳五名成人的车内空间。Dauphine与4CV共享平台，并增加了便利性的行李厢，外形也被重新设计，这样的改变吸引了不少家庭购买，并外销到美国市场，是当时仅次于大众的热销车型。

▲ 汽车档案

## 雷诺 16号

| | | | |
|---|---|---|---|
| 英文名 | Renault 16 | 品牌 | 雷诺 |
| 上市时间 | 1966 年 | 变速箱 | 4 挡手动变速箱 |
| 车身风格 | 轿车 | 前悬挂 | 麦弗逊式独立悬挂 |
| 车身结构 | 5 门 4 座两厢车 | 前悬挂 | 扭杆梁式非独立悬挂 |
| 发动机 | 1.4L 54 马力 L4 | 刹车 | 前轮盘式 + 后轮鼓式 |
| 驱动方式 | 后置后驱 | 车身尺寸 | 长 4340+ 宽 1650+ 高 1460（毫米） |

▼ 汽车介绍

雷诺16号于1966—1980年间生产，是一款掀背型两厢车，提供了宽敞舒适的内部空间，1966年被欧洲汽车记者委员会评选为欧洲年度汽车，同时也扩大了雷诺的市场版图。它的车重980.213公斤，搭载一台1.4L直列四缸引擎，匹配4挡手动变速箱，最大可输出54马力。

这部车巩固了雷诺的“掀背车发明者”的名誉，其配置的可折叠后座更成为今日轿车的先驱计，并成功夺得了1966年的“欧洲年度车”大奖。

## 第一代雷诺 5号

| | | | |
|---|---|---|---|
| 英文名 | Renault 5 | 品牌 | 雷诺 |
| 上市时间 | 1972 年 | 变速箱 | 4 挡手动变速箱 |
| 车身风格 | 紧凑型轿车 | 前悬挂 | 麦弗逊式独立悬挂 |
| 车身结构 | 4 门 4 座两厢车 | 前悬挂 | 扭杆梁式非独立悬挂 |
| 发动机 | 1.4L 110 马力 L4 | 刹车 | 前轮盘式、后轮鼓式 |
| 驱动方式 | 后置前驱 | 车身尺寸 | 长 3930+ 宽 1600+ 高 1390（毫米） |

雷诺5号车型在雷诺的发展历史上扮演着经典、重要的角色。它最早于1972年发布，旨在填补法国小型车市场中雷诺4和雪铁龙2CV之间的巨大空白，以满足法国最大范围的大众购买汽车的需求。

然而，仅用8年时间，雷诺5号就成为全球最畅销的车型之一，在1973年石油危机中一枝独秀，创造了空前成功的销售成绩。经济且功能出众的雷诺5号最终于1996年停产，创造了14年销量近530万辆的成绩。

汽车档案

## 第一代雷诺 Espace

| | | | |
|---|---|---|---|
| 英文名 | Renault Espace | 品牌 | 雷诺 |
| 上市时间 | 1984 年 | 变速箱 | 5 挡手动变速箱 |
| 车身风格 | MPV | 前悬挂 | 麦弗逊式独立悬挂 |
| 车身结构 | 4 门 5 座 MPV | 前悬挂 | 扭杆梁式非独立悬挂 |
| 发动机 | 2.0L 118 马力 V4 | 刹车 | 前轮盘式 + 后轮鼓式 |
| 驱动方式 | 前置前驱 | 车身尺寸 | 长 4520+ 宽 1810+ 高 1700（毫米） |

汽车介绍

1984年，在轿车依然是汽车设计主流的时代，雷诺重新定义了由美国人创造的MPV车型概念，并以此推出第一代Espace。这款全新理念的车型将A柱与车头的线条相连，在当时属于非常超前的设计，很快赢得了市场的欢迎。

与更早推出的克莱斯勒大捷龙不同，Espace采用了轿车的设计方式，从用途上看更加贴近家庭用车，而大捷龙则还保留了厢式货车的用途。所以从某种意义上讲，雷诺Espace可以说是家用MPV的鼻祖。

## 第三代雷诺 Laguna

| | | | |
|---|---|---|---|
| 英文名 | Renault Laguna | 品牌 | 雷诺 |
| 上市时间 | 2008 年 | 变速箱 | 6 挡手自一体变速箱 |
| 车身风格 | 中型车 | 前悬挂 | 麦弗逊式独立悬挂 |
| 车身结构 | 5 门 5 座掀背车 | 后悬挂 | 多连杆式独立悬挂 |
| 发动机 | 2.0T 170 马力 L4 | 刹车 | 前轮通风盘式、后轮实心盘式 |
| 驱动方式 | 前置前驱 | 车身尺寸 | 长 4695+ 宽 1811+ 高 1445（毫米） |

雷诺拉古那（Renault Laguna）是法国雷诺汽车公司生产的一款中型车，它在雷诺历史上扮演着重要角色，不仅代表着雷诺的技术实力和创新精神，还蕴含着法国汽车文化的深厚底蕴。

第一代拉古那于1993年面世，它搭载了动力强劲、燃油经济性出色的发动机以及精准的悬挂系统和灵敏的转向。此外，拉古那还采用了先进的隔音技术，有效地降低了噪声和震动，为乘坐者提供了宁静舒适的驾乘环境。2008年，第三代拉古那面世，在安全、舒适、驾驶乐趣等方面有了极大的提升。

▲ 汽车档案

## 第二代雷诺 Megane

| | | | |
|---|---|---|---|
| 英文名 | Renault Megane | 品牌 | 雷诺 |
| 上市时间 | 2002 年 | 变速箱 | 4 挡自动变速箱 |
| 车身风格 | 紧凑型车 | 前悬挂 | 麦弗逊式独立悬挂 |
| 车身结构 | 2 门 4 座硬顶敞篷车 | 后悬挂 | 扭力梁式非独立悬挂 |
| 发动机 | 1.6L 110 马力 L4 | 刹车 | 前轮通风盘式、后轮鼓式 |
| 驱动方式 | 前置前驱 | 车身尺寸 | 长 3987+ 宽 1698+ 高 1366（毫米） |

▼ 汽车介绍

梅甘娜（Megane）第一代在1995年秋天推出，用于替代雷诺19，是第一款以安全带为卖点的车型，主副驾驶室安装了3点安全带，后排也安装了安全带，安全气囊的设计也领先于大多数竞争对手。1998年，梅甘娜第一代通过了欧洲NCAP四星级的碰撞测试评级。

2002年9月，梅甘娜第二代推出，它标志着一个全新的开始，因为这是雷诺-日产联盟开发的级平台的第一款车型，这也是2001年Talisman概念车“感知设计”现实演绎的第一款车型。2003年梅甘娜第二代在碰撞测试中取得了5星级安全评价，是第一个获得该安全评价的小型家庭轿车。

## 雷诺 Talisman

| | | | |
|---|---|---|---|
| 英文名 | Renault Talisman | 品牌 | 雷诺 |
| 上市时间 | 2012 年 | 变速箱 | 6 挡手自一体变速箱 |
| 车身风格 | 中大型车 | 前悬挂 | 麦弗逊式独立悬挂 |
| 车身结构 | 4 门 5 座三厢车 | 后悬挂 | 多连杆式独立悬挂 |
| 发动机 | 2.5L 190 马力 V6 | 刹车 | 通风盘式 |
| 驱动方式 | 前置前驱 | 车身尺寸 | 长 4996+ 宽 1867+ 高 1493（毫米） |

塔利斯曼（Talisman）是雷诺汽车公司研发的一款中型车，于2012年4月上市。塔利斯曼车头采用上下分体式进气格栅，上方格栅加装了多横幅式金属镀铬进行装饰，亮点部分在大灯组，为镰刀式造型。

除此之外，塔利斯曼还采用了R-Link 2信息娱乐系统，其控制旋钮设计很有立体感，同时还使用镀铬材质装饰，设计感很强。在配置方面，全新塔利斯曼具有停车辅助系统、自适应巡航、平视显示系统等配置。

品牌介绍

## 布加迪

▶ 布加迪（Bugatti）起源于意大利，是由意大利人埃多里·布加迪（Ettore Bugatti）在1909年创造的，总部设立在法国的莫尔塞姆。布加迪以精巧的造车技术而闻名，将艺术与技术相融合，并在赛场上战绩辉煌。

### 布加迪历史

布加迪汽车的创始人埃托里·布加迪，1881 年生于意大利的米兰，其父亲是画家，也是著名的家具设计师。埃托里·布加迪自幼在美术学校学习，但他特别爱好驾驶汽车，从17 岁起就参加赛车活动，18 岁便进入普里内蒂·斯图基（Prinetti &Stucchi）公司工作，学习三轮汽车的设计制造，并在这一年里获得了汽车赛的冠军。

1890 年，埃托里设计完成名为“格里内里”（Grinelli）的 T1（1 号车）四轮汽车，其搭载了 12 马力的直列式四缸发动机，并在米兰博览会上荣获金奖。不久后，他又设计研制完成了被称为“迪德里希斯”（Diedrischs）的 T2 型车（24 马力）、T3 型车（50 马力），并参加了巴黎到波尔多之间的比赛。

1902 年，埃托里随全家搬迁至法国阿尔萨斯的 Niederbronn，并于 1904 年开始和当地的一家汽车公司合作，为其研发生产汽车。直到 1909 年，他们合作生产了 T6 ~ T9 等型号的汽车。

不久之后，埃托里·布加迪携妻儿迁至阿尔萨斯的 Molsheim，也就是未来布加迪的总部在这里建立了布加迪汽车工厂。此后，成熟的 T13 型车开始大规模生产。

布加迪汽车公司在 1914 年研制出从马蹄形散热器栅格、钢丝辐轮式车轮为特征的 T17 型车后，这种形状的散热格栅随后成为布加迪的风格。之后布加迪汽车逐步发展壮大，并活跃于全球各大赛事。

但是，世界经济的大萧条以及两次世界大战对布加迪汽车的发展造成了重大影响。尤其是在二战期间，德军占领了法国的布加迪工厂。在 1939—1940 年间，经营困难的布加迪工厂被变卖，同时埃托里·布加迪本人不屈服于入侵者的威胁，坚持意大利国籍，因此受到迫害。二战结束后，布加迪工厂维系着惨淡的经营，在 1956 年彻底停产。

1987 年，意大利企业家 Romano Artioli 买下了布加迪品牌，进而成立 Bugatti Automobili SpA，并将工厂设在意大利的 Campogalliano，邻近摩德纳。

1993 年，布加迪设计出了一款大型房车原型，车名为 EB 112。但当 EB 110 在美国和欧洲上市时，两地经济正在衰退。纵使有超强的性能，EB 112 昂贵的售价依旧令人望而却步，最后公司营运困难，生产线在 1995 年关闭。

1998 年，大众汽车买下布加迪品牌和汽车制造权利，随后便接连推出了众多极富创造性和技术性的车型，同时对动力系统也不断地进行优化。在大众这一靠山的支持下，布加迪终于实现了如其创始人期望的那般延续和蓬勃发展。

汽车档案

## 布加迪 Type 41 Royale

| | | | |
|---|---|---|---|
| 英文名 | Bugatti Type 41 Royale | 品牌 | 布加迪 |
| 上市时间 | 1927 年 | 变速箱 | 3 挡手动变速箱 |
| 车身风格 | 大型车 | 前悬挂 | 半椭圆钢板弹簧悬挂 |
| 车身结构 | 4 门 3 座轿车 | 后悬挂 | 1/4 椭圆钢板弹簧悬挂 |
| 发动机 | 12.7L 300 马力 L8 | 刹车 | 拉线 |
| 驱动方式 | 前置后驱 | 车身尺寸 | 长约 6500（毫米） |

汽车介绍

埃托里·布加迪始终梦想着制造出世界上最强大、最豪华的量产车，但直到多年以后，他得以将梦想变为现实。1927年诞生的布加迪Type 41，更广为人知的名字是布加迪Royale，由埃托里·布加迪亲自设计。

Royale的轴距达4.3米，总长度约6.5米，重约3.175吨，这使得它成为世界上最大的汽车之一同时车辆在性能、尺寸、舒适性、质量、优雅和价格方面也达到了当时的极致，因此基本专供皇和富商使用。每一辆Royale的引擎盖最前方都摆放着一座由埃托里的兄弟——伦勃朗·布加迪所刻的“跳舞的大象”浮雕，至今仍是布加迪重要的形象标志。

## 布加迪 Type 57SC Atlantic

| | | | |
|---|---|---|---|
| 英文名 | Bugatti Type 57SC Atlantic | 品牌 | 布加迪 |
| 上市时间 | 1936 年 | 变速箱 | 4 挡手动变速箱 |
| 车身风格 | 大型车 | 前悬挂 | 半椭圆钢板弹簧悬挂 |
| 车身结构 | 2 门 2 座硬顶跑车 | 后悬挂 | 1/4 椭圆钢板弹簧悬挂 |
| 发动机 | 3.3L 200 马力 L8 | 刹车 | 鼓式 |
| 驱动方式 | 前置后驱 | 车身尺寸 | 长约 3700（毫米） |

布加迪Type 57SC Atlantic是布加迪创始人的儿子Jean Bugatti为了纪念法国飞行员Jean Mermoz驾驶飞机飞越大西洋而打造的豪华跑车。该车被形容是造型最奇特、最罕见和最奢华的汽车之一。低底盘、200马力发动机、轻量结构、200公里/时的最高速度以及极富魅力的流线型车身，使很多人都坚信它就是“终极布加迪”。

在那个年代，布加迪Type 57SC Atlantic的优雅程度无人能及，车身比例和外观造型都恰到好处。这款车只生产了4辆，目前存世仅2～3辆，曾创下古董车届的最高价值纪录——3000万美元。

汽车档案

## 布加迪 EB 110 GT

| | | | |
|---|---|---|---|
| 英文名 | Bugatti EB 110 GT | 品牌 | 布加迪 |
| 上市时间 | 1991 年 | 变速箱 | 6 挡手动变速箱 |
| 车身风格 | 跑车 | 前悬挂 | 双摇臂结构，推杆式避震机 |
| 车身结构 | 2 门 2 座硬顶跑车 | 后悬挂 | 双摇臂结构，双气动式避震机 |
| 发动机 | 3.5L 560 马力 V12 | 刹车 | 盘式 |
| 驱动方式 | 中置四驱 | 车身尺寸 | 长 4399+ 宽 1940+ 高 1114（毫米 |

汽车介绍

在Bugatti车厂关闭后的1987年，一位名为Romano Artioli的意大利人买下布加迪品牌，并在大利的超级跑车聚居地摩德纳建立了自己的汽车厂，请来Marcello Gandini为即将推出的新车设计形，并自行研制了12缸引擎。

1991年9月15日，新的Bugatti车厂对外界发表了其最新力作：Bugatti EB110 GT，这也是布迪第一次复兴后推出的第一款车型。该车型搭载的12缸发动机使得它的零百公里加速时间仅需3.秒，极速达342公里/时。

## 布加迪 威龙 16.4 Grand Sport Vitesse

| | | | |
|---|---|---|---|
| 英文名 | Veyron 16.4 Grand Sport Vitesse | 品牌 | 布加迪 |
| 上市时间 | 2004 年 | 变速箱 | 7 挡双离合手动变速箱 |
| 车身风格 | 敞篷跑车 | 前悬挂 | 双叉臂独立悬挂 |
| 车身结构 | 2 门 2 座敞篷跑车 | 后悬挂 | 双叉臂独立悬挂 |
| 发动机 | 8.0L 1000 马力 W16 | 刹车 | 碳陶瓷通风盘式 |
| 驱动方式 | 中置四驱 | 车身尺寸 | 长 4466+ 宽 2098+ 高 1200（毫米） |

布加迪威龙16.4可以说是自从EB 110之后，第一款真正挂上布加迪椭圆形红色厂徽的量产车，也是布加迪第二次复兴后的开山之作，由法国奥迪公司和布加迪公司联合设计开发，并由位于法国莫尔海姆的法国汽车制造商布加迪制造，16.4代表16个气缸和4个涡轮增压器。

威龙16.4 Grand Sport Vitesse特别版是当时全球最快的敞篷跑车，搭载一台8.0L W16缸四涡轮增压发动机，最大输出功率为1200马力，最大扭矩可达1500牛·米，这样强悍的动力使得该车零百公里加速时间仅为2.6秒，并且最高速度达410公里/时。

▲ 汽车档案

## 布加迪 威龙 Super Sport

| | | | |
|---|---|---|---|
| 英文名 | Veyron Super Sport | 品牌 | 布加迪 |
| 上市时间 | 2010 年 | 变速箱 | 7 挡双离合手动变速箱 |
| 车身风格 | 跑车 | 前悬挂 | 双叉臂独立悬挂 |
| 车身结构 | 2 门 2 座硬顶跑车 | 后悬挂 | 双叉臂独立悬挂 |
| 发动机 | 8.0L 1200 马力 W16 | 刹车 | 碳陶瓷通风盘式 |
| 驱动方式 | 中置四驱 | 车身尺寸 | 长 4462+ 宽 1998+ 高 1190（毫米） |

▼ 汽车介绍

布加迪威龙Super Sport车型于2010年6月26日面世，其搭载的W16发动机使用了更大尺寸的轮和中冷器，马力输出升至1200匹，较普版的威龙提高了199匹，扭矩也提升至更为惊人的15牛·米。它的极速431公里/时被吉尼斯世界纪录收录，终结了SSC Ultimate Aero 412公里/时最快产车的头衔。

在悬挂方面经过重新加强，Super Sport配备的全新防倾杆及在赛车运动中使用的庞大避震系统其横向G值达到1.4，威龙不单单成为马力最大的运动超跑，而且是操控机能最佳的运动超跑之一。

## 布加迪 Chiron 2017年款

| | | | |
|---|---|---|---|
| 英文名 | Bugatti Chiron | 品牌 | 布加迪 |
| 上市时间 | 2017 年 | 变速箱 | 7 挡双离合手动变速箱 |
| 车身风格 | 跑车 | 前悬挂 | 双叉臂式独立悬挂 |
| 车身结构 | 2 门 2 座硬顶跑车 | 后悬挂 | 双叉臂式独立悬挂 |
| 发动机 | 8.0L 1521 马力 W16 | 刹车 | 碳陶瓷通风盘式 |
| 驱动方式 | 中置四驱 | 车身尺寸 | 长 4544+ 宽 2038+ 高 1212（毫米） |

在2000年的日内瓦车展上，费迪南德·皮耶希宣布了一个疯狂的计划，那就是以布加迪品牌打造出世界上最快的量产跑车。2016年，布加迪在日内瓦车展推出的全新布加迪Chiron零百公里加速时间小于2.5秒、极速420公里/时的数据再次让世人震惊。

作为威龙的接班人，Chiron在外观内饰上的变化和传承一目了然，重中之重自然是动力性能上面的改进。小排量涡轮增压的流行趋势并不影响Chiron继续搭载8.0T W16发动机，最大功率飙升至1500马力，最大扭力也提升到了1600牛·米。

品牌介绍

**DS**

▶ DS是法国汽车工业顶级设计豪华品牌，隶属于PSA集团，其法文全称为Déesse，在法语中是“女神”的意思。DS极受法国政要的欢迎，被誉为“总统座驾”，从戴高乐到奥朗德，DS都是法国总统座驾的不二之选。

## DS 发展史

其实 DS 在成立品牌之前只是 PSA 集团旗下雪铁龙品牌的一款豪华车型，并非由某位创始人白手起家开创的品牌，但它依旧在法国汽车工业史上留下了浓墨重彩的一笔。

1938 年，雪铁龙董事长皮埃尔·布朗热根据工人描述以及客户的需求在笔记本上勾勒出了 DS 的雏形，之后又由意大利雕塑家弗兰米尼奥·贝托尼不断地进行修改。最后，DS 于 1955 年正式亮相于巴黎车展，一经推出就受到了众人的追捧。

DS 车型独特的外形和超前的技术几乎在一夜之间就抓住了整个汽车行业与公众的心，车展开场后 15 分钟内，DS 就收到了 743 份订单。而车展第一天，DS 的订单数达到了 12 000 份。在随后的数十年内，DS 经过不断革新与发展，在汽车行业发光发热，甚至一度成为法国总统的“专属座驾”。

然而，20 世纪 70 年代，最后一次改款的 DS 23 车型因受工业化生产的影响，车辆内饰出现了大量的塑料材质和人造皮革，导致用户批评声不断，DS 销量大幅下滑，雪铁龙不得不将其停产。直到 2010 年，DS 品牌在跨越近半个世纪之后才再次回到人们的视线中，并推出首款车型——DS 3。

## DS 21

| | | | |
|---|---|---|---|
| 英文名 | DS 21 | 品牌 | DS |
| 上市时间 | 1966 年 | 变速箱 | 4 挡手动变速箱 |
| 车身风格 | 轿车 | 前悬挂 | 液气联动悬挂 |
| 车身结构 | 4 门 4 座两厢车 | 后悬挂 | 液气联动悬挂 |
| 发动机 | 2.1L 91 马力 L4 | 刹车 | 前轮盘式 |
| 驱动方式 | 前置前驱 | 车身尺寸 | 长 4839+ 宽 1791+ 高 1476（毫米） |

雪铁龙曾在1955—1975年连续20年生产过一款汽车，它就是大名鼎鼎的DS车型，同时也是DS品牌的开山之作。DS车系经历了三次大改款，分别是1955年出现的DS 19、1966年出现的DS 21以及1973年最终改款的DS 23。不论从设计方面还是科技方面，这个系列都创造了当时汽车制造领域的一个全新高峰。

DS 21车型装配了五边形曲轴电喷系统发动机，解决了早期发动机动力不足和散热问题。这辆车还搭载了少见的液压气动装置，具备底盘高度调节功能，最高可达280毫米的离地间隙。

汽车档案

## DS 23

| | | | |
|---|---|---|---|
| 英文名 | DS 23 | 品牌 | DS |
| 上市时间 | 1973 年 | 变速箱 | 4 速手动变速箱 |
| 车身风格 | 轿车 | 前悬挂 | 液气联动悬挂 |
| 车身结构 | 4 门 4 座两厢车 | 后悬挂 | 液气联动悬挂 |
| 发动机 | 2.3L 143 马力 L4 | 刹车 | 前轮盘式 |
| 驱动方式 | 前置前驱 | 车身尺寸 | 长 4839+ 宽 1791+ 高 1470（毫米） |

汽车介绍

雪铁龙DS 23是雪铁龙DS系列在20世纪70年代推出的一个最终版本，除液气联动悬挂、随动转向大灯等DS标志性的高科技配置之外，它的发动机还使用了非常先进的机械喷射装置。

由意大利雕塑家和工业设计师Flaminio Bertoni以及法国航空工程师André Lefèbvre联合设计的DS车系被认为具备了未来风格，在行驶品质、可操作性和制动力方面具备先进高质量品质。在雪铁龙DS系列20年的生产销售期间，共售出近150万辆，在1999年世纪之车的竞争中排在第三位，被认为是世界上最有影响力的汽车设计，并被《Classic & Sports Car》杂志评为最美丽的汽车。

## DS 3

| | | | |
|---|---|---|---|
| 英文名 | DS 3 | 品牌 | DS |
| 上市时间 | 2010 年 | 变速箱 | 4 挡手自一体变速箱 |
| 车身风格 | 小型车 | 前悬挂 | 麦弗逊式独立悬架 |
| 车身结构 | 3 门 5 座两厢车 | 后悬挂 | 扭力梁式半独立悬架 |
| 发动机 | 1.6L 120 马力 L4 | 刹车 | 通风盘式 |
| 驱动方式 | 前置前驱 | 车身尺寸 | 长 3950+ 宽 1710+ 高 1460（毫米） |

DS 3是DS高端系列车型中的首款车，也是DS品牌重现后的第一款车。从DS 3的定位考虑，其配置和价格都将高于当时的雪铁龙车系，搭载了汽油、柴油和柴油混合动力等多种动力系统。

其强烈而别具个性的唯美设计并没有以牺牲实用性为代价，小于4米的车长却能装备5个真正的座位，同时拥有同级别车型中最长的肘部空间和最大的后备箱等，实用且美观。除此之外，DS 3融合了驾驶和日常使用的乐趣，路面表现激情四射，同时还具有极高水准的可操控性和安全性。其首款发动机的二氧化碳排放量为99克/公里，这一标准完全符合雪铁龙的环保领军形象。

汽车档案

## DS 5LS

| | | | |
|---|---|---|---|
| 英文名 | DS 5LS | 品牌 | DS |
| 上市时间 | 2014 年 | 变速箱 | 6 挡手自一体变速箱 |
| 车身风格 | 紧凑型车 | 前悬挂 | 麦弗逊式独立悬挂 |
| 车身结构 | 4 门 5 座三厢车 | 后悬挂 | 纵臂扭转梁式非独立悬挂 |
| 发动机 | 1.8L 139 马力 L4 | 刹车 | 前轮通风盘式、后轮实心盘式 |
| 驱动方式 | 前置前驱 | 车身尺寸 | 长 4702+ 宽 1840+ 高 1510（毫米） |

汽车介绍

2013年，DS在中国全面发力，产品力与知名度都得到了大幅提升。3月份，全球首家旗舰店D WORLD在上海正式开业。9月27日，品牌首款国产车型全新DS 5隆重上市，成绩斐然，上市首 订单超千台。

在随后的12月份，DS又于巴黎卢浮宫发布了其首款全感官豪华三厢轿车DS 5LS，并将全新D 家族前脸——“DS之翼”带进了大众的视野。DS 5LS新车共分4个级别7种配置，搭载1.6T高功 版本的高配车型发动机，最大功率为147千瓦，最大扭矩275牛·米，零百公里加速时间为8秒。

## DS 7

| | | | |
|---|---|---|---|
| 英文名 | DS 7 | 品牌 | DS |
| 上市时间 | 2018 年 | 变速箱 | 8 挡手自一体变速箱 |
| 车身风格 | 紧凑型 SUV | 前悬挂 | 麦弗逊式独立悬架 |
| 车身结构 | 5 门 5 座 SUV | 后悬挂 | 多连杆式独立悬挂 |
| 发动机 | 1.6T 181 马力 L4 | 刹车 | 前轮通风盘式、后轮实心盘式 |
| 驱动方式 | 前置前驱 | 车身尺寸 | 长 4603+ 宽 1891+ 高 1626（毫米） |

2018年3月20日，DS全新一代产品的首款车型，代表法兰西汽车工业最顶级的设计与技术水准的DS 7正式在中国DS WEEK开启预售。

DS 7上市初期共推出5款车型，配备主动感应式悬挂、DS领航、自动泊车、夜视仪、疲劳驾驶侦测、主动式盲区监测、新一代8挡手自一体变速箱等科技配置。DS 7的外观造型充满了时尚设计与巴黎元素，标志性的镀铬“DS之翼”造型得到延伸。紫钻式LED头灯造型源自E-TENSE概念车，可在车辆解锁时自动旋转180度，延续了始自DS 21老爷车的典雅与前卫风格。

品牌介绍

## 达契亚

▶ 达契亚（Dacia）是雷诺集团旗下的子品牌，主要生产经济型和家用型轿车、SUV和商用车，主要产品包括达契亚洛根（Logan）、达契亚桑德罗（Sandero）、达契亚杜斯特（Duster）等系列。

### 达契亚发展

1966年，达契亚汽车公司作为一家罗马尼亚的机械工业集团奥托米希兰的一部分而成立，是一家具有悠久历史和丰富经验的欧洲汽车品牌，总部位于罗马尼亚，最初生产的是雷诺12型汽车的授权版本。1999年，雷诺公司收购了达契亚汽车公司，并将其纳入雷诺集团。

达契亚汽车在欧洲和南美洲等地区拥有广泛的销售网络，尤其是在中东欧和北非地区的市场具有较强的竞争力。其产品涵盖轿车、SUV、MPV等多个细分领域，注重实用性和耐用性，同时也具有设计简约、动力强劲、安全可靠等特点，价格相对较低，质量可靠，适合中低收入消费者。

作为一个持续进步的汽车品牌，达契亚一直以来都以简约、实用、舒适为主要设计理念，产品质量和设计不断提升。同时，达契亚汽车也不断地推出新款车型，保持了品牌的时尚感和活力，在汽车安全和环保技术方面持续改进，以满足全球市场对安全和环保的需求。

## 达契亚 Logan

| | | | |
|---|---|---|---|
| 英文名 | Dacia Logan | 品牌 | 达契亚 |
| 上市时间 | 2021 年 | 变速箱 | 6 挡自动变速箱 |
| 车身风格 | 轿车 | 前悬挂 | 麦弗逊式独立悬挂 |
| 车身结构 | 4 门 5 座三厢车 | 后悬挂 | 扭力梁式非独立悬挂 |
| 发动机 | 1.0T L3 | 刹车 | 前轮盘式 + 后轮鼓式 |
| 驱动方式 | 前置前驱 | 车身尺寸 | 长 4396+ 宽 1848+ 高 1501（毫米） |

虽然Logan一直以来的售价较低，但是2021年发布的车型在配置上还是较为丰富的，标配电子驻车、前排座椅加热、前后雷达、支持Apple CarPlay和Android Auto、扬声器、自动大灯等，安全配置方面标配了6个安全气囊、防鞭打式头枕、紧急制动辅助、盲点监测、坡道起步辅助等配置。

定位小型汽车的它，轴距为2649毫米，新款Logan的后排乘坐空间增加了42毫米，可容纳三位成年人，后备箱空间为528L，前排座椅可以调节高度，后排座椅支持4/6折叠放倒，以进一步拓展装载空间。

汽车档案

## 达契亚 Logan MCV 2017年款

| | | | |
|---|---|---|---|
| 英文名 | Dacia Logan MCV | 品牌 | 达契亚 |
| 上市时间 | 2017 年 | 变速箱 | 5 挡手动变速箱 |
| 车身风格 | 紧凑型车 | 前悬挂 | 麦弗逊式独立悬挂 |
| 车身结构 | 4 门 5 座 SUV | 后悬挂 | 扭力梁式非独立悬挂 |
| 发动机 | 1.2T 65 马力 L3 | 刹车 | 前轮盘式 + 后轮鼓式 |
| 驱动方式 | 前置前驱 | 车身尺寸 | 长 4490+ 宽 1740+ 高 1537 （毫米） |

汽车介绍

Logan定位于小型三厢车，Logan MCV则是Logan的旅行版车型。达契亚Logan MCV曾经是法国的畅销旅行车，于2008年3月在法国上市，入门价格才8900欧元，可以说十分亲民了。2017年的新款Logan MCV换装了全新样式的进气格栅，方形元素的家族式设计使这款车的前脸更具有辨识度。

此外，新车的大灯组内部结构也进行了重新设计，并加入LED日间行车灯，保险杠两侧的雾灯样式也有巧妙的变化，车内空间继承了Logan车型的优秀，后排座椅打开时，后备箱容量达573L；后排座椅放下时，后备箱容量达到1518L。动力方面，Logan MCV采用了1.2T增压发动机。

## 达契亚 Sandero

| 英文名 | Dacia Sandero | 品牌 | 达契亚 |
| --- | --- | --- | --- |
| 上市时间 | 2023 年 | 变速箱 | 5 挡手动变速箱 |
| 车身风格 | SUV | 前悬挂 | 麦弗逊式独立悬挂 |
| 车身结构 | 4 门 5 座 SUV | 后悬挂 | 扭力梁式非独立悬挂 |
| 发动机 | 1.0L L3 | 刹车 | 前轮盘式 + 后轮鼓式 |
| 驱动方式 | 前置前驱 | 车身尺寸 | 长 4140+ 宽 1750+ 高 1480（毫米） |

达契亚Sandero是达契亚于2004年发布的车型。2023年，基于新CMF模块化平台，推出全新一代达契亚Sandero，提供三款发动机供选择，包括1.0L三缸自然吸气发动机，匹配5MT；1.0L三缸涡轮增压发动机，匹配CVT或6MT；LPG双燃料1.0L三缸涡轮增压发动机，匹配6MT。

Sandero的二氧化碳排量比普通汽油发动机低11%，40L液化石油气罐布置在备胎位置，配合50L汽油油箱，续航里程达到1288km以上。被动安全则标配6个安全气囊、安全带负载限制器、安全带预紧装置、SOS紧急呼叫、仿鞭打头枕等；主动安全配有紧急制动辅助、盲点监测、驻车辅助、坡道起步辅助。

汽车档案

## 达契亚 Duster

| | | | |
|---|---|---|---|
| 英文名 | Dacia Duster | 品牌 | 达契亚 |
| 上市时间 | 2023 年 | 变速箱 | 6 挡双离合变速箱 |
| 车身风格 | 紧凑型 SUV | 前悬挂 | 麦弗逊式独立悬挂 |
| 车身结构 | 4 门 5 座 SUV | 后悬挂 | 扭力梁式非独立悬挂 |
| 发动机 | 1.0T 150 马力 L3 | 刹车 | 盘式 |
| 驱动方式 | 前置四驱 | 车身尺寸 | 长 4343+ 宽 1809+ 高 1656（毫米） |

汽车介绍

达契亚Duster是达契亚公司在2021年推出的中型SUV。2023年新车面世，它虽然定位为一款SUV产品，不过它的商用属性使它更趋近于一款MPV产品。

新Duster作为改款车型，整体外观变化不大，只是换装了全新的品牌标识，格栅也换成了双条幅的镀铬装饰，与车标形成呼应。Duster车内的商用属性展露无遗，并没有配备后排座椅，而是由耐磨材料覆盖了整个后排区域，并在前排座椅后方安装了挡板，载物空间达到1623L，有效载荷可达503公斤。

# 第4章 英国汽车赏析

英国汽车产业拥有悠久的历史，在汽车被发明的一百多年里，英国车一直被认为是汽车工艺极致的代表，品位、价值、豪华、典雅等诸多词语在汽车上最完美地体现，专业的知识和前瞻性的思维赋予了英国开发核心汽车技术的独特优势。

品牌介绍

## 捷豹

▶ 捷豹（Jaguar）是英国的豪华汽车生产商，也是世界奢华汽车品牌。捷豹自诞生之初就深受英国皇室的推崇，从伊丽莎白女王到查尔斯国王等皇室贵族无不对捷豹青睐有加，它更是威廉王子大婚的御用座驾，尽显皇家风范。

### 捷豹历史

捷豹的诞生可以追溯到 1922 年，创始人威廉·里昂斯于 1922 年 9 月从银行透支了 1000 英磅，创建了斯瓦洛跨斗车公司（Swallow Sidecars），开始生产跨斗摩托车。

在 1927 年汽车制造商 Herbert Austin 推出著名的奥斯汀 7 型车后，威廉看到了商机，于是开始朝着汽车领域发展。经过数年的研究和销售后，斯瓦洛跨斗车公司的轿车和跨斗车销量不断提升，汽车制造在斯瓦洛跨斗车公司中的分量越来越重，威廉也有了自己制造发动机和底盘的野心。

1934 年冬天，威廉重组车厂，决定专心制造汽车，公司的名字改成了 SS。在 1935 年，“捷豹”的名字首次随着一系列全新的轿车和跑车的面世而出现了。

由于公司旗下的车型日益繁多，为了与之前的 SS 系列进行区分，公司的广告代理建议以“捷豹”命名这一新的车款，威廉在认可和采纳后，这一新车型就被称作 SS Jaguar。

二战期间，军事的需要为 SS 公司带来了一定收益，但战后的经济萧条依旧使他们举步维艰，比如钢铁的短缺和外汇的匮乏。

为了尽快使公司恢复生产，他们需要重新推出战前的那些车型。但是，由于公司“SS”的名称与纳粹的缩写相同，为了避免遭到受众的反感，SS 公司决定另行命名。1945 年，威廉终于将 SS 公司改为现如今人们所熟悉的捷豹汽车公司（Jaguar Car Ltd.）。

1960 年，捷豹收购了汽车行业的先驱、老牌的戴姆勒公司。后续，意气风发的捷豹兼并了多家汽车公司，成为那个时代汽车制造业的霸主。

1989 年，捷豹被美国福特汽车公司并购。2008 年 3 月 26 日，福特又把捷豹连同路虎（Landrover）售予印度塔塔汽车公司。自 2008 年加入塔塔汽车公司大家庭以来，捷豹开始拥有更加广阔的全球市场前景。

**加油站**

人们比较熟知的捷豹车标为一只正在跳跃前扑的“美洲豹”（Leaping Jaguar），矫健勇猛，形神兼备，非常具有时代感与视觉冲击力。

但实际上捷豹还有另一个车标——简约猎豹（Jaguar Growler），表现为一个圆形边框内含一只怒吼的美洲豹正脸，视觉效果没有那么震撼，但它依旧是捷豹汽车的标志。

汽车档案

## 捷豹 SS 100

| | | | |
|---|---|---|---|
| 英文名 | SS Jaguar 100 | 品牌 | 捷豹 |
| 上市时间 | 1935 年 | 变速箱 | 4 挡手动变速箱 |
| 车身风格 | 跑车 | 前悬挂 | 半椭圆形钢板弹簧 |
| 车身结构 | 2 门 2 座软顶敞篷跑车 | 后悬挂 | 半椭圆形钢板弹簧 |
| 发动机 | 2.5L 102 马力 L6 | 刹车 | 鼓式 |
| 驱动方式 | 前置驱动 | 车身尺寸 | 长 3886+ 宽 1600+ 高 1372（毫米） |

汽车介绍

1935年，全新车型SS Jaguar 100（简称SS 100）的正式发布标志着当时的SS公司正式进入汽车域。威廉为SS 100搭配了铝合金车身，车重仅为1.17吨，最高速度可达151公里/时，这让SS100在场国际国内的比赛中创下佳绩。

在车身部分，威廉为了适应全新底盘和引擎，将发动机装于底盘更靠后的位置，并在一旁配了车用弹簧，一个长而低的车身、更显运动风格的车型出现了，它的设计也影响了之后所有跑车造型，为捷豹汽车之后开启的传奇赛车历程奠定了坚实的基础。

## 捷豹 XK 120

| | | | |
|---|---|---|---|
| 英文名 | Jaguar XK 120 | 品牌 | 捷豹 |
| 上市时间 | 1948 年 | 变速箱 | 4 挡手动变速箱 |
| 车身风格 | 跑车 | 前悬挂 | 双叉臂独立悬挂 |
| 车身结构 | 2 门 2 座敞篷跑车 | 后悬挂 | 半椭圆形钢板弹簧 |
| 发动机 | 3.4L 160 马力 L6 | 刹车 | 鼓式 |
| 驱动方式 | 前置驱动 | 车身尺寸 | 长 4300+ 宽 1651+ 高 1270（毫米） |

XK120的首次亮相是在1948年的伦敦车展上，是捷豹在二战结束后推出的第一款跑车，也是捷豹历史上首度配备3.4L直列6缸DOHC双顶置凸轮轴发动机的车型。车型名称中的“120”是指铝合金车身的最高速度为193公里/时，这款车型被誉为当时全球最快的量产车，它打破了速度极限，向世界展示了英伦工艺与性能的完美结合。

除了最初推出的敞篷版车型外，捷豹在后续数年内还提供了XK120硬顶跑车版本和帆布折叠敞篷跑车版本。所有车型都是双门双座的设计，并且都有左舵车型和右舵车型可选。

汽车档案

## 捷豹 D-TYPE

| | | | |
|---|---|---|---|
| 英文名 | Jaguar D-TYPE | 品牌 | 捷豹 |
| 上市时间 | 1954 年 | 变速箱 | 4 挡手动变速箱 |
| 车身风格 | 跑车 | 前悬挂 | 双叉臂独立悬挂 |
| 车身结构 | 2 门 2 座敞篷跑车 | 后悬挂 | 半椭圆形钢板弹簧 |
| 发动机 | 3.8L 250 马力 L6 | 刹车 | 盘式 |
| 驱动方式 | 前置驱动 | 车身尺寸 | 长 3912+ 宽 1670+ 高 1041（毫米） |

汽车介绍

D-TYPE出现在1954年年初，源自Malcolm Sayer的推动。它的基础框架采用十分少见的单体 造一体式结构，在当时的汽车行业绝无仅有，车身成为实际结构的组成部分，而非依靠车体表面 方的框架提供强度，中央结构的前部还附加更传统的钢管空间框架，承载发动机和前悬挂的重量。

D-TYPE于1954年参加勒芒耐力赛便惊绝四座，它拥有卓越的空气动力性能，试车时就将往 的单圈最佳成绩缩短5秒，还在马尔森直道创下275公里/时的速度纪录。D-TYPE在1955年、19 年和1957年的勒芒耐力赛中实现了三连冠。

## 捷豹 E-TYPE

| | | | |
|---|---|---|---|
| 英文名 | Jaguar E-TYPE | 品牌 | 捷豹 |
| 上市时间 | 1961 年 | 变速箱 | 4 挡手动变速箱 |
| 车身风格 | 跑车 | 前悬挂 | 双叉臂独立悬挂 |
| 车身结构 | 2 门 2 座软顶敞篷车 | 后悬挂 | 半椭圆形钢板弹簧 |
| 发动机 | 3.8L 265 马力 L6 | 刹车 | 盘式 |
| 驱动方式 | 前置驱动 | 车身尺寸 | 长 4453+ 宽 1676+ 高 1308（毫米） |

捷豹E-TYPE车型首次于1961年在日内瓦车展上亮相时，着实令汽车行业为之轰动，其影响力甚至超过了13年前的XK 120。那长长的发动机罩、带有玻璃灯罩的圆形头灯、椭圆型的进气隔栅设计、线条性感的尾部造型，都堪称后世汽车美学的经典设计元素。

捷豹E-TYPE是前辈C-TYPE和D-TYPE车型在公路上的延伸，配备了单体式车身结构、盘式刹车等当时最尖端的造车科技。车身前部配备265匹马力3.8L XK直列六缸发动机，零百公里加速时间约为7.2秒，极速可达224公里/时，原厂调教后极速可达240公里/时。

汽车档案

## 捷豹 XJ 13

| | | | |
|---|---|---|---|
| 英文名 | Jaguar XJ 13 | 品牌 | 捷豹 |
| 上市时间 | 1966 年 | 变速箱 | 5 挡手动变速箱 |
| 车身风格 | 跑车 | 前悬挂 | 双叉臂独立悬挂 |
| 车身结构 | 2 门 2 座敞篷跑车 | 后悬挂 | 双叉臂独立悬挂 |
| 发动机 | 5.2L 502 马力 V12 | 刹车 | 盘式 |
| 驱动方式 | 中置后驱 | 车身尺寸 | 长 4500+ 宽 1800+ 高 1200（毫米） |

汽车介绍

XJ 13是捷豹开发的赛车，由Malcolm Sayer设计，1966年试制成功。一经面世，捷豹XJ 13就其无与伦比的外表被世人冠上了“风华绝代”的桂冠。它搭载一台5.0L V12发动机，5挡手动变箱，曾在MIRA和银石赛道上创下了惊人的动力纪录。

在1967年的一系列性能测试中，XJ 13在David Hobbs的手中达到了260公里/时的平均时速，当时MIRA的车速记录。捷豹通过XJ 13的一系列测试，培育了他们引以为豪的大排量V12发动机并自1971年一直使用到1996年。

## 捷豹 XK 8

| | | | |
|---|---|---|---|
| 英文名 | Jaguar XK 8 | 品牌 | 捷豹 |
| 上市时间 | 1996 年 | 变速箱 | 5 挡自动变速箱 |
| 车身风格 | 跑车 | 前悬挂 | 双 Y 形前悬挂 |
| 车身结构 | 2 门 4 座硬顶跑车 | 后悬挂 | 多连杆独立悬挂 |
| 发动机 | 4.0L 294 马力 V8 | 刹车 | 通风盘式 |
| 驱动方式 | 前置后驱 | 车身尺寸 | 长 4760+ 宽 1829+ 高 1306（毫米） |

1996年，捷豹推出了全新XK跑车系列，最先问世的是搭载4.0L V8发动机的XK 8，该车与阿斯顿·马丁DB7同平台，拥有Coupe和敞篷版两种车身形式。这也是继1969年戴姆勒250停产后，捷豹的第一款V8轿车。自1996年推出后，XK 8便快速成为捷豹历史上销量最好的跑车。

XK 8的内核，4.0L290马力、32阀门加嵌块式涡轮的AJ-V8发动机为捷豹设立了新的高级动力标准——超常的性能、平稳的动力传送和无与伦比的精巧高贵。XK 8车身极轻，铝合金的外壳使其车身仅有3500磅，因此同样使用V8引擎，这款车的动力表现在同级别车型中也显得更加出色。

汽车档案

## 捷豹 F-TYPE

| | | | |
|---|---|---|---|
| 英文名 | Jaguar F-TYPE | 品牌 | 捷豹 |
| 上市时间 | 2012 年 | 变速箱 | 8 挡手自一体变速箱 |
| 车身风格 | 跑车 | 前悬挂 | 双叉臂式独立悬挂 |
| 车身结构 | 2 门 2 座软顶敞篷车 | 后悬挂 | 双叉臂式独立悬挂 |
| 发动机 | 3.0T 380 马力 V6 | 刹车 | 通风盘式 |
| 驱动方式 | 前置后驱 | 车身尺寸 | 长 4470+ 宽 1923+ 高 1308（毫米） |

汽车介绍

2012年，捷豹TYPE跑车家族的新成员——捷豹F-TYPE车型诞生，它有着E-Type的设计美，也有着C-Type的科技内涵，更拥有D-Type耀眼的性能表现，沿袭了历代TYPE车型的优势是一部将捷豹赛道基因忠实传承的伟大作品。

F-TYPEF的设计理念集中体现在业界领先的捷豹铝应用技术上，使得F-TYPE完美地平衡了量分配，并且将后轮驱动力发挥到了极致。它搭载380马力/460牛·米的3.0L V6机械增压发动机可在3.1秒内从80公里/时加速到120公里/时，每百公里加速只需4.9秒，最高速度为275公里/时。

## 捷豹 F-PACE

| | | | |
|---|---|---|---|
| 英文名 | Jaguar F-PACE | 品牌 | 捷豹 |
| 上市时间 | 2015 年 | 变速箱 | 8 挡手自一体变速箱 |
| 车身风格 | 中型 SUV | 前悬挂 | 双叉臂式独立悬挂 |
| 车身结构 | 5 门 5 座 SUV | 后悬挂 | 多连杆式独立悬挂 |
| 发动机 | 3.0T 380 马力 V6 | 刹车 | 通风盘式 |
| 驱动方式 | 前置四驱 | 车身尺寸 | 长 4746+ 宽 1936+ 高 1667（毫米） |

2015年1月12日，捷豹宣布将量产C-X17概念车，并将其命名为F-PACE，这是捷豹首款量产SUV车型。捷豹F-PACE采用捷豹智能全铝架构和先进的悬挂系统，并应用了“智能全驱系统”和“全路况自适应控制系统”等一系列尖端驾驶技术，是一款名副其实的全新跑车型运动多功能车。

捷豹F-PACE的设计灵感源自捷豹F-TYPE，融合了屡获殊荣的英伦设计、捷豹强悍的传奇性能与实力硬核的技术优势，设计、性能和实用性达到了完美平衡，既能满足消费者对跑车的视觉追求，同时也能平衡他们对实用性方面的需求。

汽车档案

## 捷豹 XE

| | | | |
|---|---|---|---|
| 英文名 | Jaguar XE | 品牌 | 捷豹 |
| 上市时间 | 2015 年 | 变速箱 | 8 挡手自一体变速箱 |
| 车身风格 | 中型车 | 前悬挂 | 双叉臂式独立悬挂 |
| 车身结构 | 4 门 5 座三厢车 | 后悬挂 | 多连杆式独立悬挂 |
| 发动机 | 3.0T 340 马力 V6 | 刹车 | 通风盘式 |
| 驱动方式 | 前置后驱 | 车身尺寸 | 长 4672+ 宽 1850+ 高 1416（毫米 |

汽车介绍

2014年3月，捷豹公布自主研发生产的全新中型豪华运动轿车，命名为捷豹XE。捷豹XE采了一系列在该细分市场中首次运用的捷豹顶级创新科技，包括全新的Ingenium发动机系列以及其量化架构和成熟的底盘技术等。

捷豹XE将引入F-Type跑车上的两款3.0T V6机械增压发动机，车身紧凑、动感，拥有相比一三厢车更加流畅的车顶线条。其他方面，新车基于全新的iQ铝合金后驱平台打造，车身更轻、刚也更加出色，因此XE的操控表现和燃油经济性也非常具有优势。

## 捷豹 I-PACE

| | | | |
|---|---|---|---|
| 英文名 | Jaguar I-PACE | 品牌 | 捷豹 |
| 上市时间 | 2018 年 | 变速箱 | 电动车单速变速箱 |
| 车身风格 | 中型 SUV | 前悬挂 | 双叉臂式独立悬挂 |
| 车身结构 | 5 门 5 座 SUV | 后悬挂 | 多连杆式独立悬挂 |
| 发动机 | 纯电动 400 马力 | 刹车 | 通风盘式 |
| 驱动方式 | 双电机四驱 | 车身尺寸 | 长 4682+ 宽 2011+ 高 1565（毫米） |

2018年3月，捷豹汽车公布了其首款纯电动SUV的量产版本I-Pace，定位为高端、豪华、高性能的中型纯电动SUV。它被形容为从电动方程式赛场走下的量产电动车，是首款采用捷豹路虎电动模块技术eDM（electric Drive Module）的纯电动汽车，这种支持各种混动模式的模块化匹配设计在未来将成为捷豹产品推陈出新的重要技术基石。

捷豹I-PACE搭载最大功率为294千瓦（400马力）的双电机，最大扭矩为700牛·米，零百公里加速时间为4秒。新车配备90度电的液冷式锂离子电池，采用欧洲NEDC测试标准最大续航里程超过500公里。

品牌介绍

## 路虎

▶ 路虎（Landrover）是英国豪华全地形SUV品牌，创始人是莫里斯·维尔克斯，品牌创立于1948年，现属于印度塔塔汽车集团旗下。路虎现拥有三大产品家族——揽胜系列、发现系列、卫士系列。

## 路虎发展

在 1948 年路虎品牌正式成立之前，路虎就在不断探索。从设计工艺到技术的升华以ATRS 技术，路虎一直坚持全地形技术并提高车辆的越野行驶能力，这为路虎以后的品牌位奠定了基础。

1948 年，路虎在二战后大量生产军用车辆的基础上，推出了第一款型号为 Land Rov Series One 的越野车，车名的意思是可以用于农耕的罗孚汽车。这款简单、新颖的铝制工车由英国 Rover 汽车公司的 Spencer 和 Maurice Wilks 兄弟制造，实现了简单实用性与稳定的结合。

在推出之后，这款实用性车型很快就取得了巨大的成功。到 20 世纪 50 年代中期时，虎已经成为耐用性和出色越野性能的代名词。无论是军方、从事农业的客户还是要求苛刻急救服务行业，都赞叹于路虎的品质，当时英国首相温思顿·丘吉尔驾驶的就是路虎。

历经 70 多年的发展，路虎以其出色的越野性能和豪华的内饰赢得了全球消费者的喜爱尤其是路虎揽胜，更是被誉为高端 SUV 的霸主，成为全球豪华越野车的代表之一。

## 路虎 Series 1

| | | | |
|---|---|---|---|
| 英文名 | Landrover Series 1 | 品牌 | 路虎 |
| 上市时间 | 1948 年 | 变速箱 | 4 挡手动变速箱 |
| 车身风格 | 卡车 | 前悬挂 | 螺旋弹簧 |
| 车身结构 | 2 门 2 座卡车 | 后悬挂 | 螺旋弹簧 |
| 发动机 | 1.6L 60 马力 L4 | 刹车 | 鼓式 |
| 驱动方式 | 四轮驱动 | 车身尺寸 | 长 3353+ 宽 1549+ 高 1867（毫米） |

二战后，罗孚公司遇到了问题。欧洲一片混乱，人们对陆虎公司过去生产的豪华车的需求并不大。受到Willys Jeep的启发，陆虎公司开发了第一款路虎——Land Rover Series 1，于1948年4月的阿姆斯特丹车展上推出。

Series 1是一款专注于农业的四轮驱动卡车，采用钢架和铝制车身。它的出现填补了英国越野车的空白，同时也宣告了Land Rover品牌的诞生。这是英军装备的第一种国产越野车，以制造精良和性能卓越著称于世。

汽车档案

## 路虎 Series 2

| | | | |
|---|---|---|---|
| 英文名 | Landrover Series 2 | 品牌 | 路虎 |
| 上市时间 | 1958 年 | 变速箱 | 4 挡手动变速箱 |
| 车身风格 | 越野车 | 前悬挂 | 螺旋弹簧 |
| 车身结构 | 2 门 5 座越野车 | 后悬挂 | 螺旋弹簧 |
| 发动机 | 2.25L 73 马力 L4 | 刹车 | 鼓式 |
| 驱动方式 | 四轮驱动 | 车身尺寸 | 长 3620+ 宽 1590+ 高 1800（毫米 |

汽车介绍

1958年，适逢Land Rover品牌成立10周年，换代车型Series II正式推出，而这一年，Land Rov Series系列累计销量突破了20万辆。

Series II提供88英寸短轴版车型和109英寸长轴距车型可选。该车大致上延续了Series I简洁的计风格，外观方面与Series I相比最大的区别在于侧面多了一道明显的腰线。最大的改动在于动版本的完善，除了延续Series I中的2.0L汽/柴油动力外，Series II还新增了搭载2.25L汽油发动机的型，该车型最大功率为54千瓦（73马力），输出方面比2.0L汽油发动机有了很大的提高。

## 第一代路虎 揽胜

| | | | |
|---|---|---|---|
| 英文名 | Range Rover | 品牌 | 路虎 |
| 上市时间 | 1970 年 | 变速箱 | 4 挡手动变速箱 |
| 车身风格 | 中型 SUV | 前悬挂 | 螺旋弹簧独立悬挂 |
| 车身结构 | 3 门 4 座 SUV | 后悬挂 | 螺旋弹簧独立悬挂 |
| 发动机 | 3.2L 135 马力 V8 | 刹车 | 盘式 |
| 驱动方式 | 全时四驱 | 车身尺寸 | 长 4500+ 宽 1800+ 高 1800（毫米） |

二战结束后经济复苏，欧美国家人们购买力增强，小型轿车无法满足郊游、跋山涉水、拖挂船只等多功能需求。因此早在20世纪60年代，路虎的工程师们就开始寻找一款兼具公路驾驭及越野性能的豪华四驱SUV。1970年，首台搭载铝车身、全铝发动机的SUV——第一代路虎揽胜诞生。

这是一台拥有双门车身设计，搭载四速手动变速箱，配备全时四驱系统的车型，不但有着轿车的舒适度，而且还兼顾了越野车的可行性。路虎揽胜独特的外形设计让它一经推出便成为经典，获得了车身设计金奖，曾在巴黎罗浮宫内作为现代雕塑艺术的典范进行展示。

▲汽车档案

## 路虎 揽胜 极光

| | | | |
|---|---|---|---|
| 英文名 | Range Rover Evoque | 品牌 | 路虎 |
| 上市时间 | 2010 年 | 变速箱 | 6 挡手自一体变速箱 |
| 车身风格 | 中型 SUV | 前悬挂 | 麦弗逊式独立悬挂 |
| 车身结构 | 5 门 5 座 SUV | 后悬挂 | 多连杆式独立悬挂 |
| 发动机 | 2.0T 240 马力 L4 | 刹车 | 通风盘式 |
| 驱动方式 | 前置四驱 | 车身尺寸 | 长 4355+ 宽 1900+ 高 1635（毫米 |

▼汽车介绍

揽胜极光（Evoque）是路虎品牌中车身最紧凑的SUV车型，在2010年12月的广州车展上全球首发并确定了“揽胜极光”这一中文名称，于2011年下半年正式进入中国市场，分为三门版和五门版。

揽胜极光搭载的是一台带有直喷技术的涡轮增压2.0T Si4发动机，最大动力输出达到了240力，与之配备的是AW F-21六速手自一体变速箱。同时，该车配备了MagneRide自适应动态悬挂全时四驱，全地形反馈适应系统保证了它一流的越野性能，这也是路虎的传统。

## 路虎 揽胜 星脉

| | | | |
|---|---|---|---|
| 英文名 | Range Rover Velar | 品牌 | 路虎 |
| 上市时间 | 2017 年 | 变速箱 | 8 挡手自一体变速箱 |
| 车身风格 | 中型 SUV | 前悬挂 | 双叉臂式独立悬挂 |
| 车身结构 | 5 门 5 座 SUV | 后悬挂 | 多连杆式独立悬挂 |
| 发动机 | 3.0T 380 马力 L6 | 刹车 | 通风盘式 |
| 驱动方式 | 前置四驱 | 车身尺寸 | 长 4811+ 宽 1930+ 高 1685（毫米） |

在2017年上海国际车展上，路虎正式发布了旗下最新车型——揽胜星脉。新车属于揽胜家族，定位在揽胜极光与揽胜运动版之间，采用了与捷豹F-PACE相同的平台开发。该车采用高密度铝制单壳体车身，车身的铝合金含量超过81%，在轻量化水平上有所提升。

新车采用揽胜家族经典的蚌壳式发动机罩、自动开闭式进气格栅、滑动式全景天窗以及悬浮式车顶，同时采用了ZF的8速手自一体变速箱，匹配四驱系统，最大涉水深度可达650毫米。

汽车档案

## 第一代路虎 发现

| | | | |
|---|---|---|---|
| 英文名 | Land Rover Discovery | 品牌 | 路虎 |
| 上市时间 | 1989 年 | 变速箱 | 5 挡手动变速箱 |
| 车身风格 | 中大型 SUV | 前悬挂 | 整体桥式悬挂 |
| 车身结构 | 3 门 7 座 SUV | 后悬挂 | 螺旋弹簧 |
| 发动机 | 2.5L 112 马力 L4 | 刹车 | 盘式 |
| 驱动方式 | 前置四驱 | 车身尺寸 | 长 4539+ 宽 1793+ 高 1966（毫米 |

汽车介绍

20世纪80年代中期，路虎急需一款新车型与揽胜一同占领日渐火热的SUV市场。在开发周期资金都不足的情况下，工程师基于揽胜底盘打造了一款新车型，就是在1989年法兰克福车展发布第一代路虎发现。

在外观方面，第一代路虎发现拥有阶梯式的车顶，三门七座的格局。底盘部分继承了当时揽车型非承载式的车身加整体桥式的悬架，分时四驱系统配备了低速四驱和高速四驱以及锁止功能动力方面搭载为3.5L双化油器V8汽油发动机和2.5L涡轮增压直喷柴油发动机。

## 路虎 发现 神行

| | | | |
|---|---|---|---|
| 英文名 | Land Rover Discovery Sport | 品牌 | 路虎 |
| 上市时间 | 2015 年 | 变速箱 | 9 挡手自一体变速箱 |
| 车身风格 | 中型 SUV | 前悬挂 | 麦弗逊式独立悬挂 |
| 车身结构 | 5 门 7 座 SUV | 后悬挂 | 多连杆式独立悬挂 |
| 发动机 | 2.0T 241 马力 L4 | 刹车 | 前轮通风盘式、后轮实心盘式 |
| 驱动方式 | 前置四驱 | 车身尺寸 | 长 4599+ 宽 1894+ 高 1724（毫米） |

2014年9月19日，路虎在长城脚下正式发布了路虎发现运动版（Discovery Sport）车型，新车在中国的正式命名为“发现神行”，是路虎中型豪华SUV市场中首款采用7座的车型。

路虎Discovery Sport先期将沿用现款神行者2的2.0T汽油和2.2T柴油两款涡轮增压发动机。在传动系统上，发现神行除提供6速手动变速器外，还匹配揽胜极光上所采用的ZF 9速自动变速器。在越野性能方面，该车将提供四驱版本车型，其接近角、离去角和通过角分别达到25度、31度和21度，涉水深度达到600毫米。

品牌介绍

## 宾利

▶ 宾利（Bentley）汽车是一家发迹于英国的豪华房车和GT车的制造商，由沃尔特·欧文·本特利在1919年7月于英格兰创立。那展翅腾飞的“B”字是宾利最强劲、永不妥协的标志，它呈现给世人的永远是动力、尊贵、典雅、舒适与精工细做的最完美结合。

### 宾利历程

宾利品牌的创始人沃尔特·欧文·本特利（Walter Owen Bentley）在 1888 年出生于一个中产阶级家庭，是全家 9 个孩子中最小的一个。他在很小的时候就对机械产生了浓厚的兴趣，从学校毕业以后，16 岁的他在位于英格兰北部的 Great Northern Iocomotive 工厂开始了学徒生涯，同时对赛车产生了狂热的爱好。

1912 年，宾利家族筹集资金引进法国的 DFP 跑车，并在伦敦的 Hanover 广场成立了 Bentley 公司。一战期间，本特利受聘于英国皇家海军航空兵技术委员会，从事法国克勒盖特发动机的改进工作。他设计的铝合金活塞被飞机引擎广泛采用，这使他积累了大量的制造经验，并掌握了足够的工程技术。

战后，本特利踌躇满志地开始设计并制造属于自己的汽车。1919 年年初，新车设计完成。而这时，公司也筹集到了资金，正式成立了后来赫赫有名的宾利汽车有限公司（Bentley Motors Ltd.）。但当时公司的名义股份资金是 20 万英镑，实际上银行中的现金只有 18 000 多英镑，所以公司一开始就资金不足，这为日后宾利财政上的困境埋下了隐患。

1921 年，宾利出品了功率为 85 马力，车速高达 128 公里 / 时的 3L 车型，这是当时最快的量产汽车，被认为是当时车坛极具创新意识的产品，并且开创了性能车这一概念，打破了当时几乎所有的耐力纪录和速度纪录，宾利从此名扬天下。

但在 20 世纪 30 年代初期，宾利的财政危机开始显现，债务高达 10 万多英镑，生产不能继续，从而宣告破产。英国中央公平信托股份有限公司成为宾利汽车股份有限公司的主人，而该公司实际上的老板正是劳斯莱斯汽车公司。

在一段时间里，劳斯莱斯和宾利实际上是同一种车，从此，赛车血统的宾利逐渐成为劳斯莱斯风格的豪华轿车。1946 年，宾利的汽车生产线迁往英国克鲁郡，此时劳斯莱斯和宾利已被划分为两大独立品牌。

进入 20 世纪 90 年代末期，拥有悠久历史与地道赛车传统的英国车厂逐渐不堪重负接连倒闭。1998 年，劳斯莱斯与宾利这两张英国车厂王牌也开始衰退。

最终，1998 年 7 月 28 日，宝马公司花 4000 万英镑购买了劳斯莱斯的商标和标志，并与大众签署了一项协议，约定宝马从 2003 年起开始生产劳斯莱斯牌轿车，而大众则从 2003 年起仍旧在克鲁厂房生产宾利豪华轿车，宾利正式收归大众旗下。

汽车档案

## 宾利 3L EXP2

| | | | |
|---|---|---|---|
| 英文名 | Bentley EXP2 | 品牌 | 宾利 |
| 上市时间 | 1921 年 | 变速箱 | 4 挡手动变速箱 |
| 车身风格 | 跑车 | 前悬挂 | 钢板弹簧 |
| 车身结构 | 2 门 2 座敞篷跑车 | 后悬挂 | 钢板弹簧 |
| 发动机 | 3.0L 70 马力 L4 | 刹车 | 机械鼓式 |
| 驱动方式 | 前置后驱 | 车身尺寸 | 长 4200+ 宽 1600+ 高 1400（毫米） |

汽车介绍

宾利3L EXP2是宾利历史上的第一款车型，之所以被命名为“3L”，是因为它搭载3.0L直列4缸发动机。这款发动机是汽车历史上第一款每缸使用4气门的发动机，而且使用双火花塞，顶置凸轮轴，双化油器。这在当时相当先进，最大功率为70马力。

与发动机相匹配的是4挡变速箱，这也使得3L的最高车速可达129公里/时，超级运动版可以达到161公里/时。1924年，宾利3L EXP2获得24小时勒芒拉力赛冠军，被誉为当时世界上最快的车。该款车直到1929年停产时，共生产了1622辆。

## 宾利 Speed Six

| | | | |
|---|---|---|---|
| 英文名 | Bentley Speed Six | 品牌 | 宾利 |
| 上市时间 | 1928 年 | 变速箱 | 4 挡手动变速箱 |
| 车身风格 | 轿跑车 | 前悬挂 | 钢板弹簧 |
| 车身结构 | 2 门 2 座两厢车 | 后悬挂 | 钢板弹簧 |
| 发动机 | 6.5L 208 马力 L6 | 刹车 | 机械鼓式 |
| 驱动方式 | 前置后驱 | 车身尺寸 | 长 4500+ 宽 1700+ 高 1500（毫米） |

宾利Speed Six是一款最能展现二战前的宾利所具有的独特魅力、惊人速度和超强动力的车型，也是宾利品牌历史上的一款重要车型，曾在1929年和1930年的勒芒24小时耐力赛中两度夺冠。其拉低的车顶弧线、2+1式驾驶舱设计以及后部的单一侧座，凸显出整车精简、低调、分明的轮廓。

宾利小子沃尔夫·巴纳托（Woolf Barnato）就是驾驶这辆战车，击败了从蔚蓝海岸开往加莱的著名的蓝色列车（Train Blue）。而直到2015年，欧陆GT3-R才在复办的Car Magazine赛道测试中打破了巴纳托（Barnato）早在1930 年便创下的平均速度纪录。

▲ 汽车档案

## 宾利 3.5

| | | | |
|---|---|---|---|
| 英文名 | Bentley 3.5 | 品牌 | 宾利 |
| 上市时间 | 1933 年 | 变速箱 | 4 挡手动变速箱 |
| 车身风格 | 轿车 | 前悬挂 | 钢板弹簧 |
| 车身结构 | 2 门 2 座两厢车 | 后悬挂 | 钢板弹簧 |
| 发动机 | 3.5L 110 马力 L6 | 刹车 | 机械鼓式 |
| 驱动方式 | 前置后驱 | 车身尺寸 | 长 4420+ 宽 1700+ 高 1500（毫米） |

▼ 汽车介绍

1931年7月，宾利公司因为债权人的申诉被法院指定了接管人，最终劳斯莱斯以125000英镑的标价在拍卖会上收购了宾利汽车公司。此后，宾利的许多设计都利用了劳斯莱斯的创作，并借用了劳斯莱斯的许多机械部件。

1933年，第一辆由宾利设计，由劳斯莱斯负责生产的宾利3.5汽车面世。这款车明显带有劳斯莱斯的风格，让很多传统的宾利客户感到失望，因为它其实就是劳斯莱斯20/25的一个更运动化的版本，但还是有很多人包括W.O.Bentley自己在内都表示愿意接受这德比郡宾利的第一台车。

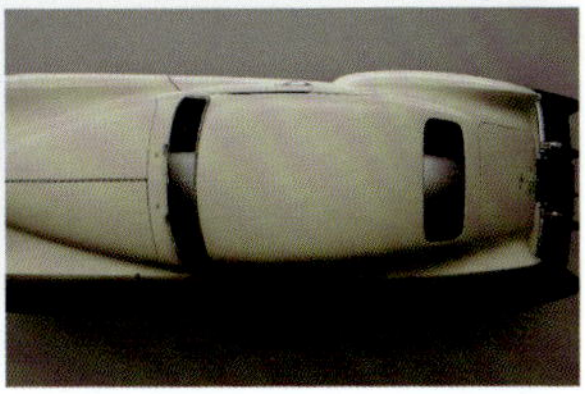

## 宾利 R Type

| | | | |
|---|---|---|---|
| 英文名 | Bentley R Type | 品牌 | 宾利 |
| 上市时间 | 1952 年 | 变速箱 | 4 挡手动变速箱 |
| 车身风格 | 轿车 | 前悬挂 | 螺旋弹簧 |
| 车身结构 | 2 门 2 座两厢车 | 后悬挂 | 半椭圆形钢板弹簧 |
| 发动机 | 4.5L 153 马力 L6 | 刹车 | 鼓式 |
| 驱动方式 | 前置后驱 | 车身尺寸 | 长 5250+ 宽 1810+ 高 1560（毫米） |

在1952年，最高速度能达185公里/时的汽车并不常见；在携带4名乘客（和行李）的状态下还能以160公里/时的速度巡航的汽车更是闻所未闻，直到宾利R Type的出现，将这一历史彻底改写。尽管只生产了208辆，但宾利R Type在未来数十年间都是宾利打造超豪华运动旅行座驾的标杆，即便是在50年之后，它仍然是第一台欧陆GT设计团队的重要灵感来源。

宾利R Type采用的发动机是4.5L直六汽油发动机，匹配四速手动变速箱，最高速度达163公里/时，零百公里加速时间为13.1秒，百公里油耗为18.2L，是当时公认跑得最快的四座汽车。

▲ 汽车档案

## 宾利 S1 欧陆飞驰

| | | | |
|---|---|---|---|
| 英文名 | S1 Continental Flying Spur | 品牌 | 宾利 |
| 上市时间 | 1958 年 | 变速箱 | 4 挡自动变速箱 |
| 车身风格 | 轿车 | 前悬挂 | 螺旋弹簧 |
| 车身结构 | 4 门 4 座两厢车 | 后悬挂 | 半椭圆形钢板弹簧 |
| 发动机 | 4.9L 180 马力 L6 | 刹车 | 液压鼓式 |
| 驱动方式 | 前置后驱 | 车身尺寸 | 长 5250+ 宽 1810+ 高 1560（毫米） |

▼ 汽车介绍

1952年，宾利首席设计师J.P.Blatchley和工程师Ivan Evernden合作推出的欧陆R Type引起了巨大轰动，凭借流线型车身和全天160公里/时的巡航能力被誉为终极双座轿跑车。之后，H.J.Mulliner通过扩展欧陆的配置以及采用更具实用性的四车门设计，成功地推出了全新欧陆飞驰。

宾利S1欧陆飞驰是一台诞生于1958年的H.J.Mulliner定制版车型，搭载180马力4.9L直列式六缸发动机，采用黑灰色内饰。同时，该车型可选配自动变速箱和空调，即使在今天也能够在确保极高舒适性的同时完成长距离驾驶，是今天飞驰设计团队的重要灵感源泉。

## 宾利 欧陆 R

| | | | |
|---|---|---|---|
| 英文名 | Bentley Continental R | 品牌 | 宾利 |
| 上市时间 | 1991 年 | 变速箱 | 4 挡自动变速箱 |
| 车身风格 | 大型车 | 前悬挂 | 独立悬挂，配备螺旋弹簧 |
| 车身结构 | 4 门 4 座两厢车 | 后悬挂 | 独立悬挂，配备螺旋弹簧 |
| 发动机 | 6.7L 355 马力 V8 | 刹车 | 液压盘式 |
| 驱动方式 | 前置后驱 | 车身尺寸 | 长 5370+ 宽 1880+ 高 1460（毫米） |

宾利欧陆R于1991年在日内瓦首次亮相，是劳斯莱斯时代首款不与劳斯莱斯车型共用车身的宾利车型，也是1985年劳斯莱斯卡玛格停产后首次推出双门硬顶车型。另外，这款车还是第一款使用了通用汽车开发的4L80−E变速箱，一款基于700R4打造而来十分耐用的四速变速箱。

宾利欧陆R型车是一款真正拥有卓越性能的运动旅行座驾，它引入涡轮增压技术后的6.7L V8发动机可输出355马力，零百公里加速时间为6.6秒。更平滑、更符合空气动力学的外观将最高车速提高到了245公里/时。

汽车档案

## 第一代宾利 欧陆 GT

| | | | |
|---|---|---|---|
| 英文名 | Bentley Continental GT | 品牌 | 宾利 |
| 上市时间 | 2003 年 | 变速箱 | 6 挡手自一体变速箱 |
| 车身风格 | 跑车 | 前悬挂 | 双叉臂式独立悬挂 |
| 车身结构 | 2 门 4 座硬顶跑车 | 后悬挂 | 双横臂式独立悬挂 |
| 发动机 | 6.0T 560 马力 W12 | 刹车 | 通风盘式 |
| 驱动方式 | 前置四驱 | 车身尺寸 | 长 4804+ 宽 2102+ 高 1390（毫米） |

汽车介绍

2003年的宾利已经划归大众集团管理，并且已经取代了劳斯莱斯作为英国皇室唯一指定的汽车品牌，宾利欧陆GT的正式发布除了肩负替代Azure的重任，更是作为入驻大众之后的代表作而展现。第一代宾利欧陆GT一经问世，便成为当时宾利的主力销售车款。

欧陆GT设计内敛饱满，外形更加圆润，动力上与奥迪A8和辉腾的旗舰动力保持一致，都是采用大众集团的6.0L W12双涡轮发动机，峰值功率达到552马力，零百公里加速时间为4.8秒，最高速度为318公里/时。

## 第一代宾利 添越

| | | | |
|---|---|---|---|
| 英文名 | Bentley Continental R | 品牌 | 宾利 |
| 上市时间 | 2015 年 | 变速箱 | 8 挡手自一体变速箱 |
| 车身风格 | 中大型 SUV | 前悬挂 | 双叉臂式独立悬挂 |
| 车身结构 | 5 门 4 座 SUV | 后悬挂 | 多连杆式独立悬挂 |
| 发动机 | 6.0T 608 马力 W12 | 刹车 | 通风盘式 |
| 驱动方式 | 前置四驱 | 车身尺寸 | 长 5141+ 宽 1998+ 高 1742（毫米） |

宾利添越是宾利旗下首款量产SUV车型，定位高端奢华，其目标人群锁定了购买过或有意向购买宾利慕尚或劳斯莱斯幻影的车主。为了研发与制造添越车型，宾利汽车投入8.4亿英镑，并成为世界首家推出超豪华SUV车型的汽车制造商。

初代宾利添越于2015年11月推出，上市伊始，添越一度成为当时全球速度最快、性能最强劲、最富奢华格调的超豪华SUV车型。凭借搭载汽油、柴油和混合动力发动机的不同车型，宾利添越自面世开始，已斩获多项国际大奖。

品牌介绍

## 阿斯顿·马丁

▶ 阿斯顿·马丁汽车品牌由莱昂内尔·马丁（Lionel Martin）和罗伯特·班福特（Robert Bamford）于1913年在英国组建，总部设在英国盖顿。汽车标志为一只展翅飞翔的大鹏，喻示着该公司像大鹏鸟一样，具有从天而降的冲刺速度和远大志向。

## 阿斯顿·马丁发展

阿斯顿·马丁的创始人莱昂内尔·马丁是一个富裕的赛车手，另一位罗伯特·班福特则是一名工程师。自1913年开始，二人合作制造高级赛车，最初公司的名字是班福德·马丁公司，在伦敦南肯辛顿创立。

1914年，他们生产出自己的第一辆汽车。1915年，阿斯顿·马丁参加了第一个英国街道赛车大赛，让公司以独特的车身设计而闻名。但由于一战的爆发，马丁和班福特不得不进入英国军队服役，公司就此停产，不过好在战后公司又恢复了过来。

1926年，公司推出了自家开发的四门跑车“International”，这是阿斯顿·马丁历史上最重要的产品之一。马丁曾驾驶自己制造的赛车在阿斯顿·克林顿山举行的山地汽车赛中获胜，为了纪念胜利，马丁在1923年把公司和自己的产品都改名为阿斯顿·马丁。

但胜利带来了荣誉却没能带来利润，公司由于业绩不佳被反复转卖。

1947 年，大卫 · 布朗公司收购了阿斯顿 · 马丁公司，该公司的主管大卫 · 布朗，被称为“战后的救世主”。

1972 年，阿斯顿 · 马丁公司被伯明翰的一家公司买下，并于 1975 年再次被出售给北美商人彼得 · 布拉格和乔治 · 敏顿。

1987 年，公司被美国福特公司相中，福特收购了其中 75% 的股份，1994 年 7 月又收购了其余的股份，从此阿斯顿 · 马丁成为福特汽车的品牌之一，和捷豹、路虎一起成为福特的英国“豪华车三杰”之一。

1994 年，阿斯顿 · 马丁成为福特汽车公司的全资子公司。福特除了为其提供财务保障外，还向它提供福特在世界各地的技术、制造和供应系统，支持新产品的设计和开发，令这辆豪华跑车领域中的佼佼者重新焕发出迷人的魅力。

直到 2006 年 8 月，福特汽车宣称将售出该品牌。2007 年，Prodrive（印度塔塔汽车公司，全球最大的独立赛车和车辆技术服务公司之一）老板大卫 · 理查兹以 9.25 亿美元的价格从福特手中购得阿斯顿 · 马丁。

汽车档案

## 阿斯顿·马丁 DB2

| | | | |
|---|---|---|---|
| 英文名 | Aston Martin DB2 | 品牌 | 阿斯顿·马丁 |
| 上市时间 | 1950 年 | 变速箱 | 4 挡手动变速箱 |
| 车身风格 | 跑车 | 前悬挂 | 臂式独立悬挂 |
| 车身结构 | 2 门 2 座硬顶跑车 | 后悬挂 | 半椭圆形钢板弹簧 |
| 发动机 | 2.6L 105 马力 V6 | 刹车 | 鼓式 |
| 驱动方式 | 前置后驱 | 车身尺寸 | 长 4299+ 宽 1651+ 高 1360（毫米） |

汽车介绍

阿斯顿·马丁DB2车型是阿斯顿·马丁公司被大卫·布朗公司收购后推出的一款跑车，它搭
了拉贡达（Lagonda）的2.6L双凸轮六缸发动机，这款发动机是在W.O.Bentley的指导下设计的。

1949年，阿斯顿·马丁公司制造了三台DB2原型车，并参加了当年法国勒芒24小时耐力赛，可惜没能在首次比赛中获胜。但两周后，DB2六缸原型车在比利时斯帕24小时耐力赛中获得了
体第三名。1950年，DB2在纽约车展上公开亮相，它配备了中央锁定的钢丝轮毂，标准配置的
动机产生105马力，有4挡手动变速箱可供选择，特殊车型可以选择方向盘或地板挂杆。

## 阿斯顿・马丁 DB MK III

| | | | |
|---|---|---|---|
| 英文名 | Aston Martin DB Mark III | 品牌 | 阿斯顿・马丁 |
| 上市时间 | 1957 年 | 变速箱 | 4 挡手动变速箱 |
| 车身风格 | 掀背车 | 前悬挂 | 双叉臂独立悬挂 |
| 车身结构 | 2 门 2 座三厢车 | 后悬挂 | 半椭圆形钢板弹簧 |
| 发动机 | 2.9L 162 马力 L6 | 刹车 | 前轮盘式 + 后轮鼓式 |
| 驱动方式 | 前置后驱 | 车身尺寸 | 长 4500+ 宽 1700+ 高 1400（毫米） |

阿斯顿・马丁于1957年推出了Mark III，它的格栅形状延续了阿斯顿・马丁的风格，并采用了创新的2+2三厢掀背车的布置。

DB Mark III上最值得注意的改进在于发动机、变速器和刹车。引擎盖下方是2.9L直列六缸发动机，该发动机由Bentley设计衍生并由Tadek Marek更新，标配的功率为162马力，而更高效的双排气管和双SU化油器是可选配置，可将功率提高到178马力，并在9.3秒内实现零百加速。盖林前盘式刹车后来成为标配，手动变速器的电子超速和新的博格–华纳自动变速器也成为可选配置。

汽车档案

## 阿斯顿·马丁 DB4 GT

| | | | |
|---|---|---|---|
| 英文名 | Aston Martin DB4 GT | 品牌 | 阿斯顿·马丁 |
| 上市时间 | 1960 年 | 变速箱 | 4 挡手动变速箱 |
| 车身风格 | 跑车 | 前悬挂 | 双叉臂独立悬挂 |
| 车身结构 | 2 门 2 座硬顶跑车 | 后悬挂 | 半椭圆形钢板弹簧 |
| 发动机 | 3.8L 314 马力 L6 | 刹车 | 盘式 |
| 驱动方式 | 前置后驱 | 车身尺寸 | 长 4500+ 宽 1700+ 高 1300（毫米） |

汽车介绍

1958年的伦敦车展，阿斯顿·马丁首次展示了他们的新车DB4。这辆车拥有全新设计的双顶凸轮轴直列六缸引擎和强度更高的半铝制Superleggera车身。它既是阿斯顿·马丁的巅峰之作，也有史以来最好的GT车之一。

1960年年末，DB4 GT Zagato在伦敦车展亮相，由意大利著名车身制造商Zagato打造的轻量车身惊艳世人，整车仅重1225公斤。最重要的改动发生在发动机上，原本的3.7L发动机被升级3.8L，三个双喉韦伯化油器和气缸盖的修改使压缩比达到9.7：1，功率输出为314马力，比原版D高60马力。GT的最高速度为243公里/时，6.1秒即可完成零百加速。

## 阿斯顿·马丁 V8 Vantage

| | | | |
|---|---|---|---|
| 英文名 | Aston Martin V8 Vantage | 品牌 | 阿斯顿·马丁 |
| 上市时间 | 1977 年 | 变速箱 | 5 挡手动变速箱 |
| 车身风格 | 轿跑车 | 前悬挂 | 双叉臂独立悬挂 |
| 车身结构 | 2 门 4 座两厢车 | 后悬挂 | 双叉臂独立悬挂 |
| 发动机 | 5.3L 380 马力 V8 | 刹车 | 通风盘式 |
| 驱动方式 | 前置后驱 | 车身尺寸 | 长 4745+ 宽 1944+ 高 1320（毫米） |

阿斯顿·马丁V8 Vantage于1977年正式推出，是欧洲高性能GT跑车与美国肌肉车的完美结合组合。它由强大的八缸发动机提供动力，通过改进凸轮提高压缩比，使得最大功率达到380马力，这使其拥有强悍的直线加速能力，不光在零百公里加速成绩上打败了法拉利Daytona，仅用时5.2秒；其274公里/时的最高速度也让其拥有了“英国第一台超级跑车”的名号，是当时世界上最快的四座量产车。此外，它还配备了高档的Koni减震器，较短的弹簧让驾驶变得轻松舒适。

汽车档案

## 阿斯顿·马丁 DB7

| | | | |
|---|---|---|---|
| 英文名 | Aston Martin DB7 | 品牌 | 阿斯顿·马丁 |
| 上市时间 | 1993 年 | 变速箱 | 5 挡手动变速箱 |
| 车身风格 | 轿跑车 | 前悬挂 | 双叉臂独立悬挂 |
| 车身结构 | 2 门 2 座两厢车 | 后悬挂 | 多连杆独立悬挂 |
| 发动机 | 3.2L 355 马力 L6 | 刹车 | 通风盘式 |
| 驱动方式 | 前置后驱 | 车身尺寸 | 长 4631+ 宽 1820+ 高 1268（毫米 |

汽车介绍

从1972年到1993年期间，由于阿斯顿马丁集中研发V8车型，DB系列沉睡了22年。直到1993日内瓦车展上，阿斯顿·马丁才宣布DB系列，这一有着22年历史的利刃车型也是阿斯顿马丁历上销量最高、最成功的车型回归，首款车型就是DB7，阿斯顿·马丁2.2万辆总销量中有近三分一是由DB7系列贡献的。

DB7采用3.2L直列6缸增压发动机，集成轻合金缸体、每缸4气门的双凸轮轴结构、多点喷射术，最大功率为355马力，变速箱为5速手动和4速自动组合，最高速度可达266公里/时。

## 阿斯顿·马丁 DBS

| | | | |
|---|---|---|---|
| 英文名 | Aston Martin DBS | 品牌 | 阿斯顿·马丁 |
| 上市时间 | 2007 年 | 变速箱 | 6 挡手动变速箱 |
| 车身风格 | 跑车 | 前悬挂 | 双叉臂式独立悬挂 |
| 车身结构 | 2 门 4 座硬顶跑车 | 后悬挂 | 双叉臂式独立悬挂 |
| 发动机 | 6.0L 517 马力 V12 | 刹车 | 陶瓷通风盘式 |
| 驱动方式 | 前置后驱 | 车身尺寸 | 长 4721+ 宽 1905+ 高 1280（毫米） |

1967年9月，阿斯顿·马丁推出了DB系列的全新型号——DBS。1972年，阿斯顿·马丁DBS正式停产，与它一同结束的还有戴维·布朗对阿斯顿·马丁公司的掌控。1987年，福特公司收购了阿斯顿·马丁，并于1993年完全取得管理权。

2006年，阿斯顿·马丁公司终于再度启用“DBS”这一产品型号，研发出了一款全新的跑车。新款的阿斯顿·马丁DBS搭载6.0L V12引擎，最大功率为517马力，最高速度为320公里/时，零百公里加速时间为4.3秒，兼具了公路跑车与赛道跑车的双重性能，车身外形符合高性能的空气动力学要求。

汽车档案

## 阿斯顿·马丁 One–77

| | | | |
|---|---|---|---|
| 英文名 | Aston Martin One–77 | 品牌 | 阿斯顿·马丁 |
| 上市时间 | 2011 年 | 变速箱 | 6 挡手自一体变速箱 |
| 车身风格 | 跑车 | 前悬挂 | 双叉臂式独立悬挂 |
| 车身结构 | 2 门 2 座两厢车 | 后悬挂 | 双叉臂式独立悬挂 |
| 发动机 | 7.3L 760 马力 V12 | 刹车 | 通风盘式 |
| 驱动方式 | 前置后驱 | 车身尺寸 | 长 4600+ 宽 1999+ 高 1222（毫米） |

汽车介绍

阿斯顿·马丁于2009年6月在巴黎车展上展出了全新的旗舰车型One–77，该车型于2011年正上市。One–77搭载一台自然吸气7.3L V12发动机，最大功率为760马力，最大扭矩为750牛·米，高速度为354公里/时。

除了强劲的动力外，One–77还是用了碳纤维一体式底盘结构、复合陶瓷刹车系统以及可调悬挂系统。传递发动机输出的则是一台6挡半自动变速器，而P Zero Corsa轮胎则是由倍耐力为该特别提供，在3.5秒内可以让该车完成零百公里加速。

## 阿斯顿·马丁 V12 Zagato

| | | | |
|---|---|---|---|
| 英文名 | Aston Martin V12 Zagato | 品牌 | 阿斯顿·马丁 |
| 上市时间 | 2013 年 | 变速箱 | 6 挡手动变速箱 |
| 车身风格 | 跑车 | 前悬挂 | 双横臂式独立悬挂 |
| 车身结构 | 2 门 4 座硬顶跑车 | 后悬挂 | 双横臂式独立悬挂 |
| 发动机 | 6.0L 517 马力 V12 | 刹车 | 陶瓷通风盘式 |
| 驱动方式 | 前置后驱 | 车身尺寸 | 长 4385+ 宽 1865+ 高 1250（毫米） |

阿斯顿·马丁V12 Zagato是以V12 Vantage为基础打造的一款超级跑车。外观方面，V12 Zagato保留了阿斯顿·马丁经典的设计元素，只是在格栅的条纹上进行了创新，体现出Zagato定位的与众不同。车尾造型是Zagato设计风格的集中体现，硕大的后扰流板、后灯舱以及尾部扩散器等都采用了碳纤维材质，以降低车身重量。

动力部分，阿斯顿·马丁搭载的是一台高功率6.0L V12发动机，最大输出功率为517马力，峰值扭矩为570牛·米，最高速度为305公里/时，零百公里加速时间仅需4.2秒。

汽车档案

## 阿斯顿・马丁 DBX 2020年款

| | | | |
|---|---|---|---|
| 英文名 | Aston Martin DBX | 品牌 | 阿斯顿・马丁 |
| 上市时间 | 2020 年 | 变速箱 | 9 挡手自一体变速箱 |
| 车身风格 | 中大型 SUV | 前悬挂 | 双叉臂式独立悬挂 |
| 车身结构 | 5 门 5 座 SUV | 后悬挂 | 多连杆式独立悬挂 |
| 发动机 | 4.0T 550 马力 V8 | 刹车 | 通风盘式 |
| 驱动方式 | 前置四驱 | 车身尺寸 | 长 5039+ 宽 1998+ 高 1680（毫米 |

汽车介绍

DBX是阿斯顿・马丁的首款SUV车型，意味着阿斯顿・马丁正式进入新的细分领域，开启牌全新时代。作为阿斯顿・马丁历史上首款具备多地形征服能力的车型，DBX原型车所经历的球测试项目是迄今为止所有阿斯顿・马丁产品中最全面的。

动力方面，DBX搭载4.0L V8双涡轮增压发动机，相比曾使用在DB11与Vantage V8版本车型的发动机来说已经全面更新，最大功率为550马力，峰值扭矩为700牛・米。同时搭载的自动闭缸术可提高燃油经济性，驱动DBX从静止加速至100公里/时仅需4.5秒，最高速度为291公里/时。

## 阿斯顿·马丁 Valhalla

| | | | |
|---|---|---|---|
| 英文名 | Aston Martin Valhalla | 品牌 | 阿斯顿·马丁 |
| 上市时间 | 2022 年 | 变速箱 | 8 挡湿式双离合变速箱 |
| 车身风格 | 跑车 | 前悬挂 | 横向推杆水平悬架 |
| 车身结构 | 2 门 4 座硬顶跑车 | 后悬挂 | 多连杆式独立悬挂 |
| 发动机 | 4.0T 750 马力 V8 | 刹车 | 陶瓷通风盘式 |
| 驱动方式 | 双电机四驱 | 车身尺寸 | 长 4385+ 宽 1865+ 高 1250（毫米） |

Valhalla是阿斯顿·马丁首款混合动力超级跑车，采用历经一级方程式赛车淬炼的底盘、空气动力学和电子专业技术，并以尖端混合动力系统技术核心，具备了人们对参与一级方程式竞赛的汽车品牌所期望的纯正空气动力学功能。

Valhalla中置4.0L V8双涡轮增压发动机的最大功率输出为750马力，前后桥还配备了一套150千瓦的双电机组，系统综合输出功率超过950马力，2.5秒即可完成零百公里加速，最高时速限制在350公里/时，在纯电动模式下可以达到130公里/时。

品牌介绍

## 劳斯莱斯

▶ 劳斯莱斯（Rolls-Royce）是英国豪华汽车品牌，在1906年成立，公司创始人为亨利·莱斯（Frederick Henry Royce）和查理·劳斯（Charles Stewart Rolls）。劳斯莱斯出产的轿车是顶级汽车的杰出代表，以其豪华而享誉全球，是欧美汽车的主要代表之一。

## 劳斯莱斯故事

20 世纪初，两位最具创新意识的时代先锋开始了精彩非凡的合作之路。在电气和机械业务方面成就显赫的工程师亨利·莱斯和英国最早的汽车经销商之一——CS Rolls & Co 公司的拥有者查理·劳斯在 1904 年相遇并签订协议：莱斯的公司生产的汽车由 CS Rolls & Co 公司独家销售，并使用“Rolls-Royce”名称。就这样，一家崭新的公司诞生了。

最初的劳斯莱斯与其竞争对手相比具有两大特点：制造工艺简单、行驶时噪声极低，这两大优势很快就成为劳斯莱斯的特色。自创立之日后仅仅三年，劳斯莱斯公司便在 1907 年打造出银魂，为品牌的传奇历程奠定了基础。

1913 年，在穿越一段约 231279 公里最艰难的山区，圆满完成阿尔卑斯实验之旅后，银魂以出色的舒适性和可靠性被评论家称为“世界上最好的汽车”。

20 世纪 30 年代，劳斯莱斯发动机打破了多项陆地和海上世界纪录。汽车行业见证了幻影 III（Phantom III）的问世——史上首款搭载 V12 发动机的劳斯莱斯。

在活跃的 20 世纪 60 年代，劳斯莱斯开始吸引一批新的客户。众多演员、摇滚明星和知名人士都选择劳斯莱斯汽车作为自己成功的标志。20 世纪 70 年代对劳斯莱斯而言则充满挑战，公司分割为两个独立公司，但仍然能够制造出令人心动的新车。

1980 年，英国国防公司 Vickers 收购了劳斯莱斯有限公司，继续生产劳斯莱斯和宾利汽车。1985 年，公司更名为劳斯莱斯汽车有限公司，并在伦敦证券交易所成功上市。

20 世纪 90 年代，宝马集团购入劳斯莱斯汽车的生产权，随后启用了全新的制造工厂：位于古德伍德的劳斯莱斯之家，标志着品牌历史的新篇章。

**加油站**

劳斯莱斯公司的平面车标采用两个重叠在一起的“R”，这是两位创始人姓名的第一个字母，体现了两人融洽及和谐的关系。而劳斯莱斯更为人所熟知的车标是小金人，也就是于 1911 年 2 月 6 日注册为劳斯莱斯汽车官方吉祥物的立标“欢庆女神”，原型是以巴黎的编舞家、舞蹈家珞伊·弗勒为动作参考的英国保守党议员蒙塔古的情人艾琳娜·桑顿。

汽车档案

## 第一代劳斯莱斯 银魂 40/50HP

| | | | |
|---|---|---|---|
| 英文名 | Rolls Royce Silver Ghost 40/50HP | 品牌 | 劳斯莱斯 |
| 上市时间 | 1907 年 | 变速箱 | 3 挡手动变速箱 |
| 车身风格 | 轿车 | 前悬挂 | 钢板弹簧 |
| 车身结构 | 2 门 4 座两厢车 | 后悬挂 | 钢板弹簧 |
| 发动机 | 7.0L 36kw L6 | 刹车 | 机械鼓式 |
| 驱动方式 | 前置后驱 | 车身尺寸 | 长 4500+ 宽 1800+ 高 1500（毫米） |

汽车介绍

1906年，成立仅两年的劳斯莱斯有限公司在伦敦奥林匹亚车展上首度展示了全新车型40/5 HP，并于1907年3月正式上市。为了向世人证明劳斯莱斯汽车的可靠性，Silver Ghost被用作长距行驶的可靠性展示，它曾在伦敦和格拉斯哥之间往返27次，总里程超2.4万公里。

在1925年之前，“Silver Ghost”这个名字仅代表着那台有着银灰色车漆和镀银配件，底盘编为60551、注册编号为AX201的第12辆40/50HP特别版车型，银魂的车名也正是得自于此。而如今银魂已经被用来泛指劳斯莱斯生产于1907年至1925年之间的全部40/50 HP系列车型。

## 第一代劳斯莱斯 幻影

| | | | |
|---|---|---|---|
| 英文名 | Rolls Royce Phantom I | 品牌 | 劳斯莱斯 |
| 上市时间 | 1925 年 | 变速箱 | 3 挡手动变速箱 |
| 车身风格 | 轿车 | 前悬挂 | 半椭圆形钢板弹簧 |
| 车身结构 | 4 门 4 座两厢车 | 后悬挂 | 悬臂弹簧 |
| 发动机 | 7.7L 直列六缸发动机 | 刹车 | 机械鼓式 |
| 驱动方式 | 前置后驱 | 车身尺寸 | 长 5000+ 宽 1900+ 高 1600（毫米） |

劳斯莱斯幻影是劳斯莱斯最初的银魂的替代品，于1925年作为新系列推出，拥有比银魂更强大的发动机，并使用推杆操作的顶置阀代替银魂的侧阀。

第一代幻影是在高度保密的情况下开发的，项目代号为“东方装甲车”，采用前置后驱布局，搭载7.6L直列式6缸发动机。在当时那个年代，这个排量的发动机已经是顶尖水准了，同时在车头的用料方面，第一代幻影也是采用了铁制材料，一直到1928年的时候才换成了铝制材料。

汽车档案

## 第一代劳斯莱斯 银魅

| | | | |
|---|---|---|---|
| 英文名 | Rolls Royce Silver Wraith | 品牌 | 劳斯莱斯 |
| 上市时间 | 1946 年 | 变速箱 | 4 挡手动变速箱 |
| 车身风格 | 轿车 | 前悬挂 | 螺旋弹簧 |
| 车身结构 | 4 门 4 座两厢车 | 后悬挂 | 钢板弹簧 |
| 发动机 | 4.25L OHV 横向流量六缸发动机 | 刹车 | 液压鼓式 |
| 驱动方式 | 前置后驱 | 车身尺寸 | 长 5000+ 宽 1900+ 高 1600（毫米 |

汽车介绍

1938年，劳斯莱斯推出魅影（Wraith）车型，将“小型劳斯莱斯”推向巅峰。1946年3月，斯莱斯推出二战后的首款新车——银色魅影（Silver Wraith）。

由于战后资源匮乏，汽油资源实行了配给制，并对豪华汽车实行高税费，所以劳斯莱斯舍弃一些原有的奢侈，降低了配置，将银魅设计为一款十分易于维护的车型。该车型依然遵循战前仅供可行驶底盘的传统，其主要技术参数与宾利Mark VI相同，但产品周期长于宾利，在不断的改中一直生产到1959年。

## 第一代劳斯莱斯 银色黎明

| | | | |
|---|---|---|---|
| 英文名 | Rolls Royce Silver Dawn | 品牌 | 劳斯莱斯 |
| 上市时间 | 1949 年 | 变速箱 | 4 挡手动变速箱 |
| 车身风格 | 敞篷跑车 | 前悬挂 | 螺旋弹簧 |
| 车身结构 | 2 门 4 座软顶敞篷车 | 后悬挂 | 半椭圆形钢板弹簧 |
| 发动机 | 直列六缸发动机 | 刹车 | 鼓式 |
| 驱动方式 | 前置后驱 | 车身尺寸 | 长 5200+ 宽 1900+ 高 1500（毫米） |

劳斯莱斯银色黎明是劳斯莱斯在1949年至1955年间在克鲁（Crewe）工厂生产的一款豪华敞篷车，二战之后欧洲汽车市场蓬勃发展，许多曾经的军工品牌开始转向民用汽车领域，但有着豪华基础的劳斯莱斯仍然是奢侈领域的最佳代表。

这是第一辆提供工厂车身的劳斯莱斯汽车，它的底盘与Bentley Mark VI一起使用直至1952年，然后是Bentley R Type，直到1955年停止生产。该车首次作为出口车型推出，左侧驾驶模型具有柱齿轮更换，而右侧驱动器通过门更换了底板。

汽车档案

## 第一代劳斯莱斯 银影

| | | | |
|---|---|---|---|
| 英文名 | Rolls Royce Silver Shadow | 品牌 | 劳斯莱斯 |
| 上市时间 | 1965 年 | 变速箱 | 4 挡自动变速箱 |
| 车身风格 | 大型轿车 | 前悬挂 | 双叉臂独立悬架 |
| 车身结构 | 4 门 4 座三厢车 | 后悬挂 | 独立后悬架 |
| 发动机 | 6.23L 220 马力 V8 | 刹车 | 盘式刹车 |
| 驱动方式 | 前置后驱 | 车身尺寸 | 长 5170+ 宽 1800+ 高 1520（毫米 |

汽车介绍

劳斯莱斯银影是劳斯莱斯公司自1965年至1980年间生产的全尺寸超豪华轿车，分支型号多达种，是劳斯莱斯历史上分支最多的产品。

第一代银影于1965年10月推出，于1976年停产，搭载了带有自动调平功能的独立后悬架以及尺寸制动盘，全新的车身结构不受到框架影响，可以为车内乘员提供更大的乘坐空间，同时优化车辆自重。1967年年末之后出厂的车辆能够打开小三角窗，1968年之后出厂的车配备侧灯，1971之前出厂的车辆配备封闭式轮毂，此后才开始配备通风式轮毂。

## 第一代劳斯莱斯 古思特

| | | | |
|---|---|---|---|
| 英文名 | Rolls Royce Ghost | 品牌 | 劳斯莱斯 |
| 上市时间 | 2010 年 | 变速箱 | 8 挡自动变速箱 |
| 车身风格 | 大型车 | 前悬挂 | 双叉臂式独立悬挂 |
| 车身结构 | 4 门 5 座三厢车 | 后悬挂 | 双叉臂式独立悬挂 |
| 发动机 | 6.6T 571 马力 V12 | 刹车 | 通风盘式 |
| 驱动方式 | 前置后驱 | 车身尺寸 | 长 5399+ 宽 1948+ 高 1550（毫米） |

2009年，劳斯莱斯于日内瓦车展推出200EX概念车，与同期的宝马7系共享平台，但是体积远超宝马7系，概念车搭载了新的V12发动机，为古思特（Ghost）的出现作出铺垫。

第一代Ghost于2010年推出，定位为劳斯莱斯汽车旗下的超豪华四门轿车，提供标轴版和长轴版，搭载6.6L V12双涡轮增压发动机，最大功率可达571马力，最大扭矩可达780牛·米，配备ZF8速手自一体变速器，整车重量为2435公斤，零百公里加速时间为4.9秒，而电子限速在250公里/时。

汽车档案

## 第一代劳斯莱斯 库里南

| | | | |
|---|---|---|---|
| 英文名 | Rolls Royce Cullinan | 品牌 | 劳斯莱斯 |
| 上市时间 | 2018 年 | 变速箱 | 8 挡自动变速箱 |
| 车身风格 | 大型 SUV | 前悬挂 | 双叉臂式独立悬挂 |
| 车身结构 | 5 门 5 座 SUV | 后悬挂 | 双叉臂式独立悬挂 |
| 发动机 | 6.7T 571 马力 V12 | 刹车 | 通风盘式 |
| 驱动方式 | 前置四驱 | 车身尺寸 | 长 5341+ 宽 2000+ 高 1837（毫米 |

汽车介绍

2015年，劳斯莱斯汽车宣布将推出一款高身车型，并将计划命名为“Cullinan”。2018年2月日，劳斯莱斯汽车正式公布新车名称为“Cullinan”。2018年5月10日，劳斯莱斯首款SUV，也是二款搭载劳斯莱斯铝制奢华构架的车型——库里南正式发布。

库里南的行李箱与座舱由一块玻璃分隔，使其成为业内首款“三厢型”SUV。采用经过针对改良的6.75L V12双涡轮增压发动机，可输出功率为563马力。首次搭载了全时四驱系统以获得更通过性，并配有全轮转向系统，使得车辆更加灵活，自适应空气悬架加粗了空气柱，更好地适应野路面。

## 劳斯莱斯 闪灵

| | | | |
|---|---|---|---|
| 英文名 | Rolls Royce Spectre | 品牌 | 劳斯莱斯 |
| 上市时间 | 2023 年 | 变速箱 | 8 挡自动变速箱 |
| 车身风格 | 跑车 | 前悬挂 | 双叉臂独立悬挂 |
| 车身结构 | 2 门 4 座硬顶跑车 | 后悬挂 | 多连杆独立悬挂 |
| 发动机 | 纯电动 585 马力 | 刹车 | 通风盘式 |
| 驱动方式 | 双电机四驱 | 车身尺寸 | 长 5453+ 宽 2080+ 高 1559（毫米） |

在2023年4月18日的上海车展上，劳斯莱斯旗下首款纯电动车闪灵（Spectre）在国内正式亮相。Spectre是劳斯莱斯品牌史上风阻系数最低的车型，其风阻系数仅为0.25cd，拥有使用不锈钢制作而成的、品牌历史上最宽的前格栅用以分配气流，车辆尾部采用掀背设计，颇似过往的经典车型，流畅的上部轮廓进一步减小了车辆的风阻。

Spectre基于劳斯莱斯奢华架构进行开发，该平台曾在第八代幻影、库里南以及古思特上出现，将挤压型铝材以及电池总成集合于空间框架之中，使得车身刚性较以往的车型提升了30%。

品牌介绍

## 迈凯伦

▶ 总部设在英国沃金的迈凯伦集团前身是一级方程式赛车老牌强队，并获得众多辉煌荣耀——8个车队世界冠军、12个车手年度冠军、151个单圈最快成绩、155个杆位首发、722场比赛里共获得182个分站冠军，这些荣耀也让迈凯伦品牌成为传奇。

## 迈凯伦发展

迈凯伦传奇的缔造者布鲁斯·迈凯伦除了是一位杰出的工程师、设计师、发明家和测试员外，同时也是一名天才赛车手。

果敢坚定——这正是迈凯伦创始人布鲁斯·迈凯伦给人们留下最深刻的印象。在学生时期，年仅 15 岁的布鲁斯便以这种源自内心深处的笃定毅力，成功地用一盒零散件改装了一辆老旧的 Austin 7 汽车，并完成了他人生中的首场比赛，由此点燃了他对汽车和赛车运动的满腔热情。

在他的家乡奥克兰及其周边地区的俱乐部赛事中，布鲁斯不断磨砺、成长，以此练就的高超驾驶技能助他登上赛车运动领域的巅峰——F1 赛车。年仅 22 岁的布鲁斯便斩获了他的首个大奖赛冠军，成为当时史上最年轻的大奖赛冠军得主，也是 F1 大奖赛历史上仅有的两位驾驶以自己名字命名的赛车赢得比赛的车手之一。

在他视赛车为生命的一生中，布鲁斯斩获了无数个冠军头衔。然而，他的志向并未止步于赛车，布鲁斯还拥有工程师的头脑。1963 年，年仅 26 岁的布鲁斯·迈凯伦和车手 Timmy Mayer 合伙创立了迈凯伦汽车公司，致力于打造自己的专属赛车。

可惜的是，32 岁的布鲁斯 · 迈凯伦却在古德伍德赛道上测试为加美大奖赛设计的 M8D 赛车时不幸罹难，为其短暂而传奇的一生画上了句号。

虽痛失创始人，但众多赛车名人的加入让迈凯伦这招牌依旧辉煌。1984 年，F2 Project Four 车队的老板罗恩 · 丹尼斯（Ron Dennis）加入迈凯伦，出任车队管理者。这也开启了迈凯伦历史上最辉煌的时代——拥有尼基 · 劳达（Niki Lauda）、阿兰 · 普罗斯特（Alain Prost）以及埃尔顿 · 塞纳（Ayrton Senna）等顶级车手的迈凯伦车队，在此期间共获得 7 个车手总冠军以及 6 个车队冠军，缔造了一个难以超逾的“迈凯伦传奇”。

在长达 50 多年的赛车征程史中，迈凯伦创造出一系列前所未有的公路跑车杰作。其产品线也于 2011 年迅速拓展，短短几年内，迈凯伦凭借 M838T 发动机研发出针对不同市场需求的三大跑车系列——终极跑车系列、超级跑车系列和运动跑车系列。

迈凯伦的每一台跑车都整合了源自赛车的尖端技术、先驱般的创新精神和对于细节的执着追求。正如创始人布鲁斯 · 迈凯伦所说，“我认为生命的意义并非仅以年岁来计算，而是以成就来衡量。”

汽车档案

## 迈凯伦 F1

| | | | |
|---|---|---|---|
| 英文名 | McLaren F1 | 品牌 | 迈凯伦 |
| 上市时间 | 1994 年 | 变速箱 | 6 挡手动变速箱 |
| 车身风格 | 跑车 | 前悬挂 | 双叉臂式独立悬挂 |
| 车身结构 | 2 门 3 座硬顶跑车 | 后悬挂 | 双叉臂式独立悬挂 |
| 发动机 | 6.1L 627 马力 V12 | 刹车 | 通风盘式 |
| 驱动方式 | 中置后驱 | 车身尺寸 | 长 4288+ 宽 1820+ 高 1140（毫米） |

汽车介绍

McLaren F1是一款在1990年由迈凯伦工程师结合大量F1赛车技术研制生产的经典超跑，其名字中的“F1”也由此而来。McLaren F1能在3.2秒内完成零百公里加速，最大速度为380公里/时。从1994年进入批量生产到2005年停产，McLaren F1保持全球最速量产跑车的记录达12年之久。

1993年的XP4是McLaren F1的第一个型号，最大功率为627马力，是第一款使用碳纤维硬壳底盘的量产车，车身重量仅1180公斤，装备可变尾部扰流板，拥有Air-Brake装置，此装置在当今的大多数跑车上已成为标准装备。

## 迈凯伦 MP4-12C

| | | | |
|---|---|---|---|
| 英文名 | McLaren MP4-12C | 品牌 | 迈凯伦 |
| 上市时间 | 2011 年 | 变速箱 | 7 挡双离合变速箱 |
| 车身风格 | 跑车 | 前悬挂 | 双叉臂式独立悬挂 |
| 车身结构 | 2 门 2 座硬顶跑车 | 后悬挂 | 双叉臂式独立悬挂 |
| 发动机 | 3.8L 600 马力 V8 | 刹车 | 通风盘式 |
| 驱动方式 | 中置后驱 | 车身尺寸 | 长 4507+ 宽 1908+ 高 1199（毫米） |

迈凯轮MP4-12C是一款迈凯轮F1赛车，继承了一级方程式赛车的血统，不管是直线加速能力还是赛道能力都极为强悍。车身内安放一台3.8L双涡轮增压90度夹角V8发动机，峰值功率输出高达600马力，最大扭矩达到600牛·米，零百加速时间仅需3.3秒。

车名中的“12”表示强调性能和效率，也表示它应用了1997年的MP4-12的F1赛车上的半自动制动辅助转向系统，“C”表示车型使用了碳纤维单体式座舱，相比竞争对手和前任的McLaren F1超跑用多块冲压钢板焊接而成的车体更结实、更轻巧，碳纤维座舱仅重80千克。

汽车档案

## 迈凯伦 P1

| | | | |
|---|---|---|---|
| 英文名 | McLaren P1 | 品牌 | 迈凯伦 |
| 上市时间 | 2014 年 | 变速箱 | 7 挡双离合变速箱 |
| 车身风格 | 跑车 | 前悬挂 | 双横臂式独立悬挂 |
| 车身结构 | 2 门 2 座硬顶跑车 | 后悬挂 | 双横臂式独立悬挂 |
| 发动机 | 3.8T 737 马力 V8 插电式混动 | 刹车 | 陶瓷通风盘式 |
| 驱动方式 | 中置后驱 | 车身尺寸 | 长 4588+ 宽 2144+ 高 1188（毫米） |

汽车介绍

在2012年9月末的巴黎国际车展上，迈凯轮旗下备受关注的P1概念跑车正式发布，实际上该车就是迈凯轮F1继任者的原型车。在外观方面，迈凯轮P1概念车借鉴了MP4-12C的设计语言，并在此基础上为新车融入了全新的设计元素，2014年的迈凯轮P1量产版和概念版几乎没有区别。

迈凯轮P1是一款极速可达350公里/时的超级跑车，零百公里加速时间仅需2.8秒。该车搭载一台3.8L V8发动机，最大功率为737马力。此外，这台车还可以利用其特有的KERS动能回收系统获得另外179马力的额外功率，这个动能回收系统也同时被运用在迈凯伦F1赛车上。

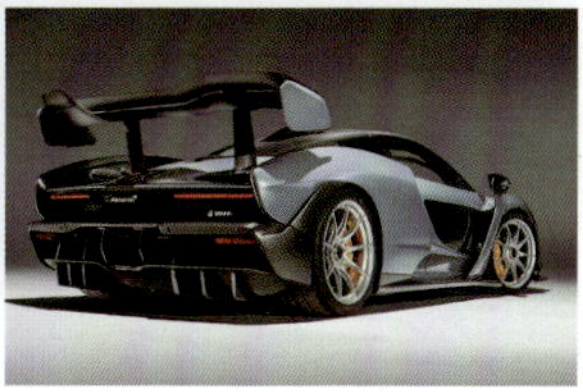

## 迈凯伦 塞纳

| | | | |
|---|---|---|---|
| 英文名 | McLaren Senna | 品牌 | 迈凯伦 |
| 上市时间 | 2018 年 | 变速箱 | 7 挡双离合变速箱 |
| 车身风格 | 跑车 | 前悬挂 | 双横臂式独立悬挂 |
| 车身结构 | 2 门 2 座硬顶跑车 | 后悬挂 | 双横臂式独立悬挂 |
| 发动机 | 4.0T 800 马力 V8 | 刹车 | 陶瓷通风盘式 |
| 驱动方式 | 中置后驱 | 车身尺寸 | 长 4543+ 宽 2059+ 高 1196（毫米） |

2018年，迈凯伦发布了以巴西车神Senna塞纳的名字命名的旗舰跑车，大大的垂直尾翼、透明的车门设计以及789马力、800牛·米的性能数据令人印象深刻。

Senna采用了碳纤维底盘，搭载4.0L双涡轮增压V8发动机，匹配7速双离合变速箱，使用双叉臂悬架搭配液压减震。这辆车采用全新碳纤维车身打造，整备质量仅为1198公斤，比迈凯伦P1轻了近200公斤。如此轻的车身搭配高达789马力（迈凯伦官方称800马力）的动力输出，这辆车的零百公里加速仅需2.7秒，最高车速可以达到340公里/时。

汽车档案

## 迈凯伦 Artura

| | | | |
|---|---|---|---|
| 英文名 | McLaren Artura | 品牌 | 迈凯伦 |
| 上市时间 | 2021 年 | 变速箱 | 8 挡双离合变速箱 |
| 车身风格 | 跑车 | 前悬挂 | 双叉臂式独立悬挂 |
| 车身结构 | 2 门 2 座硬顶跑车 | 后悬挂 | 多连杆式独立悬挂 |
| 发动机 | 3.0T 585 马力 V6 插电式混动 | 刹车 | 陶瓷通风盘式 |
| 驱动方式 | 中置后驱 | 车身尺寸 | 长 4539+ 宽 1913+ 高 1193（毫米） |

汽车介绍

迈凯伦Artura是迈凯伦旗下的一款混合动力跑车，也是首款基于迈凯伦轻量化碳纤维架构（MCLA）打造的车型，动力系统由3.0L双涡轮增压V6汽油发动机、电动机与高能电池组构成，综合输出功率为680马力，峰值扭矩为720牛·米，零百公里加速时间仅需3.0秒。电动机匹配的电池组由五个锂离子电池模块构成，可用容量为7.4度电，纯电动续航里程达30公里。

Artura轻量化车身采用超塑成形铝材与碳纤维，打造黄金超跑比例，外形遵从功能设计理念呈现紧裹式设计造型，自重低至1498公斤。

## 迈凯伦 Speedtail

| | | | |
|---|---|---|---|
| 英文名 | McLaren Speedtail | 品牌 | 迈凯伦 |
| 上市时间 | 2020 年 | 变速箱 | 7 挡双离合变速箱 |
| 车身风格 | 跑车 | 前悬挂 | 双横臂式独立悬挂 |
| 车身结构 | 2 门 3 座硬顶跑车 | 后悬挂 | 双横臂式独立悬挂 |
| 发动机 | 4.0T 1050 马力 V8 | 刹车 | 陶瓷通风盘式 |
| 驱动方式 | 中置后驱 | 车身尺寸 | 长 5140+ 宽 2000+ 高 1200（毫米） |

迈凯伦Speedtail是迈6+凯伦有史以来第一款超级GT，也是空气动力效率更佳、速度更快的一款车型。其核心是创新的1050马力混合动力，令人惊叹的空气动力设计将创新理念与优雅设计相结合，为汽车设计树立了全新标杆。

Speedtail从静止加速到300公里/时仅需12.8秒，这也是迄今为止迈凯伦车型所达到的更快加速度。此外，它还能继续保持加速，最终达到令人震撼的400公里/时最高速度，快过迈凯伦以往所生产的任何一款公路跑车。

品牌介绍

MINI

▶ MINI是由英国汽车公司推出后被宝马公司持有的一款汽车品牌，是一款风靡全球、个性十足的小型两厢车。在半个多世纪的历史里，MINI获得了巨大的成功。2000年旧款MINI停止生产，宝马（BMW）宣布推出MINI的继承车款，并将新车的品牌定为MINI。

## MINI 历史

MINI 品牌的创始人亚历克·伊兹高尼（Alec Issigonis）于 1906 年出生在土耳其士麦那（Smyrna，今称伊兹密尔），1923 年，他来到英国学习机械工程，毕业后做了不少关于汽车机械的工作。1936 年，他加入了莫里斯汽车公司（Morris Motor）的设计部门，负责悬挂系统的设计。

1950 年，亚历克参与了前轮驱动型 Morris Minor 轿车的设计，虽然该车的生产最终夭折，但它的概念用到了以后 MINI 车型的设计中。1952 年，莫里斯汽车公司和奥斯丁汽车公司合并组成了英国汽车公司（British Motor Corporation）。1955 年，亚历克·伊兹高尼进入了 BMC 工作，经过三年的时间成为 BMC 公司的设计主管。

由于 1956 年爆发的第二次中东战争使得英国的汽油紧张，BMC 公司决定生产一种比较经济省油的小型汽车。1959 年的 8 月 26 日，世界上第一辆 MINI 从 BMC 的生产线上开下来。长 3 米、宽 1.41 米、高 1.35 米的超级紧凑造型令 MINI 在车坛立即掀起了波澜，从这时开始，MINI 开始了其 50 多年的风靡历程。

20 世纪 60 年代，MINI 逐渐拥有了“人人须有的时尚装饰物”的定位。亚历克·伊兹高尼的好友约翰·库珀（John Cooper）——一个经验丰富的赛车改装专家建议亚历克建造更高性能的 MINI，那样会令 MINI 在市场更具竞争力。

BMC 公司采纳了 John Cooper 的建议，并与其一起研究升级 MINI 的方案。在经过一系列的改装和测试后，1961 年 10 月，世界上第一辆 MINI Cooper 终于面世。

从 1960 年到 1964 年之间，为了吸引不同的客户，MINI 还衍生出多种不同的车型，从旅行车、微型客车到皮卡车各种车型应有尽有。

然而在 20 世纪 70 年代，种种因素导致 MINI 的生产大受影响。1980 年，BMC 公司改名为奥斯丁·莫里斯集团（Austin Morris Group），MINI 的名字也改成了 Austin MINI。直到 1988 年路虎集团入驻 Austin Morris 集团，才保持了 MINI 的生产，MINI 也从 Austin MINI 改名成为 Rover MINI。

进入 20 世纪 90 年代，路虎重新发展的 MINI 车在世界各地再次受到了人们的关注。然而路虎公司自身也是几经辗转，宝马汽车公司收购路虎后背上了沉重的包袱，于是在 2000 年年初将路虎转卖给福特，却将 MINI 留了下来，并投入近 3.6 亿欧元重建了设在英国牛津的 MINI 车厂。2001 年，经过宝马重新设计的全新 MINI 问世。

▲汽车档案

## MINI Cooper

| | | | |
|---|---|---|---|
| 英文名 | MINI Cooper | 品牌 | 迷你 |
| 上市时间 | 1961 年 | 变速箱 | 4 挡手动变速箱 |
| 车身风格 | 紧凑型车 | 前悬挂 | 麦弗逊式独立悬挂 |
| 车身结构 | 2 门 4 座两厢车 | 后悬挂 | 橡胶弹簧 |
| 发动机 | 0.9L 55 马力 | 刹车 | 前轮盘式 + 后轮鼓式 |
| 驱动方式 | 前置前驱 | 车身尺寸 | 长 3050+ 宽 1410+ 高 1350（毫米） |

▼汽车介绍

1961年10月，世界上第一辆MINI Cooper面世，它采用997ml排量的发动机，引擎曲轴和引擎盖都经过特别改装，输出功率达到55马力，最高速度达到了136公里/时，让MINI的动力和可玩性大大增强。发布后仅仅一周的时间，1000台MINI Cooper就被抢购一空。

这款车除了采用了竞技化调教的发动机，还配备了双SU化油器、密齿变速箱和前盘式制动器，在当时的小型车中并不常见。1964年，997cc发动机被更短冲程更大缸径的998cc机组所取代。MINI Cooper车型也没有辜负John Cooper的期望，一经推出便在拉力赛场上大杀四方。

## MINI Cooper S

| | | | |
|---|---|---|---|
| 英文名 | MINI Cooper S | 品牌 | 迷你 |
| 上市时间 | 1963 年 | 变速箱 | 4 挡手动变速箱 |
| 车身风格 | 紧凑型车 | 前悬挂 | 麦弗逊式独立悬挂 |
| 车身结构 | 2 门 4 座两厢车 | 后悬挂 | 半独立悬挂 |
| 发动机 | 1.0L 70 马力 | 刹车 | 前轮盘式 + 后轮鼓式 |
| 驱动方式 | 前置前驱 | 车身尺寸 | 长 3050+ 宽 1410+ 高 1350（毫米） |

1963年，BMC公司应时势所驱推出了MINI Cooper S，“S”代表着“Special”，证明该车型是一个专为赛车而生的特别版本。MINI Cooper S装配了1071cc的引擎，最大功率为70马力，极速接近160公里/时。

1964年，亨利·利登（Henry Liddon）和帕迪·霍普柯克（Paddy Hopkirk）驾驶编号为37号的MINI Cooper S首次参加了蒙特卡洛拉力赛，并获得冠军，这也使得37成为MINI的幸运数字，整个20世纪60年代，MINI在赛场上共赢得了超过25个比赛冠军。

汽车档案

## MINI MK II

| | | | |
|---|---|---|---|
| 英文名 | MINI MK II | 品牌 | 迷你 |
| 上市时间 | 1967 年 | 变速箱 | 4 挡手动变速箱 |
| 车身风格 | 紧凑型车 | 前悬挂 | 液压悬挂 |
| 车身结构 | 2 门 4 座两厢车 | 后悬挂 | 液压悬挂 |
| 发动机 | 1.0L 55 马力 | 刹车 | 前轮盘式 + 后轮鼓式 |
| 驱动方式 | 前置前驱 | 车身尺寸 | 长 3055+ 宽 1410+ 高 1350（毫米） |

汽车介绍

1967年，BMC推出了经过重新设计的“第二代”MINI，新的六边形进气格栅取代原先的半圆弧形格栅，后车窗增大，轮毂采用新的设计等。但MK I车型车门上的外露式铰链仍被保留，使之成为MK II车型区别于Mk III及以后车型的最显著外观特征之一。

MINI MK II在1967年到1969年期间生产，可见该版本持续的时间并不长，因为两年之后，BMC公司变成了BLMC（British Leyland Motor Corporation）公司，随即MINI MK II车型也被MINI MK III取代了。

## MINI Coupe

| | | | |
|---|---|---|---|
| 英文名 | MINI Coupe | 品牌 | 迷你 |
| 上市时间 | 2009 年 | 变速箱 | 6 挡手自一体变速箱 |
| 车身风格 | 跑车 | 前悬挂 | 麦弗逊式独立悬挂 |
| 车身结构 | 3 门 2 座硬顶跑车 | 后悬挂 | 多连杆式独立悬挂 |
| 发动机 | 1.6L 120 马力 L4 | 刹车 | 前轮通风盘式 + 后轮实心盘式 |
| 驱动方式 | 前置前驱 | 车身尺寸 | 长 3728+ 宽 1683+ 高 1388（毫米） |

在2009年9月的法兰克福车展上，MINI发布了Roadster和Coupe两款休闲轿跑车，其中MINI Coupe基于MINI R57平台研发。相较Cooper车型，MINI Coupe前风挡玻璃的斜度更大，并采用了轻量化铝制车顶以降低重心。

动力方面，MINI Coupe搭载的是来自JCW的211马力高输出1.6T发动机，在启用Overboost超增压模式之后，这台发动机的瞬间扭矩能够达到280牛·米。MINI Coupe除了提供良好的动力性能外，由于相比Cooper车型取消了后排座椅，因此行李箱的空间达到了280L的容积。

品牌介绍

## 路特斯

▶ 路特斯（Lotus）是世界著名的跑车和赛车生产商，曾译名莲花跑车，总部位于英国诺福克郡（Norfolk）的海瑟尔（Hethel），代表车型有：ELEVEN、ELAN、EUROPA、ELITE、ESPRIT、ELISE、EXIGE、EVORA、EVIJA、EMIRA、ELETRE、EMEYA等。

## 路特斯发展史

1948 年，路斯特汽车公司的创始人柯林·查普曼还在伦敦大学学习结构工程，出于对汽车机械的兴趣，他基于奥斯汀 7 型车底盘，用基础的工具和合金黏合板制作了一个有棱角的车身以及延长的车尾，这就是他的第一辆赛车——Mark 1，注册编号为 OX9292，同时有了 Lotus 这个名字。

1952 年，路特斯工程公司成立，查普曼将第一座工厂搬到了位于伦敦北部 Hornsey 的铁路旅馆（The Railway Hotel，由查普曼父亲经营）后面的旧马厩里。同年，路特斯汽车的第一款车型 MKVI 推出，并且在赛车场上表现出色。

在接下来的几年里，路特斯推出了一系列成功的车型，包括 Elan、Esprit 和 Exige 等。这些车型都以其轻量化的设计和卓越的操控性能而闻名。

1983 年，丰田收购路特斯 16.5% 的股份，两家公司开始了更紧密的合作。1986 年，通用汽车收购收购路特斯。1993 年，收购布加迪的意大利商人 Romano Artioli 从通用汽车手中收购路特斯集团。1996 年，宝腾集团宣布收购路特斯集团 80% 的股份。

2017 年，浙江吉利控股集团与马来西亚 DRB-HICOM 集团签署最终协议，收购宝腾汽车 49% 的股份，收购路特斯集团 51% 的股份。2018 年 9 月，吉利控股集团举办了路特斯 70 周年庆并提出“Vision80”品牌复兴计划，宣布路斯特将率先向电动化、智能化转型。

## 路特斯 Carlton

| | | | |
|---|---|---|---|
| 英文名 | Lotus Carlton | 品牌 | 路特斯 |
| 上市时间 | 1990 年 | 变速箱 | 6 挡手动变速箱 |
| 车身风格 | 轿跑车 | 前悬挂 | 自平衡悬挂 |
| 车身结构 | 4 门 4 座两厢车 | 后悬挂 | 自平衡悬挂 |
| 发动机 | 3.6L 377 马力 L6 | 刹车 | 通风盘式 |
| 驱动方式 | 前置后驱 | 车身尺寸 | 长 4768+ 宽 1812+ 高 1445（毫米） |

1990年，路特斯与通用旗下的欧宝联合推出了一款Carlton，对应欧宝汽车的Omega，是一款四门四座的轿车。

后来路特斯还对这款发动机进行了升级，增加了两颗盖瑞特（Garrett）T25涡轮增压器，增压值被调整到0.7Bar，而且还更换了Behr中冷器以提高散热效率。这使得Carlton的3.6L直列6缸引擎最大功率达到了377马力，零百公里加速时间仅为5.2秒，极速接近280公里/时，Carlton称得上当时全球车速最快的四门轿车一。

汽车档案

## 路特斯 Elise

| | | | |
|---|---|---|---|
| 英文名 | Lotus Elise | 品牌 | 路特斯 |
| 上市时间 | 1995 年 | 变速箱 | 5 挡手动变速箱 |
| 车身风格 | 跑车 | 前悬挂 | 双叉臂式独立悬挂 |
| 车身结构 | 2 门 2 座硬顶跑车 | 后悬挂 | 双叉臂式独立悬挂 |
| 发动机 | 1.8L 118 马力 L6 | 刹车 | 通风盘式 |
| 驱动方式 | 中置后驱 | 车身尺寸 | 长 3785+ 宽 1719+ 高 1117（毫米） |

汽车介绍

1995年，以时任路特斯掌门人罗曼诺·阿缇奥丽的孙女命名的Lotus Elise在法兰克福车展上相，这也是自路特斯正式入驻宝腾汽车之后，路特斯品牌逐步走上复兴道路的开始。

Elise从诞生之初就秉承了路特斯汽车以轻量化获得高性能的品牌理念，在轻盈的铝制底盘用小排量发动机就能够迸发出超强的动能。当时推出的第一代路特斯Elise动力上仅搭载了1.8L动机，最大功率为118马力，不过由于其整备质量仅为725公斤，使得其零百公里加速时间只需5秒，是路特斯历史上最受欢迎的车型之一。

## 路特斯 Evija

| | | | |
|---|---|---|---|
| 英文名 | Lotus Evija | 品牌 | 路特斯 |
| 上市时间 | 2019 年 | 变速箱 | 6 挡自动变速箱 |
| 车身风格 | 跑车 | 前悬挂 | 双叉臂式独立悬挂 |
| 车身结构 | 2 门 2 座硬顶跑车 | 后悬挂 | 双叉臂式独立悬挂 |
| 发动机 | 2000 马力 纯电机 | 刹车 | 碳陶瓷通风盘式 |
| 驱动方式 | 中置四驱 | 车身尺寸 | 长 4459+ 宽 2000+ 高 1122（毫米） |

2019年7月，路特斯推出首款纯电超跑Type 130 Evija，这是至今量产车中最轻的车型，采用的中置电池组，呼应了路特斯著名的中置引擎跑车布局。

在性能和动力方面，Evija配备了四个电动驱动电机，每个轮子都有一个独立的电动驱动系统，总功率达到2000马力，零百加速时间不到3秒，最高速度超过320公里/时，堪称世界上最强大的量产超级跑车之一。在电池和续航里程方面，Evija配备了一套由兰博基尼供应的大容量锂离子电池组，容量为70度电，这使得Evija拥有超过400公里的纯电动续航里程。

品牌介绍

## 名爵

▶ 名爵（Morris Garages）是全球知名的英国汽车品牌，于1924年成立于英国牛津。名爵以Always Young的理念，不断努力成为行业颜值标杆，凭借全球品质、领先科技以及全球化基因，树立了自己作为全球知名汽车品牌的定位。

## 名爵发展史

1910 年，名爵汽车品牌的创始人威廉·莫里斯在英国牛津建立了 Morris Garage（莫里斯车行）。等到威廉·莫里斯 33 岁时，他已成为牛津的首位汽车销售商，同时也是牛津最大的经销商。1920 年，第一辆莫里斯汽车在小镇考利（Cowley）被制造出来。从这一刻起，威廉·莫里斯实现了做一个汽车工业家的梦想。

1922 年，另一个对名爵的发展有深远影响的人——塞西尔·金伯（Cecil Kimber）加入了莫里斯车行。金伯是一名狂热的车迷，并且很有设计天赋。当时英国的跑车市场几乎空白，金伯看到机会大胆地修改了莫里斯汽车，将一个普通的莫里斯考利底盘降低并且与明显属于运动线条的两座轻便车身相匹配。从那时起，名爵便以其独特外形、性能优良、运动风格、强劲动力闻名于世，一直诠释着“英式运动”的含义。

MG 品牌的赛道传奇从英国牛津开始书写，M-Type、MG Midget Mk、MGB 等一系列跑车先后问世，创造 43 项世界速度纪录。多个行业第一以及前瞻技术的应用不但造就了 MG 品牌传承百年的赛道基因，更有力地推动了世界汽车工业的发展。

## 名爵 MGB

| | | | |
|---|---|---|---|
| 英文名 | Morris Garages MGB | 品牌 | 名爵 |
| 上市时间 | 1962 年 | 变速箱 | 4 挡手动变速箱 |
| 车身风格 | 跑车 | 前悬挂 | 麦弗逊独立悬挂 |
| 车身结构 | 2 门 2 座软顶敞篷跑车 | 后悬挂 | 扭力梁半独立悬挂 |
| 发动机 | 1.8L 95 马力 L4 | 刹车 | 前轮盘式 + 后轮鼓式 |
| 驱动方式 | 前置后驱 | 车身尺寸 | 长 4165+ 宽 1575+ 高 1270（毫米） |

MGB是名爵于1962年至1980年制造和销售的一款经典的双门跑车，布局为四缸软顶跑车，最初于1962年9月19日公布。其衍生版本包括MGB GT三门2+2coupé、六缸coupéMGC以及八缸2+2 coupeéMGB GT V8。

自1962年取代MGA以来，MGB及其变体的生产一直持续到1980年，彼时MGB的销量已达到513276台，是当时世界上最畅销的敞篷跑车，并打破了当时全球单一车型的销量纪录。英国女王、猫王、贝克汉姆夫妇、詹姆斯邦德等众多名人与影视明星都选择MG旗下车型作为自己的座驾。

汽车档案

## 名爵 EZS

| | | | |
|---|---|---|---|
| 英文名 | Morris Garages EZS | 品牌 | 名爵 |
| 上市时间 | 2019 年 | 变速箱 | 电动车单速变速箱 |
| 车身风格 | 小型 SUV | 前悬挂 | 麦弗逊式独立悬挂 |
| 车身结构 | 5 门 5 座 SUV | 后悬挂 | 纵臂扭转梁式非独立悬挂 |
| 发动机 | 纯电动 150 马力 | 刹车 | 前轮通风盘式、后轮实心盘式 |
| 驱动方式 | 前置前驱 | 车身尺寸 | 长 4314+ 宽 1809+ 高 1620（毫米） |

汽车介绍

名爵EZS是上汽名爵推出的首款纯电动车型，于2019年3月30日在中国首发上市，同年6月20在泰国上市，随后相继进入英国、荷兰、挪威、新加坡等国家。截至2019年年末，名爵EZS以单车型出口欧洲超过10000辆的成绩连续数月位列国际品牌纯电SUV销量第一，成为欧洲市场最畅的纯电车之一。

名爵EZS搭载“绿芯”动力和“三电”系统，最长等速续航里程可达428公里。动力输出高110千瓦，百公里电耗低至13.8度电。

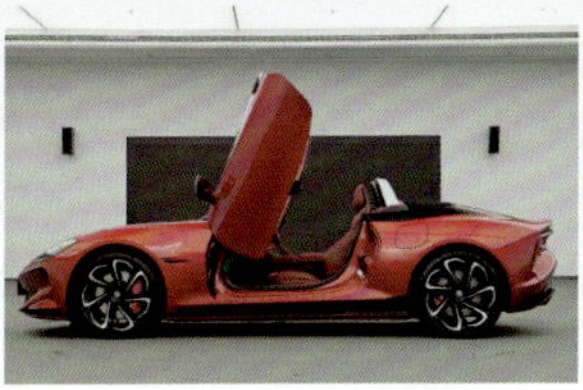

## 名爵 Cyberster

| | | | |
|---|---|---|---|
| 英文名 | Morris Garages Cyberster | 品牌 | 名爵 |
| 上市时间 | 2023 年 | 变速箱 | 电动车单速变速箱 |
| 车身风格 | 跑车 | 前悬挂 | 双叉臂式独立悬挂 |
| 车身结构 | 2 门 2 座软顶敞篷跑车 | 后悬挂 | 多连杆式独立悬挂 |
| 发动机 | 纯电动 544 马力 | 刹车 | 通风盘式 |
| 驱动方式 | 双电机四驱 | 车身尺寸 | 长 4535+ 宽 1913+ 高 1329（毫米） |

MG Cyberster是上汽名爵MG旗下的中国首款双门双座敞篷电动跑车、全球唯一软顶敞篷加剪刀门设计组合的跑车，由上汽全球设计团队精心打造，突破创新融合了电动化时代的先锋美学设计理念，打造出了颠覆性能的传奇之作。

MG Cyberster高性能扁线绕组电机拥有内燃机无法企及的动力爆发性，永磁同步电机搭配超薄魔方电池、零燃科技、400千瓦的峰值功率和725牛·米的最大扭矩，零百公里加速时间为3.2秒，动力极为强劲。直瀑网格油冷技术让MG Cyberster拥有超强的持续加速能力，可以完成连续20次弹射的极限测试。

品牌介绍

## 摩根

▶ 摩根（Morgan）是成立于1923年的英国汽车品牌，主要生产运动跑车。一百年来，摩根汽车公司始终致力于生产一流的运动跑车，每辆跑车将根据客户的需求量身打造，并在位于英国西部小镇马尔文的工厂内手工制造完成。

## 摩根发展史

摩根汽车公司是一家非常特立独行的英国汽车生产商，以坚持古典为最大特色，在古典中融入现代设计元素。它在 1909 年由亨利·弗雷德里克·斯坦利·摩根（Henry Frederick Stanley Morgan）创立，在大部分时间里，摩根汽车公司是一家家族企业。在经过三代人的传承后，这家公司现在由查尔斯·摩根（Charles Morgan）运营，也就是创始人的孙子。

Morgan 总部位于 Malvern Link，总雇员仅有一百余人，年总产能不过百余台。所有的汽车都是手工组装，顾客订车之后往往需要等 1 ~ 2 年才能提到车。而在以往，需要等待的时间则可以长达十年。

摩根汽车的理念十分传统和严格，“我们不打算从事大批量的制造，与其像当今许多汽车制造厂那样如同压模子一般千篇一律地大批量生产，我们宁可用双手一个一个地来拧紧螺丝。”在钣金车间里，工人都是用双手直接剪裁钢板或铝板。一些焊接部位也是靠手工打磨，车身的油漆有时竟要经过 9 道工序才能完成。

查尔斯·摩根解释这样做的理由：“我们不愿意仓促行事。我总是对心急的客户解释，一辆汽车从订货到交货不会超过一年半。但是假如短于 6 个月，我就会担心它的质量。摩根工厂出品的汽车每一辆都一丝不苟，而且我们的订单已经排满五六年了。”

这家英国汽车制造商在一百多年的历史中，凭借其复古风格和严格的品控获得了巨大的人气，在豪华汽车领域中独树一帜，并将长久地延续下去。

## 摩根 Plus 8 2013年款

| | | | |
|---|---|---|---|
| 英文名 | Morgan Plus 8 | 品牌 | 摩根 |
| 上市时间 | 2013 年 | 变速箱 | 6 挡手自一体变速箱 |
| 车身风格 | 跑车 | 前悬挂 | 麦弗逊式独立悬挂 |
| 车身结构 | 2 门 2 座软顶敞篷车 | 后悬挂 | 整体桥式非独立悬挂 |
| 发动机 | 4.8L 367 马力 V8 | 刹车 | 通风盘式 |
| 驱动方式 | 前置后驱 | 车身尺寸 | 长 4010+ 宽 1751+ 高 1220（毫米） |

1966年，随着摩根汽车公司的鼎盛发展，车厂开始更新换代，为汽车搭载动力更强劲的发动机，并在1966年推出了新车——大名鼎鼎的Plus 8。在动力上，它搭载了一台排量为3948cc的V型8缸16气门发动机，最大功率为140千瓦，零百公里加速时间仅需5.6秒，最高速度更是高达249公里/时。

在20世纪60年代，摩根Plus 8在赛车场上屡战屡胜，为摩根公司赢得了无数荣誉，成为摩根公司历史上最成功的车型。时至今日，Plus 8内部的动力部分一直在不断地提升，到了2013年款时已经搭载了4.8L367马力 V8的发动机，但它的外形却和第一代车型相差无几。

汽车档案

## 摩根 Aero 8 2015年款

| | | | |
|---|---|---|---|
| 英文名 | Morgan Aero 8 | 品牌 | 摩根 |
| 上市时间 | 2015 年 | 变速箱 | 6 挡手自一体变速箱 |
| 车身风格 | 跑车 | 前悬挂 | 双叉臂式独立悬挂 |
| 车身结构 | 2 门 2 座硬顶敞篷车 | 后悬挂 | 双叉臂式独立悬挂 |
| 发动机 | 4.8L 367 马力 V8 | 刹车 | 通风盘式 |
| 驱动方式 | 前置后驱 | 车身尺寸 | 长 4147x+ 宽 1751+ 高 1248（毫米 |

汽车介绍

摩根Aero 8首次出现是在2000年3月的日内瓦车展上，虽然它的外观十分复古，但这是一款副其实的21世纪的跑车，配备宝马4.4L V8发动机，最高功率达333马力。得益于更新的减震器、叉臂前悬架和赛车级刹车，摩根Aero 8在最新速度测试中零百加速时间仅为4.8秒，丝毫不逊色于他新款车型。

在2015年的日内瓦车展上，摩根正式推出了全新复古跑车Aero 8，外观采用了摩根一贯的复设计，拥有手动软顶敞篷车顶，动力方面搭载的是4.8L自吸V8引擎，与之匹配六速手动变速箱。

# 第5章 意大利汽车赏析

意大利是世界上著名的汽车制造国家之一，拥有众多享誉全球的品牌名车，尤其是跑车，如法拉利、兰博基尼、玛莎拉蒂、阿尔法·罗密欧等著名跑车生产商，以其卓越的设计、精湛的工艺和卓越的性能而闻名于世。

品牌介绍

## 法拉利

▶ 法拉利（Ferrari）是举世闻名的赛车和运动跑车的生产厂家，总部位于意大利马拉内罗（Maranello），由恩佐·法拉利（Enzo Ferrari）于1947年创办，主要制造一级方程式赛车、赛车及高性能跑车。

### 法拉利历史

法拉利汽车公司的创始人恩佐·法拉利（1898 年 2 月 18 日—1988 年 8 月 14 日）在汽车制造业享有盛誉，人称“赛车之父”，毕其一生都在致力于提高赛车的性能。

恩佐的父亲阿勒法多（Alfredo）是一个如醉如痴的赛车迷，在他 10 岁那年，父亲带他到波伦亚观看了一场汽车比赛，那集惊险、刺激于一体的惊心动魄的场面深深地吸引了他。13 岁那年，他说服了父亲允许他单独驾驶汽车，从此与汽车结下了不解之缘。

凭借对赛车的热爱，恩佐·法拉利得到了阿尔法·罗密欧汽车制造公司老板的垂青，成为一名“拿生命开玩笑”的试车员。他不仅挖来了意大利车坛一流的汽车制造工程师伦格·巴兹瑞·和维托瑞·加诺，增强了阿尔法·罗密欧汽车制造公司的技术开发实力，还在 32 岁那年担当起了阿尔法·罗密欧汽车制造公司赛车队队长的重任。

直到他 39 岁那年，他统率的以自己名字命名的“法拉利赛车队”先后参加了包括方程式赛车、24 小时跑车耐力赛、米勒·米格特大奖赛、塔格·佛罗热大奖赛在内的 39 场大奖赛获得了 11 场冠军，为阿尔法·罗密欧公司荣登世界跑车行业头把交椅立下了汗马功劳。

然而，由于法拉利赛车队的名气越来越大，阿尔法·罗密欧汽车制造公司老板开始对恩佐·法拉利施压，逼他交权。与老板及同事日渐水火不容的人际关系，使得恩佐·法拉利再难适应这恶劣的生存环境，不得不在 40 岁那年脱离阿尔法·罗欧汽车制造公司。

1947 年，恩佐·法拉利创立了法拉利公司，并生产出第一辆车后他以自己的名字进行命名——法拉利 125 S，以跳马图为商标，这被看作是现代赛车文化的起源。

在以后的 3 年时间里，法拉利公司又相继生产了 Tipo166、Tipo195、Tipo212、Tipo225 等赛车，同时积极参加各种汽车大赛，借以检验、宣传自己的赛车。

可惜小规模的跑车生产获利有限，难以支持赛车队庞大的开销，法拉利公司的经济常常陷入困境。好在由于法拉利声誉极高，多次为国家争得荣誉，几乎成为意大利汽车业的形象代表，菲亚特公司在财政方面经常给予帮助。

1969 年，法拉利答应让菲亚特公司收购，条件就是对方在今后的岁月里不得干扰其赛车活动。

直到 1988 年去世，恩佐·法拉利共赢得了 14 次勒芒 24 小时耐力赛冠军和 9 次 F1 总冠军，法拉利的名字也已经成为世界上最具声望的高性能赛车品牌之一。

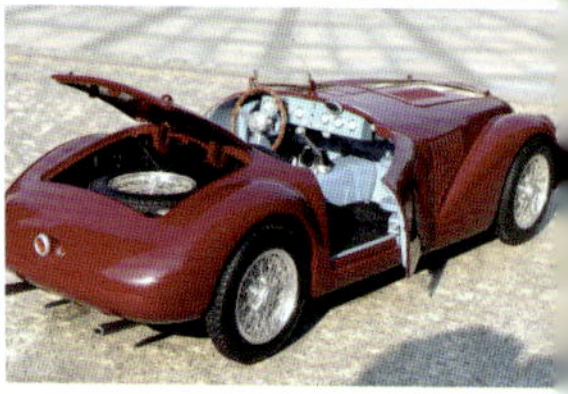

汽车档案

## 法拉利 125 S

| | | | |
|---|---|---|---|
| 英文名 | Ferrari 125 S | 品牌 | 法拉利 |
| 上市时间 | 1947 年 | 变速箱 | 5 挡手动变速箱 |
| 车身风格 | 跑车 | 前悬挂 | 双叉臂式独立悬挂 |
| 车身结构 | 2 门 2 座敞篷跑车 | 后悬挂 | 活后桥，配备横向叶片弹簧 |
| 发动机 | 1.5L 118 马力 V12 | 刹车 | 鼓式 |
| 驱动方式 | 中置后驱 | 车身尺寸 | 长 4501+ 宽 1481+ 高 1100（毫米） |

汽车介绍

Ferrari 125 S是首辆装饰法拉利徽标的车型，V12发动机由GiaCChino Colombo设计，得 Giuseppe Busso和Luigi Bazzi的协助。125 S的跑车版和赛车版的建造车身不同，但汽车底盘和变速 仍然基本相同，最高速度可达210公里/时。

125 S在皮亚琴察（Piacenza）赛道的首次亮相，按恩佐·法拉利本人的说法，“虽然失败 很有潜力”。事实上，赛车手佛朗科·哥地斯不得不退赛，因为125 S在比赛领先时燃油泵出了 题。但是在后来的4个月，125 S重返赛道13次，赢得了六场比赛。

## 法拉利 212 Inter

| | | | |
|---|---|---|---|
| 英文名 | Ferrari 212 Inter | 品牌 | 法拉利 |
| 上市时间 | 1951 年 | 变速箱 | 5 挡手动变速箱 |
| 车身风格 | 跑车 | 前悬挂 | 双叉臂式独立悬挂 |
| 车身结构 | 2 门 2 座敞篷跑车 | 后悬挂 | 实心轴，配备半椭圆形钢板弹簧 |
| 发动机 | 2.5L 165 马力 V12 | 刹车 | 鼓式 |
| 驱动方式 | 中置后驱 | 车身尺寸 | 长 4100+ 宽 1524+ 高 1349（毫米） |

1950年至1953年间，法拉利推出了经典车型212系列，其中公路版车型212 Inter在各个设计工作室的重新诠释下呈现迥异的风格。在法拉利转向大规模生产公路车型的道路上，212 Inter可谓是演绎法拉利品牌理念的开山之作。

法拉利212 Inter最初于1951年在布鲁塞尔车展上亮相，车身由几位长途汽车制造商制造。这款车不仅可以作为一款公路级跑车，同时也是一款在当时国际汽车赛事中很有竞争力的赛车，搭载了一台科伦坡V12发动机，排气量为2563cc，输出功率达到150～165马力。

汽车档案

## 法拉利 250 GTO

| | | | |
|---|---|---|---|
| 英文名 | Ferrari 250 GTO | 品牌 | 法拉利 |
| 上市时间 | 1962 年 | 变速箱 | 5 挡手动变速箱 |
| 车身风格 | 跑车 | 前悬挂 | 独立不等长叉臂 |
| 车身结构 | 2 门 2 座硬顶跑车 | 后悬挂 | 双半径臂，弓形钢板弹簧 |
| 发动机 | 2.95L 302 马力 V12 | 刹车 | 盘式 |
| 驱动方式 | 前置后驱 | 车身尺寸 | 长 4399+ 宽 1674+ 高 1245（毫米） |

汽车介绍

1962年1月，250 GTO于每年一度的法拉利季前新闻发布会上公开亮相，并且是公开展出的唯一一款使用前置发动机的汽车。该跑车外形华丽，性能卓越，发动机最大输出功率达到了302马力，最大扭矩为333牛·米，零百公里加速时间只需5.8秒，最高速度可达280公里/时。

250 GTO是250 GT 系列比赛用车发展的最高峰，同时仍然是一款公路版车型。它凭借优异的表现赢得过众多国际性的赛事，被誉为那个时代最成功的赛车品牌之一，也是法拉利历史上最重要的车型之一。

## 法拉利 F40

| | | | |
|---|---|---|---|
| 英文名 | Ferrari F40 | 品牌 | 法拉利 |
| 上市时间 | 1987 年 | 变速箱 | 5 挡手动变速箱 |
| 车身风格 | 跑车 | 前悬挂 | 双叉臂式独立悬挂 |
| 车身结构 | 2 门 2 座硬顶跑车 | 后悬挂 | 双叉臂式独立悬挂 |
| 发动机 | 3.0L 478 马力 V8 | 刹车 | 盘式 |
| 驱动方式 | 中置后驱 | 车身尺寸 | 长 4358+ 宽 1970+ 高 1124（毫米） |

法拉利F40是一款具有历史纪念意义的超级跑车，于1987年在法兰克福车展上首次亮相。这款跑车是法拉利为了庆祝建厂40周年而设计的，是法拉利推出的第一台时速能超过320公里（极速324公里/时）的民用跑车，同时也是创始人恩佐·法拉利的设计制造团队完成的最后一部作品。

F40可以说开创了法拉利制造超级跑车的先河，是汽车近代史中最具代表性的顶级性能车款之一，采用中置引擎后轮驱动布局，加上排量为2936cc的V8双涡轮增压引擎，最大功率输出为478马力/7000转，零百公里加速时间仅为4.1秒。

## 法拉利 FXX

汽车档案

| | | | |
|---|---|---|---|
| 英文名 | Ferrari FXX | 品牌 | 法拉利 |
| 上市时间 | 2005 年 | 变速箱 | 6 挡手动变速箱 |
| 车身风格 | 跑车 | 前悬挂 | 双叉臂式独立悬挂 |
| 车身结构 | 2 门 2 座硬顶跑车 | 后悬挂 | 双叉臂式独立悬挂 |
| 发动机 | 6.2L 800 马力 V12 | 刹车 | 陶瓷通风盘式 |
| 驱动方式 | 中置后驱 | 车身尺寸 | 长 4832+ 宽 2040+ 高 1127（毫米） |

汽车介绍

法拉利FXX是一款带有实验性质的原型车，也是迄今为止法拉利生产的最先进的GT车型之一，集中体现了法拉利制造特殊限量版跑车的技术和赛车方面的经验。

法拉利FXX车身中部安置的引擎沿袭自恩佐，然而内部结构却是全新设计，采用了强大的6262cc V12引擎，能以8500rpm的转速达到最大588千瓦的输出功率，最大功率输出约合800马力，最高速度为390公里/时，零百加速时间小于3秒，净重1155公斤，马力重量比达到1.44公斤/马力。FXX的变速箱来源于F1赛车，换挡时间几乎和那些F1单座赛车一样快，性能无限趋近完美。

## 法拉利 F12 Berlinetta

| | | | |
|---|---|---|---|
| 英文名 | Ferrari F12 Berlinetta | 品牌 | 法拉利 |
| 上市时间 | 2012 年 | 变速箱 | 7 挡双离合变速箱 |
| 车身风格 | 跑车 | 前悬挂 | 双叉臂式独立悬挂 |
| 车身结构 | 2 门 2 座硬顶跑车 | 后悬挂 | 多连杆式独立悬挂 |
| 发动机 | 6.3L 741 马力 V12 | 刹车 | 陶瓷通风盘式 |
| 驱动方式 | 前置后驱 | 车身尺寸 | 长 4618+ 宽 1942+ 高 1273（毫米） |

2012年2月29日，法拉利在其官网正式发布了F12 Berlinetta跑车，搭载200巴、直接喷射型6262 cc 65° V12发动机，可在动力和转数方面为12缸自然吸气发动机提供绝对前所未有的卓越性能，使其零百公里加速时间只需3.1秒，而0到200公里/时仅需8.5秒，在Fiorano赛道创造了法拉利所有公路版跑车中的最佳成绩，单圈时间仅为1分23秒。

F12 Berlinetta的造型设计由法拉利造型中心与宾尼法利纳联手打造，无与伦比的空气动力学特性与和谐优雅的车身比例在它身上得到了完美糅合，彰显了法拉利V12前置发动机车型的独特气质。

汽车档案

## 法拉利 La Ferrari

| | | | |
|---|---|---|---|
| 英文名 | La Ferrari | 品牌 | 法拉利 |
| 上市时间 | 2013 年 | 变速箱 | 7 挡双离合变速箱 |
| 车身风格 | 跑车 | 前悬挂 | 双叉臂式独立悬挂 |
| 车身结构 | 2 门 2 座硬顶跑车 | 后悬挂 | 多连杆式独立悬挂 |
| 发动机 | 6.3L 800 马力 V12 | 刹车 | 陶瓷通风盘式 |
| 驱动方式 | 中置后驱 | 车身尺寸 | 长 4702+ 宽 1992+ 高 1116（毫米） |

汽车介绍

LaFerrari是法拉利推出的一款旗舰级超级跑车，也在马拉内罗制造的首款采用混合动力技术的车型，于2013年3月在日内瓦车展首次亮相，以取代法拉利Enzo车型，拥有超凡的性能表现、空气动力效率以及操控性，为超级跑车树立了新的标杆。

LaFerrari采用被称为HY-KERS的混合动力系统，一台6.3L V12自然吸气引擎可输出588千瓦的最大功率，电动机独立输出120千瓦动力，使得LaFerrari的联合输出功率高达708千瓦。LaFerrari的零百加速时间小于3秒，从零到二百公里加速时间小于7秒，最高速度超过了350公里/时。

## 法拉利 Purosangue

| | | | |
|---|---|---|---|
| 英文名 | Ferrari Purosangue | 品牌 | 法拉利 |
| 上市时间 | 2022 年 | 变速箱 | 8 挡双离合变速箱 |
| 车身风格 | 中大型 SUV | 前悬挂 | 双叉臂式独立悬挂 |
| 车身结构 | 5 门 4 座 SUV | 后悬挂 | 多连杆式独立悬挂 |
| 发动机 | 6.5L 725 马力 V12 | 刹车 | 陶瓷通风盘式 |
| 驱动方式 | 前置四驱 | 车身尺寸 | 长 4973+ 宽 2028+ 高 1589（毫米） |

2022年9月14日，法拉利官方正式发布了旗下首款SUV车型——Purosangue，这是法拉利有史以来推出的首款采用四门四座布局的跑车，是唯一采用类似比例设计并搭配中前置自然吸气V12发动机的车型。

不过新车在法拉利内部不被定义为SUV车型，此前仅说明该车被称之为“FUV”，即“Ferrari Utility Vehicle”，可直译为“法拉利多功能车”。新车最特别的一点是采用了对开门设计，除了更炫酷的造型和更优雅的上下车姿势外，这样的设计还能够让车身设计得更紧凑。

品牌介绍

## 兰博基尼

▶ 兰博基尼（Automobili Lamborghini S.p.A.）是全球顶级的意大利跑车制造商以及欧洲奢侈品标志之一，公司坐落于意大利圣亚加塔·波隆尼（Sant'Agata Bolognese），由费鲁齐欧·兰博基尼在1963年创立，现为大众集团（Volkswagen Group）旗下品牌之一。

## 兰博基尼故事

兰博基尼品牌的创始人费鲁齐欧·兰博基尼曾是一个生活在意大利北部的艾米利亚－罗马涅大区费拉拉省的青年，在二战期间是一名意大利皇家空军的机械师。

战后，费鲁吉欧在意大利制造了一系列的拖拉机、燃油燃烧器及空调系统，从而为自己的品牌树立了声望，并成立了最初的兰博基尼公司。在 20 世纪 50 年代中期，兰博基尼的拖拉机厂，即兰博基尼拖拉机有限公司，已成为全国最大的农业设备制造商之一。

费鲁齐欧·兰博基尼很喜欢法拉利汽车，在一次偶然的情况下，他发现法拉利所使用的汽车离合器竟然和兰博基尼拖拉机所使用的离合器一模一样，于是他要求法拉利更换一个质量更好的离合器，法拉利却说费鲁齐欧只是一个拖拉机制造商，对于运动跑车一无所知。

于是，费鲁齐欧决定建立一个汽车制造工厂来实现他对于运动跑车的完美追求。1963 年，他在意大利 Sant 'Agata 成立了自己的车厂，同年，首款兰博基尼跑车——兰博基尼 350GTV 面世，它标志着一段令人称奇的成功之路的开始。

在随后的数年内，兰博基尼公司的发展如日中天，不断推出新车型，比如 1964 年正式量产的 350GT、1966 年的 400GT、1968 年的 Islero GT 和 Miura P400 等。但在 1971 年，兰博基尼拖拉机的最大客户 Cento Trattori's 取消了与兰博基尼的长期合同，使公司销售方面受到了极大的损失。

1972 年，费鲁齐欧无奈将兰博基尼拖拉机公司出售给农业设备制造商 SAME，并专心经营兰博基尼汽车公司，但是汽车公司也开始逐渐失去资金支持，车型开发速度也逐渐放缓。

1980 年，兰博基尼汽车公司宣布破产，来自瑞士的 Mimran 兄弟公司收购了兰博基尼。1987 年 4 月，兰博基尼再次被转卖，这次的买主是美国克莱斯勒汽车公司。

1998 年，兰博基尼再次易手，新东家是德国大众集团，兰博基尼被划归奥迪（Audi）名下管理。这一次，烧钱的兰博基尼终于拥有了充足的资金来源，开始组建自己的管理团队，并在奥迪的管理下接连推出了 Murciélago 概念车和 Gallardo 车型，宣告着品牌的复兴和继续繁荣。

汽车档案

## 兰博基尼 350 GT

| | | | |
|---|---|---|---|
| 英文名 | Lamborghini 350 GT | 品牌 | 兰博基尼 |
| 上市时间 | 1964 年 | 变速箱 | 5 挡手动变速箱 |
| 车身风格 | 跑车 | 前悬挂 | 螺旋弹簧和减震器 |
| 车身结构 | 2 门 2 座硬顶跑车 | 后悬挂 | 螺旋弹簧和减震器 |
| 发动机 | 3.5L 270 马力 V12 | 刹车 | 盘式 |
| 驱动方式 | 前置后驱 | 车身尺寸 | 长 4470+ 宽 1720+ 高 1220（毫米） |

汽车介绍

在1964年日内瓦车展上，兰博基尼推出了第一款量产车——350 GT。相比前一年推出的概念车35 GTV，350 GT由里至外彻底改变，使用了重新调校的底盘，在原有V12发动机的基础上，用传统的湿 油底壳代替了赛车版的干式底壳，将压缩比从11.0：1调低至9.4：1；调整曲轴和一些其他零部件的通 指数，以降低成本和提高稳定性，使得350 GT的最大输出功率为270马力，最高时速为250公里/时。

这一年兰博基尼生产了13辆350 GT，而为了与法拉利竞争，350 GT的定价要比同级别的法 利车型略低，而它的成功也确保了兰博基尼公司在当时激烈的市场竞争中能够生存下来，

## 兰博基尼 Countach LP 400

| | | | |
|---|---|---|---|
| 英文名 | Lamborghini Countach LP 400 | 品牌 | 兰博基尼 |
| 上市时间 | 1974 年 | 变速箱 | 5 挡手动变速箱 |
| 车身风格 | 跑车 | 前悬挂 | 螺旋弹簧和伸缩式减震器 |
| 车身结构 | 2 门 2 座硬顶跑车 | 后悬挂 | 螺旋弹簧和伸缩式减震器 |
| 发动机 | 4.75L 375 马力 V12 | 刹车 | 通风盘式 |
| 驱动方式 | 中置后驱 | 车身尺寸 | 长 4200+ 宽 1900+ 高 1070（毫米） |

兰博基尼Countach（来源于意大利的俚语Coon-tash，意为难以相信的奇迹）是一款中置引擎超级跑车，作为兰博基尼Miura车型的替代产品在1971年的日内瓦车展上首次亮相，超凡脱俗的“楔型车身”让众人广为震惊，在1990年停产以前的数年间，Countach一直雄踞超级跑车的前列，

Countach原型车LP 500搭载一台5.0L V12缸引擎，最大功率为440马力。但作为量产车，这款引擎的消耗太大，根本不能提起刚经过石油危机的消费者的购买欲，于是在正式投产时，Countach更换了一副较小的引擎，即4.75L 279.8千瓦的V12引擎，并将首批量产车命名为LP 400。

## 兰博基尼 LM 002

汽车档案

| | | | |
|---|---|---|---|
| 英文名 | Lamborghini LM 002 | 品牌 | 兰博基尼 |
| 上市时间 | 1985 年 | 变速箱 | 5 挡手动变速箱 |
| 车身风格 | 中大型 SUV | 前悬挂 | 不等长控制臂和螺旋弹簧 |
| 车身结构 | 4 门 4 座 SUV | 后悬挂 | 不等长控制臂和螺旋弹簧 |
| 发动机 | 5.2L 450 马力 V12 | 刹车 | 前轮盘式 + 后轮鼓式 |
| 驱动方式 | 前置四驱 | 车身尺寸 | 长 4900+ 宽 2000+ 高 1850（毫米） |

汽车介绍

1980年，兰博基尼汽车公司破产。被Mimran兄弟公司收购后，1985年，兰博基尼推出了一款越野车LM002。这是兰博基尼历史上推出的第一款量产越野车，为了能够获得来自美国军方的合同，兰博基尼完全按照高战略机动性、高战术机动性、高防护性、高隐蔽性、组件结构的军用标准进行设计，使得该车型拥有非常完美的机械性能和越野能力。

量产版LM002搭载经过工程师悉心调校的5.2L V12发动机，并配备来自ZF公司的变速箱。自重将近3吨的LM002的零百公里加速时间仅需7.7秒，最高速度可以达到208公里/时，最大爬坡度为120%。

## 兰博基尼 Diablo

| | | | |
|---|---|---|---|
| 英文名 | Lamborghini Diablo | 品牌 | 兰博基尼 |
| 上市时间 | 1990 年 | 变速箱 | 5 挡手动变速箱 |
| 车身风格 | 跑车 | 前悬挂 | 双叉臂独立悬挂 |
| 车身结构 | 2 门 2 座硬顶跑车 | 后悬挂 | 双叉臂独立悬挂 |
| 发动机 | 5.7L 492 马力 V12 | 刹车 | 盘式 |
| 驱动方式 | 中置后驱 | 车身尺寸 | 长 4460+ 宽 2040+ 高 1105（毫米） |

兰博基尼的“鬼怪”（Diablo）可以说是兰博基尼有史以来最风光的车型，作为Countach车型的后继，早在1985年就开始研发，直到1990年1月21日才上市。

从1990年诞生直到2001年退出历史舞台，Diablo的生命周期长达11年。它搭载了兰博基尼5.7L V12铝制缸体的强劲发动机，可爆发出492马力，最大扭矩为579牛·米，零百公里加速时间只需4.5秒，最高速度达到惊人的325公里/时，是当时世界上最快的生产车之一，也是兰博基尼第一款能够超过320公里/时的车型。

汽车档案

## 兰博基尼 Murcielago

| | | | |
|---|---|---|---|
| 英文名 | Lamborghini Murcielago | 品牌 | 兰博基尼 |
| 上市时间 | 2001 年 | 变速箱 | 6 挡手动变速箱 |
| 车身风格 | 跑车 | 前悬挂 | 双横臂式独立悬挂 |
| 车身结构 | 2 门 2 座硬顶跑车 | 后悬挂 | 双叉臂式独立悬挂 |
| 发动机 | 6.5L 670 马力 V12 | 刹车 | 通风盘式 |
| 驱动方式 | 中置四驱 | 车身尺寸 | 长 4610+ 宽 2058+ 高 1135（毫米） |

汽车介绍

2001年，在兰博基尼被奥迪集团收购一年后，兰博基尼推出Murcielago超级跑车，由兰博基尼的首席设计师卢克·唐克沃克（Luc Donckerwolke）操刀设计，Diablo时代宣告彻底结束。在200年法兰克福车展上，Murcielago首次亮相就一炮而红，大受欢迎。Murcielago在西班牙语中是“蝙蝠”的意思，也是中世纪一头连战数场而不死的斗牛的名字。

Murcielago搭载6.5L V12发动机，可产生670马力，匹配六速手动变速箱，零百公里加速时间为3.8秒，最高速度为332公里/时，在十年间共生产了4099辆。

## 兰博基尼 Reventon

| | | | |
|---|---|---|---|
| 英文名 | Lamborghini Reventon | 品牌 | 兰博基尼 |
| 上市时间 | 2007 年 | 变速箱 | 6 挡自动变速箱 |
| 车身风格 | 跑车 | 前悬挂 | 多连杆式独立悬挂 |
| 车身结构 | 2 门 2 座硬顶跑车 | 后悬挂 | 多连杆式独立悬挂 |
| 发动机 | 6.5L 650 马力 V12 | 刹车 | 陶瓷通风盘式 |
| 驱动方式 | 中置四驱 | 车身尺寸 | 长 4700+ 宽 2058+ 高 1135（毫米） |

2007年，顶级版的兰博基尼雷文顿（Reventon）跑车面世，该车也是当年最昂贵的兰博基尼车型。Reventon是在Murcielago LP640的基础上打造的，设计灵感来自F-22战机，车身采用氟氯碳化合物、碳纤维和钢等材料，使车身在保持坚固的同时进一步减轻重量。

动力方面，Reventon在LP640的6.5L的V12自然吸气发动机基础上做了新的调教，动力提升到650马力（8000转），峰值扭矩为660牛·米（6000转），匹配6挡序列变速箱，中置四驱布局，零百公里加速时间为3.4秒，最高速度为340公里/时。

汽车档案

## 兰博基尼 Aventador

| | | | |
|---|---|---|---|
| 英文名 | Lamborghini Aventador | 品牌 | 兰博基尼 |
| 上市时间 | 2011 年 | 变速箱 | 7 挡 ISR 变速箱 |
| 车身风格 | 跑车 | 前悬挂 | 双叉臂式独立悬挂 |
| 车身结构 | 2 门 2 座硬顶跑车 | 后悬挂 | 双叉臂式独立悬挂 |
| 发动机 | 6.5L 700 马力 V12 | 刹车 | 陶瓷通风盘式 |
| 驱动方式 | 中置四驱 | 车身尺寸 | 长 4780+ 宽 2030+ 高 1136（毫米） |

汽车介绍

在2011年日内瓦车展上，兰博基尼推出功率达到700马力的全新旗舰车型——Aventador，作为Murcielago的换代车型亮相。Aventador在车身外观设计方面大量借鉴了之前的兰博基尼Reventon，延续了兰博基尼一如既往的力量感与锋利线条，剪刀门作为“大牛”的经典特征毫无悬念地得以保留，但与其他兰博基尼不同的是，Aventador的剪刀门是斜上方开的。

在动力方面，Aventador LP700-4装备了型号为L539的全新6.5L的V12发动机，能够迸发出700马力（8250转）的最大功率，提供690牛·米（5500转）的峰值扭矩。

## 兰博基尼 Urus

| | | | |
|---|---|---|---|
| 英文名 | Lamborghini Urus | 品牌 | 兰博基尼 |
| 上市时间 | 2017 年 | 变速箱 | 8 挡手自一体变速箱 |
| 车身风格 | 中大型 SUV | 前悬挂 | 多连杆式独立悬挂 |
| 车身结构 | 5 门 5 座 SUV | 后悬挂 | 多连杆式独立悬挂 |
| 发动机 | 4.0T 650 马力 V8 | 刹车 | 陶瓷通风盘式 |
| 驱动方式 | 前置四驱 | 车身尺寸 | 长 5112+ 宽 2016+ 高 1638（毫米） |

在2012年的北京车展上，兰博基尼推出了旗下的概念SUV车型——Urus。作为兰博基尼的首款SUV车型，Urus拥有5个独立的座椅以及多功能行李箱，并搭载了全时四驱系统以及可变离地间隙。这标志着兰博基尼将逐渐进入家庭主要用车的行列，是对品牌现有的超级跑车产品的强有力补充。

Urus概念车搭载的是一台5.2L V10自然吸气发动机，最大功率输出达到了584马力，与之匹配的是一款8速Tiptronic手自一体式变速器。2017年12月4日，兰博基尼正式发布了Urus的量产版本，新车搭载了4.0L V8发动机，可输出650马力，最高速度可达305公里/时。

品牌介绍

## 玛莎拉蒂

▶ 玛莎拉蒂（Maserati）是意大利一家豪华汽车制造商，1914年12月1日成立于博洛尼亚（Bologna），公司总部现设在摩德纳（Modena），品牌的标志为一支三叉戟。玛莎拉蒂曾经是法拉利的一部分，现归于菲亚特克莱斯勒汽车旗下。

MASERATI

### 玛莎拉蒂发展

“玛莎拉蒂”这个名字来源于意大利王国时期的铁路工人鲁道夫·玛莎拉蒂、卡罗莱纳·罗西和他们的七个孩子。在玛莎拉蒂家族中，长子卡罗率先介入机械设计领域。在都灵，卡罗利用业余时间设计了一款全新的单汽缸发动机，装在木制的汽车底盘上，而这可以视为第一辆玛莎拉蒂的诞生。可惜的是，在 1910 年，一场肺病夺去了卡罗的生命和未来的梦想。

1914 年 12 月 1 日，Officina Alfieri Maserati 公司在波洛尼亚商会注册成立，地址位于 De' Pepoli1 A 大街，Alfieri Maserati 先生拥有这家新公司的所有权。不久，他的兄弟 Bindo、Ettore 和 Ernesto 开始和他共同经营。

新公司以汽车改装为主营业务，同时还致力于将爱索特法诗尼汽车用于道路汽车赛。在玛莎拉蒂兄弟的努力下，公司的业务不断扩大，公司于 1925 年更名为 Societa Anonim Officine Alfieri Maserati 公司，同时开始使用三叉戟作为公司标识。

Alfieri Maserati 在 1926 年制造出了 Tipo 26，这是第一辆纯粹的玛莎拉蒂车型，也是第一辆带有三叉戟标志的赛车，在当年的 TargaFlorio 比赛中初次亮相即获得了同级别的冠军，在今后也为玛莎拉蒂赢得了大量的荣誉。

1933 年，Tazio Nuvolari 加盟，并在技术上，特别是底盘改良方面作出了突出贡献，从而让底盘能够适应新型发动机的特性。但在 1937 年，因为公司经营不善，玛莎拉蒂兄弟将公司出售给了 Orsi 家族，公司总部则迁至摩德纳。尽管玛莎拉蒂兄弟继续负责技术方面的业务，但十年后，他们最终退出了该公司。

1939 年 9 月，二战爆发，玛莎拉蒂暂时中止了跑车制造，转而开始生产机械工具、火花塞和其他电子设备。1947 年战争结束之后，公司才恢复汽车设计工作。

1968 年，玛莎拉蒂公司的所有权被 Citroen 购得，并在其旗下生产了 Bora、Merak 和 Khamsin。1975 年，公司又被一家意大利国有公司 GEPI 接管。1993 年，菲亚特汽车公司购入了玛莎拉蒂公司，并在 1997 年 7 月 1 日将其 50% 的股份移交给法拉利公司。

1999 年，法拉利获得了玛莎拉蒂 100% 的所有权，对营销网络和工厂设施进行了彻底的改造和革新。2005 年年初，玛莎拉蒂的所有权又由法拉利转移到菲亚特，从而使这两个品牌可以发挥重要的工业和商业整合优势。

汽车档案

## 玛莎拉蒂 A6 1500 GT

| | | | |
|---|---|---|---|
| 英文名 | Maserati A6 1500 GT | 品牌 | 玛莎拉蒂 |
| 上市时间 | 1947 年 | 变速箱 | 4 挡手动变速箱 |
| 车身风格 | 跑车 | 前悬挂 | 梯形摆臂和螺旋弹簧 |
| 车身结构 | 2 门 2 座硬顶跑车 | 后悬挂 | 钢板弹簧 |
| 发动机 | 1.5L 65 马力 L6 | 刹车 | 盘式 |
| 驱动方式 | 前置后驱 | 车身尺寸 | 长 4460+ 宽 1700+ 高 1300（毫米） |

汽车介绍

在1947年的日内瓦车展上，玛莎拉蒂A6 1500 GT车型首次惊艳亮相。这款车型由Pinin Farina设计，是玛莎拉蒂首款公路车，搭载创新技术，风格前卫，一经推出便受到汽车媒体的广泛赞誉。

A6 1500 GT的顶置凸轮轴发动机采用了当时先进的气门机构，由摇臂驱动气门，以便于调整，可输出最大功率为65马力，最高速度可达到150公里/时。管状底盘轻质而坚固，由焊接在一起的口形截面钢管打造而成。内饰优雅精致，座椅面套、综合仪表盘均采用皮革材料。A6 1500 GT是一款真正具有革命性意义的车型，标志着玛莎拉蒂开始成为豪华跑车品牌。

## 玛莎拉蒂 3500 GT

| | | | |
|---|---|---|---|
| 英文名 | Maserati 3500 GT | 品牌 | 玛莎拉蒂 |
| 上市时间 | 1959 年 | 变速箱 | 5 挡手动变速箱 |
| 车身风格 | 跑车 | 前悬挂 | 双叉臂独立悬挂 |
| 车身结构 | 2 门 2 座硬顶跑车 | 后悬挂 | 半椭圆形钢板弹簧 |
| 发动机 | 3.5L 230 马力 L6 | 刹车 | 前轮盘式 + 后轮鼓式 |
| 驱动方式 | 前置后驱 | 车身尺寸 | 长 4470+ 宽 1650+ 高 1310（毫米） |

1957年，玛莎拉蒂正式退出赛车运动，专注生产GT轿车。3500 GT首次亮相于1957年的日内瓦车展，因其彼时车身的颜色和优雅的外形被昵称为“白色佳人”，在玛莎拉蒂品牌历史上具有重要意义，取得了巨大的商业成功，使玛莎拉蒂成为世界上独树一帜的高性能汽车品牌之一。

3500 GT搭载直列6缸发动机，低转速运行状态下仍可保持高扭矩输出。这款发动机来自1956年的350S赛车，四速变速箱则来自ZF公司，其他部件均采购自当时的优质供应商，最大输出功率为230马力/5500转，最高速度可达230 公里/时。

汽车档案

## 玛莎拉蒂 Bora

| | | | |
|---|---|---|---|
| 英文名 | Maserati Bora | 品牌 | 玛莎拉蒂 |
| 上市时间 | 1971 年 | 变速箱 | 5 挡手动变速箱 |
| 车身风格 | 跑车 | 前悬挂 | 双叉臂独立悬挂 |
| 车身结构 | 2 门 2 座硬顶跑车 | 后悬挂 | 双叉臂独立悬挂 |
| 发动机 | 4.7L 310 马力 V8 | 刹车 | 盘式 |
| 驱动方式 | 中置后驱 | 车身尺寸 | 长 4336+ 宽 1768+ 高 1133（毫米） |

汽车介绍

Bora是玛莎拉蒂第一款中置发动机公路车，同时也是第一款完全由雪铁龙自主研发设计的车型，在玛莎拉蒂的历史上具有里程碑意义。工程师Guilio Alfieri基于玛莎拉蒂早期赛车车型的研发设计经验调整了这几款车型的中置发动机布局，搭载V8发动机，先是4.7L，后升级至4.9L。

Bora采用的溜背设计是Giorgetto Giugiaro及其新创立的汽车设计工作室Italdesign的又一杰作。Bora的零百公里加速时间为6.5秒，最高速度为270公里/时，搭载雪铁龙复杂液压系统，该系统可操作制动器、可伸缩大灯、调节驾驶员座椅和踏板。

## 玛莎拉蒂 3200 GT

| | | | |
|---|---|---|---|
| 英文名 | Maserati 3200 GT | 品牌 | 玛莎拉蒂 |
| 上市时间 | 1998 年 | 变速箱 | 6 挡手动 /4 挡自动变速箱 |
| 车身风格 | 跑车 | 前悬挂 | 双摇臂悬挂 |
| 车身结构 | 2 门 4 座硬顶跑车 | 后悬挂 | 双摇臂悬挂 |
| 发动机 | 3.2L 370 马力 V8 | 刹车 | 盘式 |
| 驱动方式 | 前置后驱 | 车身尺寸 | 长 4510+ 宽 1820+ 高 1300（毫米） |

1998年，3200 GT闪亮登场，终结了Biturbo时代，是玛莎拉蒂回归GT传统精神的典范之作。3200 GT由意大利设计大师Giugiaro操刀设计，尾灯形如“回旋镖”，当时是量产车上第一款使用LED技术的尾灯。自1998年推出，3200 GT就肩负起玛莎拉蒂品牌全球复兴的重任。

全新车型3200 GT搭载的V8发动机，基于Shamal和Quattroporte IV这两款车型所搭载的发动机做了大幅改进。V8发动机匹配六速手动ZF变速箱或四速自动变速箱，最大功率达370马力，零百公里加速时间为5.1秒，最高速度为280公里/时。

▲ 汽车档案

## 玛莎拉蒂 MC 12

| | | | |
|---|---|---|---|
| 英文名 | Maserati MC 12 | 品牌 | 玛莎拉蒂 |
| 上市时间 | 2004 年 | 变速箱 | 6 挡半手动变速箱 |
| 车身风格 | 跑车 | 前悬挂 | 双叉臂独立悬挂 |
| 车身结构 | 2 门 2 座硬顶跑车 | 后悬挂 | 双叉臂独立悬挂 |
| 发动机 | 6.0L 630 马力 V12 | 刹车 | 盘式 |
| 驱动方式 | 中置后驱 | 车身尺寸 | 长 5140+ 宽 2100+ 高 1210（毫米） |

▼ 汽车介绍

玛莎拉蒂MC12是一款中置引擎超级跑车，亮相于2004年的日内瓦车展，车身由碳纤维制造，是玛莎拉蒂高性能的代表车型。通过推出MC12，玛莎拉蒂重返GT赛道，从2004年到2010年共夺得了22场胜利、14个冠军头衔和2个世界杯冠军，成为世界各地赛道上所向披靡的战车。

MC12也是玛莎拉蒂创立以来速度最快的公路车，研发技术基于法拉利Enzo车型，技术人员对发动机、底盘和空气动力学进行了大刀阔斧地改进，搭载自然吸气6L 12缸发动机，可在7500转时爆发出465千瓦的动力，最高速度超过330公里/时，零百公里加速时间仅为3.8秒。

## 玛莎拉蒂 MC 20

| | | | |
|---|---|---|---|
| 英文名 | Maserati MC 20 | 品牌 | 玛莎拉蒂 |
| 上市时间 | 2020 年 | 变速箱 | 8 挡双离合变速箱 |
| 车身风格 | 跑车 | 前悬挂 | 双叉臂式独立悬挂 |
| 车身结构 | 2 门 2 座硬顶跑车 | 后悬挂 | 双叉臂式独立悬挂 |
| 发动机 | 3.0T 630 马力 V6 | 刹车 | 通风盘式 |
| 驱动方式 | 中置后驱 | 车身尺寸 | 长 4669+ 宽 1965+ 高 1224（毫米） |

MC20传承了玛莎拉蒂的赛道基因，搭载了全新“Nettuno海神”发动机。这款3.0L V6双涡轮发动机配备适用于超跑的干式油底壳，可在7500转时爆发630马力的强劲动力，3000～5500转时峰值扭矩可达730牛·米，可在2.9秒内实现零百公里加速，最高速度超过325公里/时。

MC20采用品质车身材料，在充分确保舒适性的前提下将碳纤维材料的潜力充分发挥，车身重量不超过1500公斤，功率重量比达到2.33公斤/马力。MC20的空气动力学表现同样优秀，风阻系数低于0.38，简洁的车身上部没有明显的空气动力学部件，只有一个低调的后扰流板，用以增强下压力。

品牌介绍

## 阿尔法·罗密欧

▶ 阿尔法·罗密欧（Alfa Romeo）是意大利著名的轿车和跑车制造商，创建于1910年，总部设在米兰。公司原名伦巴第汽车制造厂，前身最早可追溯至1906年由Alexandre Darracq创立于那不勒斯后迁至米兰的一个汽车公司。1986年，公司被菲亚特集团（FIAT）收购。

## 阿尔法·罗密欧历程

1910 年 6 月 24 日，一家名为 A.L.F.A.（Anonima Lombarda Fabbrica Automobili）的新公司在米兰成立了。A.L.F.A. 公司生产的第一辆 24 马力车在 1911 年 Targa Florio 赛车场首次亮相就取得了胜利。此后，A.L.F.A. 公司相继推出 15 ~ 20 马力以及 40 ~ 60 马力的系列车型，这些车型在意大利赛车场上表现非凡。

1915 年，A.L.F.A. 公司由那不勒斯的实业家尼古拉·罗密欧（Nicola Romeo）接管，并将公司名改为阿尔法·罗密欧。而那时一战正在爆发，意大利卷入了战火，阿尔法·罗密欧公司的车也被征召服役，担任载运人员与军械的任务，后来战况吃紧，阿尔法车厂被迫停产。

战后，阿尔法·罗密欧公司再度开始专事汽车生产，尽管社会政治以及经济的动荡给 Alfa Romeo 的发展造成了严重的困难，但公司依旧制造出了一系列以优秀赛车表现及驾驶性能闻名的车款，并在赛场上赢得了众多奖项。

Ugo Gobbato 于 20 世纪 30 年代初期加入 Alfa，担任总经理。在他的领导下，工厂开始进行现代化，首度大量生产、制造厢型车及巴士。最终要的六汽缸引擎的发明让 Alfa 得以制造出更轻、更快且功率更强的汽车。

然而，1929 年发生的世界经济危机使 Alfa Romeo 陷入困境，意大利政府被迫通过 I.R.I.（产业重建研究所）控股公司来参与 Alfa Romeo 的经营，公司因此也退出了赛车项目，并将其 8c 2300bc 型车转让给了 Enzo Ferrari 车队。1932 年 Alfa 再度易主，由 I.R.I. 主导，Alfa 暂时退出赛车领域，Scuderia Ferrari 的旗帜取代了绿色的四叶苜宿图案。

二战的爆发，使 Alfa Romeo 工厂饱尝轰炸之苦。1945 年，Alfa 的生产线才再度缓慢启动，其中包括汽车、飞机及船舰引擎甚至电饭锅。直到 1946 年，公司的汽车生产才走上了正常轨道。

20 世纪 60 年代的 Alfa Romeo 不断发展壮大，在米兰附近的 Arese 及意大利南部的 Pomiglianod' Arco 分别建立了生产厂。这一时期，Alfa Romeo 真正巩固了它的高性能形象及市场地位。

1986 年 11 月，Fiat 集团收购了 Alfa Romeo 公司，并于 1987 年将公司与 Lancia 品牌整合，成立了 Alfa Lancia S.p.A，Alfa Romeo 正式成为 Fiat 集团旗下一员。

汽车档案

## 阿尔法·罗密欧 1900

| | | | |
|---|---|---|---|
| 英文名 | Alfa Romeo 1900 | 品牌 | 阿尔法·罗密欧 |
| 上市时间 | 1950 年 | 变速箱 | 4 挡手动变速箱 |
| 车身风格 | 跑车 | 前悬挂 | 双叉臂独立悬挂 |
| 车身结构 | 2 门 2 座硬顶跑车 | 后悬挂 | 实心后轴非独立悬挂 |
| 发动机 | 1.9L 90 马力 L4 | 刹车 | 液压鼓式 |
| 驱动方式 | 前置后驱 | 车身尺寸 | 长 4430+ 宽 1743+ 高 1415（毫米 |

汽车介绍

20世纪50年代，阿尔法·罗密欧决定打造一辆可以赢得比赛的家庭轿车，因此1900系列应运生，脱胎于战前的6C 2500，浮筒车身美观流畅，盾形进气格栅首开先河，这一极具辨识度的设也在后世传承了下去。

阿尔法·罗密欧1900由Orazio Satta设计，是阿尔法·罗密欧品牌第一辆完全在生产线上建造的车，对品牌来说是一个重要的里程碑，它的问世赢得了巨大的成功。此外，1900也是第一辆没有独底盘的生产车，具有双门和四门版本，普通版本搭载了一台1884cc的四缸引擎，功率为90马力。

## 阿尔法 · 罗密欧 156

| | | | |
|---|---|---|---|
| 英文名 | Alfa Romeo 156 | 品牌 | 阿尔法 · 罗密欧 |
| 上市时间 | 1997 年 | 变速箱 | 5 挡手自一体变速箱 |
| 车身风格 | 中型车 | 前悬挂 | 双横臂式独立悬挂 |
| 车身结构 | 4 门 5 座三厢车 | 后悬挂 | 麦弗逊式独立悬挂 |
| 发动机 | 2.0L 165 马力 L4 | 刹车 | 盘式 |
| 驱动方式 | 前置前驱 | 车身尺寸 | 长 4430+ 宽 1743+ 高 1415（毫米） |

阿尔法·罗密欧156在1997年法兰克福车展上正式问世，采用了最新的Type Two rev.3平台，基于菲亚特C1架构开发，具有长轴距和不同的悬架布局。

阿尔法·罗密欧156的设计受到了1900、Giulietta以及Giulia三款历史车系所影响，摒弃了其前身155棱角分明的楔形风格造型，采用了流畅的圆顶线条。2.0L四缸发动机最大功率为165马力，虽然是四缸，但是平顺性足可以比拟六缸发动机，而且表现十分抢眼，零百公里加速时间只需要9.8秒，最高速度也达到了244公里/时，在1998年被评为最佳年度汽车。

汽车档案

## 阿尔法·罗密欧 8C

| | | | |
|---|---|---|---|
| 英文名 | Alfa Romeo 8C | 品牌 | 阿尔法·罗密欧 |
| 上市时间 | 2006 年 | 变速箱 | 6 挡手动变速箱 |
| 车身风格 | 跑车 | 前悬挂 | 双叉臂式独立悬挂 |
| 车身结构 | 2 门 2 座硬顶跑车 | 后悬挂 | 双叉臂式独立悬挂 |
| 发动机 | 4.6L 450 马力 V8 | 刹车 | 盘式 |
| 驱动方式 | 前置后驱 | 车身尺寸 | 长 4381+ 宽 1894+ 高 1341（毫米 |

汽车介绍

在2003年的法兰克福车展上，阿尔法·罗密欧展示了其全新概念车8C Competizion，在2006的巴黎车展上，阿尔法·罗密欧8C Competizion作为量产车正式亮相。

8C装配一台最新研发的90°夹角4.6L V8发动机，在7000转时输出450马力的最大功率，4牛·米的峰值扭矩则在4750转时获得，发动机的最高转速可以达到7500转/分。8C的悬挂和制动统完全以赛道使用为基础进行设计，前后轮都采用双叉式悬挂和铝合金制动卡钳，保证轮胎的循能力和制动效能。

## 阿尔法·罗密欧 Giulietta 2010年款

| | | | |
|---|---|---|---|
| 英文名 | Alfa Romeo Giulietta | 品牌 | 阿尔法·罗密欧 |
| 上市时间 | 2010 年 | 变速箱 | 6 挡手动变速箱 |
| 车身风格 | 紧凑型轿车 | 前悬挂 | 麦弗逊式独立悬挂 |
| 车身结构 | 2 门 4 座两厢掀背车 | 后悬挂 | 多连杆独立悬挂 |
| 发动机 | 1.4L 120 马力 L4 | 刹车 | 盘式 |
| 驱动方式 | 前置前驱 | 车身尺寸 | 长 4350+ 宽 1800+ 高 1460（毫米） |

在1954年的都灵车展上，阿尔法·罗密欧推出了Alfa Giulietta，这也是首批战后生产的轿跑之一。这款双座敞篷跑车搭载了一台1300cc的引擎，最大功率达到了65马力，车身的线条极富现代感。随着战后经济的恢复，Giulietta成为众多车迷喜爱的车型，也让阿尔法·罗密欧在汽车界的名声达到了一个前所未有的高峰。

随着阿尔法·罗密欧品牌复兴的开始，Giulietta这个经典的车系重新登上了历史舞台。在2010年的日内瓦车展上，阿尔法·罗密欧推出了重生的Giulietta车系，由轿跑车型变为两厢掀背车。

汽车档案

## 阿尔法·罗密欧 Stelvio

| | | | |
|---|---|---|---|
| 英文名 | Alfa Romeo Stelvio | 品牌 | 阿尔法·罗密欧 |
| 上市时间 | 2017 年 | 变速箱 | 8 挡手自一体变速箱 |
| 车身风格 | 中型 SUV | 前悬挂 | 双叉臂式独立悬挂 |
| 车身结构 | 5 门 5 座 SUV | 后悬挂 | 多连杆式独立悬挂 |
| 发动机 | 2.0T 280 马力 L4 | 刹车 | 通风盘式 |
| 驱动方式 | 前置四驱 | 车身尺寸 | 长 4687+ 宽 1903+ 高 1688（毫米 |

汽车介绍

阿尔法·罗密欧品牌正式于2017年进入中国市场，Stelvio是首批引入中国市场的两款阿尔法型之一，也是阿尔法的首款SUV车型。

阿尔法·罗密欧Stelvio采用2.0L涡轮增压四缸发动机，可输出280马力和400牛·米的最大矩，最大功率转速为5250转/分，最大扭矩转速为2250转/分，零百公里加速时间为5.7秒。同时，车还配备了疲劳提醒、刹车防抱死(ABS)、LED日间行车灯、刹车辅助(EBA/BAS等)、制动力分(EBD)主驾驶安全气囊、副驾驶位安全气囊、侧安全气帘、前排侧安全气囊等安全配置。

## 阿尔法·罗密欧 33 Stradale

| | | | |
|---|---|---|---|
| 英文名 | Alfa Romeo 33 Stradale | 品牌 | 阿尔法·罗密欧 |
| 上市时间 | 2023 年 | 变速箱 | 8 挡自动变速箱 |
| 车身风格 | 跑车 | 前悬挂 | 双叉臂式独立悬挂 |
| 车身结构 | 2 门 2 座硬顶跑车 | 后悬挂 | 双叉臂式独立悬挂 |
| 发动机 | 3.0L 641 马力 V6 | 刹车 | 陶瓷通风盘式 |
| 驱动方式 | 中置后驱 | 车身尺寸 | 长 4350+ 宽 1800+ 高 1460（毫米） |

2023年8月，阿尔法·罗密欧发布了33 Stradale超级跑车，提供V6发动机和纯电两种动力版本，而V6版本也将是该品牌最后一款纯燃油超跑。33 Stradale基本延续1967年推出33 Stradale车型的造型风格，并保留该品牌标志性的倒三角形前格栅设计。

同时，最新的33 Stradale有两种动力系统可供选择：739马力的纯电动车型或中后置641马力的3.0L双涡轮增压V6汽油车型。燃油车型零百加速时间小于3秒，最高速度约333公里/时，与其名字相称；电动车型零百加速时间则低于2.5秒，提供Strada（道路）和Pista（赛道）两种驾驶模式。

品牌介绍

## 菲亚特

▶ 菲亚特集团（F.I.A.T.）是世界十大汽车生产商之一，成立于1899年，总部位于意大利工业中心，皮埃蒙特大区首府都灵。旗下的著名品牌包括菲亚特、克莱斯勒、Jeep、道奇、法拉利、玛莎拉蒂、阿尔法·罗密欧、蓝旗亚等。

### 菲亚特历史

1866 年，菲亚特创始人之一乔瓦尼·阿涅利（Giovanni Agnelli）出生在意大利维拉尔帕罗莎市（Villar Perosa）。当他结束学习生涯回到故乡成为维拉尔帕罗莎市市长后，听说有人成功地发明了汽车，于是他凭借着对机械的热情开始到处寻找投资机会，试图跻身汽车行业。

1899 年 7 月，阿涅利与 9 位意大利企业家和其余 29 位股东以 8 万里拉联合创立了意大利都灵汽车制造厂（Fabbrica Italiana Automobili Torino）。当年，首款车型菲亚特 4 HP 便正式诞生。1900 年，菲亚特的第一家工厂在但丁街（Corso Dante）落成，当时拥有 150 名工人以及 12 000 平方米的厂房。

1901 年，一位都灵画家将公司名称的缩写字母以“.”号隔开，FIAT 标识首次出现在菲亚特生产的车型上。极具商业头脑的乔瓦尼·阿涅利懂得利用汽车比赛让更多人知道菲亚特的名字，这一做法也取得了成功，得益于在汽车比赛中取得的优异成绩，越来越多的人开始了解菲亚特这个意大利汽车品牌。

1906 年，菲亚特公司的雇员已经从最初的 150 人跃升至 2500 人，公司所生产的汽车三分之二用于出口，美国则是菲亚特的重要海外市场，于是在 1908 年，菲亚特美国汽车公司正式成立。此后，菲亚特开始迅速成长，并在全球成立了多家分公司。

一战爆发后，菲亚特在新车型研发上几乎处于停滞状态，公司的全部生产几乎都集中到了军需品上。一战结束后，菲亚特经历了重大改革并度过了经营危机，从 1923 年起逐渐走入正轨。

然而，二战使意大利的经济遭到了沉重打击，菲亚特工厂及相关生产设施也遭受了严重的破坏。经过多年的努力修复，菲亚特工厂于 1948 年重建完成，得益于欧洲复兴计划中来自美国的救助资金，菲亚特恢复生产后利润迅速增长。

1969 年，菲亚特集团先后收购了法拉利公司和蓝旗亚公司，成功地掌握了意大利本国两大汽车品牌的经营决策权，两大品牌为菲亚特注入了更加运动化的新鲜血液。

如今的菲亚特集团不仅是世界知名的十大汽车制造商之一，也是世界上最主要的工业集团。除主营汽车外，集团还经营商用车辆、农用机械和建筑机械、冶金、零部件、生产系统、航空、出版通讯、保险和相关服务，共涉及十大领域，菲亚特汽车公司则是菲亚特集团旗下最大的经营公司。

## 菲亚特 8V

汽车档案

| | | | |
|---|---|---|---|
| 英文名 | FIAT 8V | 品牌 | 菲亚特 |
| 上市时间 | 1952 年 | 变速箱 | 4 挡手动变速箱 |
| 车身风格 | 跑车 | 前悬挂 | 螺旋弹簧独立悬架 |
| 车身结构 | 2 门 2 座硬顶跑车 | 后悬挂 | 螺旋弹簧独立悬架 |
| 发动机 | 2.0L 115 马力 V8 | 刹车 | 鼓式 |
| 驱动方式 | 前置后驱 | 车身尺寸 | 长 4040+ 宽 1570+ 高 1290（毫米） |

汽车介绍

菲亚特8V车型曾是1952年3月日内瓦车展上的明星车，在意大利语中被称为Otto Vu，直至日，它仍然是极具传奇色彩的一款车型。

这部车具有很大的独特性，因为当时的菲亚特通常采用和生产四缸发动机，在1907年菲亚特首次生产六缸发动机，1921年投入生产V12发动机。直到1952年，菲亚特才生产出了第一个拥有缸发动机的车型8V。此外，8V跑车的106号底盘采用了当时世界上最先进的四轮独立悬架结构，及博洛尼公司生产的线控轮胎和拉奇公司生产的轮毂。

## 菲亚特 124 Spider

| | | | |
|---|---|---|---|
| 英文名 | FIAT 124 Spider | 品牌 | 菲亚特 |
| 上市时间 | 1966 年 | 变速箱 | 5 挡手动变速箱 |
| 车身风格 | 跑车 | 前悬挂 | 前轮低位双叉臂独立悬挂、 |
| 车身结构 | 2 门 2 座敞篷跑车 | 后悬挂 | 后轮多连杆式独立悬挂 |
| 发动机 | 1.4L 90 马力 L4 | 刹车 | 盘式 |
| 驱动方式 | 前置后驱 | 车身尺寸 | 长 4054+ 宽 1740+ 高 1233（毫米） |

1966年对于菲亚特来说是非常重要的转折点，因为这年所推出的新四门轿车124改变了菲亚特车型命名的传统。124四门版以经济、实惠、便利为定位，因此在问世后受到许多年轻人的欢迎，并获得1966年欧洲年度风云车头衔。而124 Spider，也就是124的敞篷版则是基于稍微缩短的后驱动124轿车底盘设计而来，被认为是菲亚特最漂亮的车型之一。

在车型推出初期时，124 Spider搭载着一具由法拉利总工程师Aurelio Lampredi设计的1.4L四缸自然进气引擎，可输出90马力的最大功率以及250牛·米的最大扭矩，并搭配5速手动变速箱。

汽车档案

## 菲亚特 500 1968年款

| | | | |
|---|---|---|---|
| 英文名 | FIAT 500 | 品牌 | 菲亚特 |
| 上市时间 | 1968 年 | 变速箱 | 4 挡手动变速箱 |
| 车身风格 | 微型车 | 前悬挂 | 麦弗逊式独立悬挂 |
| 车身结构 | 2 门 2 座两厢车 | 后悬挂 | 扭力梁式非独立悬挂 |
| 发动机 | 0.5L 13 马力 L2 | 刹车 | 液压鼓式 |
| 驱动方式 | 后置后驱 | 车身尺寸 | 长 2970+ 宽 1320+ 高 1325（毫米） |

汽车介绍

菲亚特500是菲亚特品牌旗下最重量级的一款明星产品，在20世纪50年代至70年代，第一款菲亚特500累计销售三百余万辆，成为当时最伟大的国民车。菲亚特对小型车的研发和生产由来已久，1936年他们就曾经推出小型车Topolino，这款车也被人们看作菲亚特500的原型车。

20世纪50年代中期，汽车在意大利的发展迎来了转机，菲亚特决定推出一款小型车来满足市场需要，菲亚特500被提上日程。1957年，Fiat Nuova 500正式亮相。1968年9月，在500F的基础上，菲亚特推出了更加豪华的500L车型，该车型采用了更加现代的颜色，这也是菲亚特500的第二代。

## 菲亚特 Panda 2003年款

| | | | |
|---|---|---|---|
| 英文名 | FIAT Panda | 品牌 | 菲亚特 |
| 上市时间 | 2003 年 | 变速箱 | 5 挡手动变速箱 |
| 车身风格 | 微型车 | 前悬挂 | 麦弗逊式独立悬挂 |
| 车身结构 | 4 门 5 座两厢车 | 后悬挂 | 扭力梁式非独立悬挂 |
| 发动机 | 1.1L 54 马力 L4 | 刹车 | 前轮实心盘式 + 后轮鼓式 |
| 驱动方式 | 前置前驱 | 车身尺寸 | 长 3538+ 宽 1590+ 高 1539（毫米） |

菲亚特Panda是菲亚特公司的一款多用途微型车，也是品牌首款获得欧洲年度车型的A级车。第一代的菲亚特Panda在1980年3月的日内瓦车展上登场，从2003年9月开始投放欧洲市场，装备1.1L及1.2L汽油发动机，还有1.3L柴油发动机可供选择。

菲亚特Panda保留了一贯的车身纤巧、耗油量低的优点，MPV版本灵活实用，既有SUV越野车的强悍扎实，也不乏欧洲房车的精良操控。加上较高的座椅位置，改善了驾驶视线和乘坐舒适性，使得Panda变成一部既方便在市区穿梭，也适宜作为中短途旅程的交通工具。

品牌介绍

## 蓝旗亚

▶ 蓝旗亚（Lancia）是菲亚特集团旗下的品牌之一，以生产豪华汽车为主。作为意大利一个历史悠久的著名品牌，它在世界豪华车市场占有重要的一席之地。在欧洲，它也是非常少见的高档汽车品牌，是菲亚特高档轿车的烫金标志。

### 蓝旗亚发展

蓝旗亚公司的创始人文森佐·蓝旗亚生于 1881 年，出于对机械结构的浓烈兴趣，文森佐早年加入了都灵切拉诺汽车厂，开始了他在汽车行业的辗转历程。

随着该汽车厂被菲亚特公司收购，文森佐也成为菲亚特的员工之一。不过在对汽车制造业的一切了如指掌以后，文森佐认为自己能够制造出比菲亚特轿车更受欢迎的汽车，于是在 1906 年，25 岁的文森佐离开了菲亚特公司，在都灵创立了自己的汽车公司，并用自己的姓氏蓝旗亚给它命名。

文森佐在创业之初也是从赛车着手，从初创时起，蓝旗亚汽车就在赛车场上频频获胜，为蓝旗亚公司树立起光辉的形象。然而，在二战后公司状况不断恶化，1955 年蓝旗亚公司被一名意大利企业家收购，但形势依然没有好转。直到 1969 年菲亚特公司买下了蓝旗亚公司后，蓝旗亚公司才开始专注于高档轿车、跑车的生产，其产品也开始在欧美各国受到欢迎。

## 蓝旗亚 Stratos

| | | | |
|---|---|---|---|
| 英文名 | Lancia Stratos | 品牌 | 蓝旗亚 |
| 上市时间 | 1973 年 | 变速箱 | 5 挡手动变速箱 |
| 车身风格 | 跑车 | 前悬挂 | 双叉臂式独立悬挂 |
| 车身结构 | 2 门 2 座硬顶跑车 | 后悬挂 | 双叉臂独立悬挂 |
| 发动机 | 2.5L 190 马力 V6 | 刹车 | 盘式 |
| 驱动方式 | 中置后驱 | 车身尺寸 | 长 4181+ 宽 1971+ 高 1240（毫米） |

怀着赢得世界拉力锦标赛的远大抱负，蓝旗亚意图制造一款符合公路车身份的拉力赛车。在1971年的都灵车展上，由著名的Carrozzeria Bertone设计的一款非凡的未来概念车Stratos Zero开创了一个新时代，首次亮相就广受好评。

1973年年末，Stratos的量产版发布，车身以短轴距和宽楔形形状体现了革命性设计，搭载迪诺法拉利的2.5L V6发动机，最大功率为190马力。在蓝旗亚车手桑德罗·穆纳里的指挥下，Stratos连续获得了1974年至1976年的世界拉力锦标赛冠军，从而巩固了自己在汽车界的地位。

汽车档案

## 蓝旗亚 Thesis

| | | | |
|---|---|---|---|
| 英文名 | Lancia Thesis | 品牌 | 蓝旗亚 |
| 上市时间 | 2001 年 | 变速箱 | 6 挡手动变速箱 |
| 车身风格 | 中大型车 | 前悬挂 | 多连杆独立悬挂 |
| 车身结构 | 4 门 5 座三厢车 | 后悬挂 | 多连杆式独立悬挂 |
| 发动机 | 2.0L 136kw L5 | 刹车 | 通风盘式 |
| 驱动方式 | 前置前驱 | 车身尺寸 | 长 4488+ 宽 1830+ 高 1465（毫米） |

汽车介绍

在2001年推出了一款名叫Thesis的行政级轿车，并且只有四门五座一种布局。这台车最大的亮点就是采用了前置前驱布局，在原有Type-E平台上重新研发而来。蓝旗亚Thesis外形典雅而极富想象力，散发着浓烈的古典美，车身上很多部位的设计都有着文艺复兴时期意大利文化的烙印，曾被用作意大利总统、教皇的座驾。

Thesis座椅在舒适性和人机工程学方面代表了当时的先进水平，前排座椅舒适豪华，双重缝线精致优雅，鞍形头枕带有明显的意大利设计风格，提供了座椅加热、通风以及按摩等功能。

# 第 6 章
# 美国汽车赏析

美国汽车文化源远流长，拥有多个世界知名的汽车品牌，汽车普及率居全球前列，拥有世界上最多的私家车辆，每年汽车销量超过 1500 万辆。因此，美国算是全世界汽车业最重要、竞争最激烈的国家之一。

品牌介绍

## 雪佛兰

▶ 雪佛兰（Chevrolet）是通用汽车集团下最大的品牌，拥有强大的技术和市场资源，自1912年推出第一部产品以来至今销售总量已超过1亿辆。品牌于1911年11月3日创立，创始人为威廉·杜兰特（William C. Durant）和路易斯·雪佛兰（Louis Chevrolet）。

## 雪佛兰历史

雪佛兰品牌最重要的创始人之一路易斯·雪佛兰于 1878 年出生在瑞士小镇 La Chauxde Fonds，1893 年和 1896 年，路易斯的两个弟弟相继出生，那时路易斯的父亲约瑟夫在一家钟表行工作，路易斯则开始学习修理自行车与赛车，并对机械表现出了狂热的兴趣。

1899 年年初，路易斯·雪佛兰带着他的“角斗士”牌自行车来到了巴黎，不久后找到了一份汽车制造厂的工作。在那里，路易斯学到了很多东西，并全面掌握了内燃机的知识和技术。

后来，路易斯用在巴黎挣到的钱作为自己游历北美大陆的经费，于 1900 年远渡重洋来到美国，并当上了别克的赛车手，还认识了后来的汽车业巨子——通用汽车创始人威廉·杜兰特。在交往中，杜兰特渐渐发现了路易斯·雪佛兰出众的才华。

1910 年，威廉·杜兰特邀请已经声誉卓著的路易斯·雪佛兰帮助他设计一款面向大众的汽车。1911 年 11 月 3 日，杜兰特与雪佛兰合伙成立了以设计师名字命名的“雪佛兰汽车公司”，第一辆雪佛兰汽车——Classic Six 也于 1912 年在底特律面世。

可惜好景不长，路易斯·雪佛兰一直梦想着生产高品质的跑车，而杜兰特却很早就认识到了汽车大众化的必然发展趋势，并坚持让公司走廉价汽车路线。双方互不让步，在关于公司经营战略上的矛盾逐渐激化。1913 年，路易斯·雪佛兰不得不离开了自己的公司，但他的名字永远留了下来。

在商业奇才杜兰特的经营下，雪佛兰发展迅速，很快就成为美国的著名汽车品牌，并在未来的百年内逐渐壮大，一度在美国汽车销售排行榜上位居第一。

时至今日，雪佛兰的品牌个性已经凝结成为一种文化情结。这种独特的雪佛兰“情结”在世界各地都因成功地融入当地文化中而得到张扬，成功地实现了品牌的当地化和国际化的统一。在 90 多年漫长的历程中，雪佛兰始终保持着这种风格，至今其市场足迹已遍及 70 多个国家。

**加油站**

雪佛兰的车标“金领结”源于 1908 年，通用汽车创始人威廉·杜兰特在一次环球旅行途中，在一家法国旅馆的墙纸上发现的一个有趣的领结图案，他认为这个图案可以作为汽车的标志，象征着雪佛兰轿车的大方、气派和风度。从 1913 年开始，雪佛兰就将领结标志悬挂在了它的各种品牌车身上。

汽车档案

## 第一代雪佛兰 科尔维特

| | | | |
|---|---|---|---|
| 英文名 | Chevrolet Corvette C1 | 品牌 | 雪佛兰 |
| 上市时间 | 1953 年 | 变速箱 | 两挡 Powerglide 变速箱 |
| 车身风格 | 跑车 | 前悬挂 | 独立悬挂 |
| 车身结构 | 2 门 2 座软顶敞篷跑车 | 后悬挂 | 桥式悬挂 |
| 发动机 | 3.6L 150 马力 L6 | 刹车 | 液压鼓式 |
| 驱动方式 | 前置后驱 | 车身尺寸 | 长 4242+ 宽 1835+ 高 1325（毫米） |

汽车介绍

雪佛兰科尔维特（Corvette）诞生于1953年，是通用和雪佛兰旗下最高端的跑车品牌，至今历经了八代发展。第一代科尔维特首次亮相于美国纽约Autorama车展，代号为EX-122，也被称C1。科尔维特在中国的知名度虽然比不上法拉利和保时捷，但它在美国堪称国宝的超级跑车，表着美国的历史、文化、精神，还有最尖端的汽车技术。

科尔维特有自己的独立车标，是在椭圆内交叉嵌套着两面旗帜。其中黑白相间的旗子表示科维特是参加公路汽车大赛的运动车，红色的旗子上的蝴蝶结商标则表示该车由雪佛兰分部制造。

汽车档案

## 第四代雪佛兰 科尔维特

| | | | |
|---|---|---|---|
| 英文名 | Chevrolet Corvette C4 | 品牌 | 雪佛兰 |
| 上市时间 | 1983 年 | 变速箱 | 4 挡手动变速箱 |
| 车身风格 | 跑车 | 前悬挂 | 双叉臂独立悬挂 |
| 车身结构 | 2 门 2 座硬顶敞篷跑车 | 后悬挂 | 多连杆独立悬挂 |
| 发动机 | 5.7L 205 马力 V8 | 刹车 | 液压盘式刹车 |
| 驱动方式 | 前置后驱 | 车身尺寸 | 长 4435+ 宽 1796+ 高 1207（毫米） |

汽车介绍

第二代和第三代科尔维特在很大程度上非常相似，4代Corvette 中间历经的都是小改款车型，只有1983年开始的第四代科尔维特才算是真正意义上的换代车型。

科尔维特C4的全面进化主要体现在动力上，1984年的科尔维特C4搭载了“Crossfire”V8发动机，比C3的L83（5.7L V8）发动机高出5马力。虽然刚开始生产的入门版C4动力表现并不算出彩，但随着雪佛兰公司的不断更新换代，C4最大功率达到了450马力。C4还采用了全铝制动卡钳和全铝悬架，减低重量的同时加强了刚性，动力和操控性能再次得到提升。

汽车档案

## 第八代雪佛兰 科尔维特

| | | | |
|---|---|---|---|
| 英文名 | Chevrolet Corvette C8 | 品牌 | 雪佛兰 |
| 上市时间 | 1953 年 | 变速箱 | 8 挡双离合变速箱 |
| 车身风格 | 跑车 | 前悬挂 | 双叉臂式独立悬挂 |
| 车身结构 | 2 门 2 座硬顶跑车 | 后悬挂 | 双叉臂式独立悬挂 |
| 发动机 | 6.2L 496 马力 V8 | 刹车 | 通风盘式 |
| 驱动方式 | 中置后驱 | 车身尺寸 | 长 4630+ 宽 1933+ 高 1234（毫米） |

汽车介绍

在经过67载风雨之后，雪佛兰克尔维特历史上首款中置车型——C8于2019年正式亮相。C8 的外观比前代改进不少，更新后的空气动力学套件更加凶悍，同时更短的前悬挂也很好地塑造出了美式肌肉车的战斗气息。

全新科尔维特C8搭载升级的6.2L LT2 V8发动机，最大输出功率为490马力，最大扭力为63牛·米，选装性能排气套件后，输出功率增加到496马力和扭力为640牛·米。此外，新车首次匹配并全系标配了专属的8速双离合自动变速箱，官方称百公里加速时间低于3秒。

## 第一代雪佛兰 科迈罗

| | | | |
|---|---|---|---|
| 英文名 | Chevrolet Camaro | 品牌 | 雪佛兰 |
| 上市时间 | 1966 年 | 变速箱 | 3 挡手动变速箱 |
| 车身风格 | 跑车 | 前悬挂 | 双叉臂式独立悬挂 |
| 车身结构 | 2 门 2 座硬顶跑车 | 后悬挂 | 桥式悬挂 |
| 发动机 | 3.6L 140 马力 L6 | 刹车 | 鼓式 |
| 驱动方式 | 前置后驱 | 车身尺寸 | 长 4795+ 宽 1849+ 高 1270（毫米） |

20世纪60年代，雪佛兰不惜代价设计出科迈罗（Camaro），目的是在比赛中击败当时最大的竞争对手福特。1966年9月26日发布的第一代Camaro是以雪佛兰Nova为原型而设计的，从风挡玻璃到后防火墙采用了单片式车身架构，以一个单独的钢管副车架来支撑所有车前部的部件。双摆臂组成了前独立悬挂系统，而固定的后轴则被半椭圆的钢板弹簧悬挂起来。

动力方面，3.8L的雪佛兰直列6缸引擎是第一代Camaro受到标准配置，转速为4400转/分时，额定功率为140马力，但消费者还有V8引擎可供选择。

汽车档案

## 第六代雪佛兰 科迈罗

| | | | |
|---|---|---|---|
| 英文名 | Chevrolet Camaro | 品牌 | 雪佛兰 |
| 上市时间 | 2017 年 | 变速箱 | 8 挡手自一体变速箱 |
| 车身风格 | 跑车 | 前悬挂 | 连杆支柱式独立悬挂 |
| 车身结构 | 2 门 4 座硬顶跑车 | 后悬挂 | 多连杆式独立悬挂 |
| 发动机 | 2.0T 275 马力 L4 | 刹车 | 通风盘式 |
| 驱动方式 | 前置后驱 | 车身尺寸 | 长 4786+ 宽 1897+ 高 1356（毫米） |

汽车介绍

2017年上海车展，雪佛兰第六代科迈罗SS版本亮相。第六代科迈罗SS定位美式肌肉跑车（同时科迈罗还是电影大黄蜂的原型），采用通用汽车全球轻量化后驱平台，配备6.2L V8直喷发动机，最大输出功率为339千瓦，最大扭矩为617牛·米，零百公里加速时间为5.9秒。

此外，第六代科迈罗SS拥有纽博格林赛道调校的顶级赛车底盘、MRC主动电磁感应悬挂和全新轻量化车身结构，装备CarPlay车载互联系统、全新一代安吉星车联系统及4G LTE车载Wi-Fi热点，集成无线网络、通信、导航、多媒体等智能化科技。

## 雪佛兰 巡领者

| | | | |
|---|---|---|---|
| 英文名 | Chevrolet Traverse | 品牌 | 雪佛兰 |
| 上市时间 | 2008 年 | 变速箱 | 6 挡自动变速箱 |
| 车身风格 | 中大型 SUV | 前悬挂 | 麦弗逊式独立悬挂 |
| 车身结构 | 5 门 7 座 SUV | 后悬挂 | 多连杆式独立悬挂 |
| 发动机 | 3.6L 286 马力 V6 | 刹车 | 通风盘式 |
| 驱动方式 | 前置前驱 | 车身尺寸 | 长 5027+ 宽 1991+ 高 1849（毫米） |

雪佛兰Traverse诞生于2008年，是一款全尺寸SUV车型，多面手是它最显著的特点。它拥有新颖的外观，前脸设计在保留雪佛兰汽车传统的同时更具侵略性，显出霸气和强悍的一面。

Traverse的空间堪比一部休旅车，又有越野车的能力，在功能扩展性上比前两者更强，这也是雪佛兰Traverse最具优势的地方。这款车型有七座款和八座款两种设计，行李舱空间同级无出其右者。车内座椅可以多种搭配，第二排和第三排均可折叠，普通状态下行李舱容积可达691L，车内空间极为富裕。

汽车档案

## 雪佛兰 索罗德 2018年款

| | | | |
|---|---|---|---|
| 英文名 | Chevrolet Silverado | 品牌 | 雪佛兰 |
| 上市时间 | 2018 年 | 变速箱 | 6 挡自动变速箱 |
| 车身风格 | 全尺寸皮卡 | 前悬挂 | 双叉臂式独立悬挂 |
| 车身结构 | 4 门 5 座两排皮卡 | 后悬挂 | 整体桥式非独立悬挂 |
| 发动机 | 6.0L 360 马力 V8 | 刹车 | 通风盘式 |
| 驱动方式 | 前置四驱 | 车身尺寸 | 长 5843+ 宽 2032+ 高 1879（毫米） |

汽车介绍

1999年，雪佛兰推出皮卡车型索罗德（Silverado），基于通用GMT400平台打造，外观十分具有现代化气息，粗犷的线条使其拥有很强的肌肉感，符合当时美国消费者的审美。第一代索罗德的成功为其在美国市场上打下了良好的基础，第二代与第三代产品也深受消费者的喜爱。

2018年，恰逢雪佛兰皮卡100周年，雪弗兰在北美车展上正式推出全新雪弗兰索罗德。新车在外观设计上更加时尚前卫，更符合当今时代的审美，车头线条更加干练，肌肉感十足，大面积蜂窝状熏黑中网，配合C字型LED日间行车灯，使车头在视觉上极为凶悍，进一步提升了车辆运动氛围。

## 雪佛兰 畅巡

| | | | |
|---|---|---|---|
| 英文名 | Chevrolet CHEVROLET MENLO | 品牌 | 雪佛兰 |
| 上市时间 | 2019 年 | 变速箱 | 电动车单速变速箱 |
| 车身风格 | 紧凑型车 | 前悬挂 | 麦弗逊式独立悬挂 |
| 车身结构 | 5 门 5 座两厢车 | 后悬挂 | 多连杆式独立悬挂 |
| 发动机 | 纯电动 150 马力 | 刹车 | 前轮通风盘式、后轮实心盘式 |
| 驱动方式 | 前置前驱 | 车身尺寸 | 长 4665+ 宽 1813+ 高 1538（毫米） |



2019年11月4日，通用汽车雪佛兰品牌宣布首款纯电城际轿跑CHEVROLET MENLO，中文命名为“畅巡”。作为雪佛兰首款纯电车型，畅巡汇集通用汽车全球优势资源打造，采用源自雪佛兰FNR-X概念车的运动轿跑造型，搭载纯电驱动科技与最新一代MyLink+智能互联科技，提供虚拟钥匙、远程操控、智能语音识别等功能。同时，畅巡还拥有410公里的续航里程。

畅巡搭载高性能电驱系统，永磁同步电机最大功率为110千瓦，最大扭矩为350牛·米，零到50公里/时加速时间仅需3.6秒。同时，畅巡提供了3种驾驶模式和3种能量回收模式，以满足不同的驾驶习惯。

品牌介绍

## 凯迪拉克

▶ 凯迪拉克（Cadillac）是美国通用汽车旗下著名豪华汽车品牌，1902年诞生于被誉为美国汽车之城的底特律。一百多年来，凯迪拉克汽车在行业车内创造了无数个第一，缔造了无数个豪华车的行业标准。

### 凯迪拉克发展

1899 年 8 月，汽车工程师亨利福特和其他三位投资者在底特律市成立了第一家汽车公司——底特律汽车公司。由于管理不善，底特律汽车公司于 1901 年 11 月倒闭。

后来，两位投资者邀请了另一位汽车工程师和企业家亨利·利兰（Henry Martyn Leland）来评估工厂和设备，并准备清理公司资产。不过亨利·莱兰在调查后劝阻两位投资者不要关闭公司，因为他认为当时工厂设备相当先进，并提出让他们使用莱兰的发动机继续生产汽车。这两位投资者接受了亨利·利兰的提议，并于 1902 年 8 月 22 日正式将公司更名为亨利·福特·凯迪拉克，由此诞生了一个百年老品牌。

凯迪拉克公司最初以生产精密发动机为主，1902 年，凯迪拉克推出了首款车型——A型车，很快便引起轰动，在短短几天内就收到了 2000 多张订单。尽管这款车型看起来略显简陋，但在当时却是一款奢华的高消费产品。在短短几年内，凯迪拉克就以高品质、创新技术和精湛工艺而闻名，成为美国豪华汽车市场的领导者。

然而，由于亨利·利兰拒绝提高产量，坚持制作高质量、高精密的豪华轿车，凯迪拉克的财务状况并不太乐观。

1907 年，运营仅 5 年的凯迪拉克被通用公司收购，但亨利·利兰和儿子威尔弗却仍留下来继续开发和经营凯迪拉克，可见这并不是一次单纯的收购，更像是一次资金与品牌的强强联手。这样一直持续到 1917 年，父子俩又开设了林肯汽车公司，后来又把林肯汽车公司卖给了福特汽车公司。1909 年，凯迪拉克公司正式加入通用汽车公司，从此，凯迪拉克在设计汽车时更加重视汽车的豪华性和舒适性。

1912 年，凯迪拉克成为第一家在汽车中装备电子起动、照明和点火装置的公司。因为这一成就，伦敦的皇家汽车俱乐部第二次给凯迪拉克公司颁发了 Dewar 奖章，并且永久性地授予凯迪拉克公司“世界标准”的荣誉称号。凯迪拉克是第一家也是唯一一家被皇家汽车俱乐部授予该称号的公司。

1987 年，凯迪拉克 Allante 成为打入超豪华轿车市场的第一款美国轿车，凯迪拉克 Allante 锐军突进，改变了一直由欧洲轿车占据主导地位的超豪华轿车领域的格局。一百年来，凯迪拉克已经是声望、尊贵与豪华的代名词，同时也代表了锐意进取和技术创新，步入 21 世纪的凯迪拉克更是融汇了高新科技与现代化设计的精华。

汽车档案

## 凯迪拉克 LaSalle

| | | | |
|---|---|---|---|
| 英文名 | Cadillac LaSalle | 品牌 | 凯迪拉克 |
| 上市时间 | 1927 年 | 变速箱 | 3 挡手动变速箱 |
| 车身风格 | 轿车 | 前悬挂 | 半椭圆形钢板弹簧 |
| 车身结构 | 2 门 2 座软顶敞篷车 | 后悬挂 | 半椭圆形钢板弹簧 |
| 发动机 | 4.9L 75 马力 V8 | 刹车 | 机械鼓式 |
| 驱动方式 | 前置后驱 | 车身尺寸 | 长 4699+ 宽 1778+ 高 1778（毫米） |

汽车介绍

1927年3月，凯迪拉克推出了一款新车型——LaSalle，著名汽车设计大师哈利·厄尔（Harle Earl）设计的第一款量产车型，在整个汽车工业史上都具有里程碑意义。这是一款更小、更灵活、更具运动感的凯迪拉克汽车，它的售价填补了别克和原有凯迪拉克产品之间的产品空缺。

这款漂亮的敞篷车的亮点包括双侧备用轮胎、Buffalo金属车轮、可折叠的座椅和彩色的遮阳等，柔和、圆形的车身轮廓以及“大汤匙型”的前挡泥板。因为漂亮的油漆工艺，该款车型至今人印象深刻。在上市第一年，这款车型就售出了27000台。

## 凯迪拉克 Sixty Special

| | | | |
|---|---|---|---|
| 英文名 | Cadillac Sixty Special | 品牌 | 凯迪拉克 |
| 上市时间 | 1941 年 | 变速箱 | 3 挡手动变速箱 |
| 车身风格 | 轿车 | 前悬挂 | 半椭圆形钢板弹簧 |
| 车身结构 | 2 门 4 座两厢车 | 后悬挂 | 半椭圆形钢板弹簧 |
| 发动机 | 5.7L 150 马力 V8 | 刹车 | 机械鼓式 |
| 驱动方式 | 前置后驱 | 车身尺寸 | 长 5779+ 宽 2032+ 高 1500（毫米） |

1941年，凯迪拉克推出Sixty Special车型。这是凯迪拉克品牌中最豪华的车型，采用流线型客货两用车设计。直到二战爆发，美国所有汽车生产中断前，Sixty Special车型影响了大部分汽车的车顶和尾部样式。

Sixty Special车型设计引入了全自动传送装置，使得凯迪拉克成为全自动传动汽车的第二大制造商。并且该车型还首次使用了由Harley Earl设计的尾鳍，引入工业弯曲挡风玻璃，有极强的装甲防护，可谓是当年美国最高级的轿车，为政要们所喜爱。

汽车档案

## 凯迪拉克 Eldorado 1967年款

| | | | |
|---|---|---|---|
| 英文名 | Cadillac Eldorado | 品牌 | 凯迪拉克 |
| 上市时间 | 1967 年 | 变速箱 | 3 挡自动变速箱 |
| 车身风格 | 轿车 | 前悬挂 | 独立悬挂 |
| 车身结构 | 2 门 2 座两厢车 | 后悬挂 | 多连杆独立悬挂 |
| 发动机 | 7.0L 340 马力 V8 | 刹车 | 前轮盘式、后轮鼓式 |
| 驱动方式 | 前置前驱 | 车身尺寸 | 长 5613+ 宽 2029+ 高 1370（毫米） |

汽车介绍

1953年，凯迪拉克推出了第一个战后版本的豪华轿车Eldorado。这是一款具有深远意义的车型，特殊的装备包括真皮内饰、铬合金轮辋及无线电收音机等。1967年，凯迪拉克迎来了彻底的一次换代，1967年款Eldorado由设计大师Bill Mitchell操刀，采用简约的块面、锐利的边缘线条，构成了这款车型的轮廓，不仅引领时尚，更成为当代凯迪拉克车型钻石切割设计语言的灵感之源。

凯迪拉克Eldorado风靡北美数十年，是美国文化中的经典之作，尽管它在凯迪拉克车系中已经消失了，但在20世纪80年代以前，无论是美国政要还是流行歌手，拥有一辆Eldorado才是成功的象征。

## 第二代凯迪拉克 凯雷德

| | | | |
|---|---|---|---|
| 英文名 | Cadillac Escalade | 品牌 | 凯迪拉克 |
| 上市时间 | 2006 年 | 变速箱 | 6 挡手自一体变速箱 |
| 车身风格 | 大型 SUV | 前悬挂 | 双叉臂式独立悬挂 |
| 车身结构 | 5 门 7 座 SUV | 后悬挂 | 多连杆式独立悬挂 |
| 发动机 | 6.2L 409 马力 V8 | 刹车 | 通风盘式 |
| 驱动方式 | 前置四驱 | 车身尺寸 | 长 5142+ 宽 2008+ 高 1927 （毫米） |

第一代凯雷德诞生于1999年，定位为一款全尺寸的SUV。第一代车型采用了5.7L Vortec5700 V8发动机，最大功率为255马力。鉴于准备时间过于仓促，第一代的凯雷德只生产了两年就换代了。

第二代凯雷德在2002年推出市场，新车变成了七座版车型。和上一代车型全系标配四驱系统不一样，第二代凯雷德只有旗舰版车型才配备四轮驱动系统，其余车型均改为后轮驱动。发动机方面，2002年款和2003年款两驱车型配备285马力的5.3L V8发动机，而2004年款至2006年款车型的发动机功率做了调校，最大功率为295马力，四驱车型依旧配备6.0L V8发动机，最大功率为345马力。

汽车档案

## 第二代凯迪拉克 CTS

| | | | |
|---|---|---|---|
| 英文名 | Cadillac CTS | 品牌 | 凯迪拉克 |
| 上市时间 | 2008 年 | 变速箱 | 6 挡手自一体变速箱 |
| 车身风格 | 中大型车 | 前悬挂 | 长短臂前悬架 |
| 车身结构 | 4 门 5 座三厢车 | 后悬挂 | 多连杆式独立悬挂 |
| 发动机 | 3.6L 311 马力 V6 | 刹车 | 通风盘式 |
| 驱动方式 | 前置后驱 | 车身尺寸 | 长 4860+ 宽 1842+ 高 1416（毫米） |

汽车介绍

第一代凯迪拉克CTS诞生于2003年，作为运动型豪华轿车，CTS外型设计极富美国风格，运用了许多凯迪拉克的经典设计语言，锲型车身轮廓鲜明，线条硬朗，车头较短，给人感觉利落流畅。凯迪拉克CTS在美国素有“驾驶者之车”美誉，这表明了其在操控和动力上的卓越性能。第一代凯迪拉克CTS采用3.2L V6发动机，最大功率为220马力。

第二代CTS于2008年推出，引入国内的采用3.6L SIDI V6发动机，最大功率为311马力。2008年5月，CTS-V在纽北跑出7分59秒32的圈速，堪称当时世界上最快的四门轿车。

## 凯迪拉克 CT6 2023年款

| | | | |
|---|---|---|---|
| 英文名 | Cadillac CT6 | 品牌 | 凯迪拉克 |
| 上市时间 | 2023 年 | 变速箱 | 10 挡手自一体变速箱 |
| 车身风格 | 中大型车 | 前悬挂 | 双横臂式独立悬挂 |
| 车身结构 | 4 门 5 座三厢车 | 后悬挂 | 多连杆式独立悬挂 |
| 发动机 | 2.0T 237 马力 L4 | 刹车 | 通风盘式 |
| 驱动方式 | 前置后驱 | 车身尺寸 | 长 5223+ 宽 1890+ 高 1480（毫米） |

凯迪拉克CT6是凯迪拉克品牌的一款高档豪华轿车，于2015年4月在纽约车展全球首发，2016年在北美市场上市。CT6采用的是全新的Omega后驱平台打造，11种宇航科技复合材料车身，精益金属材料配比，铝材用量达57.72%，令其高抗扭性傲视同侪，能够合理地吸收与传递碰撞能量。

2023年5月28日，凯迪拉克新款CT6车型上市。新款CT6全系搭载2.0T可变缸发动机，最大功率为237马力，峰值扭矩达到350牛・米，传动系统匹配的是10AT变速箱。这一动力组合不仅保证了车辆的强劲动力输出，还兼顾了燃油经济性和驾驶舒适性。

品牌介绍

## 福特

▶ 福特（Ford）是世界上最大的汽车生产商之一，成立于1903年，总部位于密歇根州迪尔伯恩市（Dearborn），为美国福特汽车公司（Ford Motor Company）旗下众多品牌之一，公司及品牌名“福特”来源于其创始人亨利·福特（Henry Ford）的姓氏。

## 福特历史

美国汽车工程师与企业家、福特汽车公司的建立者亨利·福特出生于美国密歇根州韦恩郡的史普林威尔镇（Springwells Township,Wayne County, MI.），自小就对机械表现出了浓厚的兴趣和非比寻常的天赋。12 岁时，他花了很多时间建立了一个自己的机械坊，15 岁时就亲手制造了一台内燃机。

1891 年，福特成为爱迪生照明公司的一个工程师，当他晋升为主工程师后，开始有足够的时间和钱财来进行他个人对内燃机的研究。

不过由于一些原因，不久之后福特就与其他一些发明家离开了爱迪生照明公司，并一起成立了底特律汽车公司。但因为福特一心只想研究新车而忽视了卖车，这家公司很快就倒闭了。他的第二家公司——亨利·福特公司的主要产品是他的赛车，但不久后他的资助者就迫使他离开了亨利·福特公司，此后这家公司被改名为凯迪拉克。

1903 年，福特又与 11 位其他投资者，用 2.8 万美元的资金建立了福特汽车公司。1908 年，福特公司推出了著名的福特 T 型车。从 1909 年至 1913 年，福特 T 型车在多次比赛中获胜。

1913 年，福特将流水线引入他的工厂，从而极大地提高了生产量，这也使得他成为世界上第一位使用流水线大批量生产汽车的人，世界汽车工业革命就此开始。

这种生产方式使汽车成为一种大众产品，不但革命了工业生产方式，而且对现代社会和文化带来了巨大的影响。到 1927 年，福特汽车公司一共生产了 1500 万台 T 型车，缔造了一个至今仍未被打破的世界纪录，福特为此被尊称为“为世界装上轮子”的人。

1927 年，公司停止生产福特 T 型车，开始制造新式的 A 型车。1932 年 3 月 9 日，福特公司又成为历史上第一家成功铸造出整体 V8 发动机缸体的公司。不久二战爆发，福特作为设备齐全的大型工厂也参与到了军火的制造中。

战后，随着市场需求的变化，福特汽车逐渐从单一车型生产向多元化产品生产转型。福特的 L 型车、G 型车等系列产品满足了不同消费者群体的需求，巩固了福特在全球汽车市场的地位。进入 21 世纪，福特汽车坚持创新，积极探索新能源汽车、智能驾驶等前沿技术，始终坚持技术创新和市场导向，彰显了其在全球汽车市场的重要地位。

汽车档案

## 福特 T型车

| | | | |
|---|---|---|---|
| 英文名 | Ford Model T | 品牌 | 福特 |
| 上市时间 | 1908 年 | 变速箱 | 3 挡手动变速箱 |
| 车身风格 | 中大型车 | 前悬挂 | 带椭圆弹簧的非独立悬挂 |
| 车身结构 | 4 门 5 座三厢车 | 后悬挂 | 带椭圆弹簧的非独立悬挂 |
| 发动机 | 2.9L 20 马力 L4 | 刹车 | 机械鼓式 |
| 驱动方式 | 前置后驱 | 车身尺寸 | 长 3404+ 宽 1524+ 高 1524（毫米） |

汽车介绍

T型车是福特汽车公司于1908年10月1日推出的世界上第一种以大量通用零部件进行大规模水线装配作业的汽车，不仅为人们提供了独立的可能和更多的机遇，而且价格也很合理，成为全界第一辆普通百姓买得起的汽车，美国也自此成为“车轮上的国度”。

T型车拥有一部前置2.9L的四气缸一体发动机，可提供20马力和72公里/时的速度。该发动机侧置气门与三个主要轴承，可靠汽油或酒精提供动力。T型车通过后轮驱动，有两个前进挡位和个倒挡，不过并没有离合器进行变速，而是通过三个不同的踏板来实现加减速以及倒车。

## 福特 F1

| | | | |
|---|---|---|---|
| 英文名 | Ford F1 | 品牌 | 福特 |
| 上市时间 | 1948 年 | 变速箱 | 3 挡手动变速箱 |
| 车身风格 | 皮卡 | 前悬挂 | 半椭圆形钢板弹簧 |
| 车身结构 | 2 门 2 座皮卡车 | 后悬挂 | 半椭圆形钢板弹簧 |
| 发动机 | 3.7L 95 马力 L6 | 刹车 | 机械鼓式 |
| 驱动方式 | 前置后驱 | 车身尺寸 | 长 4935+ 宽 1857+ 高 1524（毫米） |

福特F系列的第一代车型于1948年推出，这标志着美国汽车设计的一次重大改革。车身采用流线型设计，前脸呈V形，标志性的镀铬进气格栅初露端倪。

第一代F系列车型有2门版和4门版两种车身结构，根据载重量的不同分为F1至F8共8种车型。其中F1载重0.5吨，F2载重0.75吨，依次类推递增。动力方面，第一代车型有7种动力可选，F1到F6车型使用福特的直列6缸发动机，最大功率为95马力和110马力。两款更强动力的福特V8发动机分别搭载在F7和F8上，最大功率分别为145马力和155马力。

汽车档案

## 第一代福特 雷鸟

| | | | |
|---|---|---|---|
| 英文名 | Ford Thunderbird | 品牌 | 福特 |
| 上市时间 | 1954 年 | 变速箱 | 3 挡自动变速箱 |
| 车身风格 | 跑车 | 前悬挂 | 上、下控制臂，配备螺旋弹簧 |
| 车身结构 | 2 门 2 座硬顶敞篷车 | 后悬挂 | 桥式悬挂，配备半椭圆形钢板弹簧 |
| 发动机 | 4.8L 148kW V8 | 刹车 | 鼓式 |
| 驱动方式 | 前置后驱 | 车身尺寸 | 长 4305+ 宽 1836+ 高 1354（毫米） |

汽车介绍

福特雷鸟（Thunderbird）自从1954年2月20日在底特律汽车展上登台亮相后，迅速成为追求颖款式和大胆设计的车迷的宠儿。这款双门运动型跑车具有现代舒适性、便利性及全天候防护施，以及极佳的动力、性能和可操纵性，是个人豪华汽车中的表征。

第一辆雷鸟是一款硬顶敞篷双门小跑车，于1954年10月22日驶下福特位于迪尔伯恩工厂的总线，采用水星4.8L V8发动机，在前脸的中网和保险杠处统统采用镀铬装饰，以暗示V8发动机的俗动力。车顶为时髦的可拆卸式硬顶，尾部的设计也是当时社会所普遍欣赏的高尾鳍风格。

## 第一代福特 野马

| | | | |
|---|---|---|---|
| 英文名 | Ford Mustang | 品牌 | 福特 |
| 上市时间 | 1964 年 | 变速箱 | 3 挡 /4 挡手动变速箱 |
| 车身风格 | 跑车 | 前悬挂 | 独立式前悬挂 |
| 车身结构 | 2 门 2 座软顶敞篷车 | 后悬挂 | 桥式悬挂 |
| 发动机 | 2.8L 106 马力 L6 | 刹车 | 鼓式 |
| 驱动方式 | 中置后驱 | 车身尺寸 | 长 4610+ 宽 1730+ 高 1300（毫米） |

福特野马（Mustang）是由福特汽车公司推出的跑车，野马的名称正是为了纪念二战中富有传奇色彩的美军P–51型Mustang战斗机。

1964年4月17日，第一代量产版Mustang于纽约世博会上正式发布。入门车型搭载2.8L直列6缸自然吸气发动机，最大功率为106马力，最大扭矩为212牛·米。更高配版的车型搭载4.3L V8自吸发动机，最大功率为166马力，最大扭矩为350牛·米。Mustang上市第一年便达到40万销量，仅用20个月便完成百万销量。

汽车档案

## 福特 GT 2004年款

| | | | |
|---|---|---|---|
| 英文名 | Ford GT | 品牌 | 福特 |
| 上市时间 | 2004 年 | 变速箱 | 6 挡手动变速箱 |
| 车身风格 | 跑车 | 前悬挂 | 双横臂式独立悬挂 |
| 车身结构 | 2 门 2 座硬顶跑车 | 后悬挂 | 双横臂式独立悬挂 |
| 发动机 | 5.4L 630 马力 V8 | 刹车 | 前轮通风盘式、后轮实心盘式 |
| 驱动方式 | 前置后驱 | 车身尺寸 | 长 4613+ 宽 1950+ 高 1106（毫米） |

汽车介绍

福特GT是福特旗下的中置后驱超级跑车，其名号要追溯到20世纪60年代在纽伯格林1000公里耐力赛上驰骋的MK1型（最早的GT40型号）。福特为了参加赛车运动，与英国设计师Sir Malcolm Campbell合作打造了这款中置引擎的超级跑车。GT40在其生涯中赢得了众多比赛，最著名的是1966年至1969年的勒芒24小时耐力赛四连冠。

为了庆祝福特公司成立100周年，福特于2004年推出全新款福特GT，搭载全铝5.4L V8发动机，最大功率为630马力，峰值扭矩为678牛·米，百公里加速时间为3.3秒，最大速度可达330公里/时。

## 第五代福特 蒙迪欧

| | | | |
|---|---|---|---|
| 英文名 | Ford Mondeo | 品牌 | 福特 |
| 上市时间 | 2012 年 | 变速箱 | 6 挡手自一体变速箱 |
| 车身风格 | 中型车 | 前悬挂 | 麦弗逊式独立悬挂 |
| 车身结构 | 4 门 5 座三厢车 | 后悬挂 | 多连杆式独立悬挂 |
| 发动机 | 1.6T 180 马力 L4 | 刹车 | 前轮通风盘式、后轮实心盘式 |
| 驱动方式 | 前置前驱 | 车身尺寸 | 长 4860+ 宽 1854+ 高 1480（毫米） |

早在1986年，福特就开始着手第一代福特蒙迪欧的研发，60亿美元创下了福特在汽车设计成本投入的新高。第一代蒙迪欧于1993年1月生产，同年3月22日正式开始销售，有四门版、五门掀背版和五门旅行版可供选择，被公认为该类车中的先锋代表，并当选1994年度最佳车型。

在2012年的底特律车展上，福特带来了全新一代蒙迪欧（第五代），主题离不开人们日益关注的环保，此款蒙迪欧提供了汽油发动机、混合动力和插电式混合动力三种系统。搭载1.6T EcoBoost缸内直喷涡轮增压引擎，最大功率为180马力、最大扭矩为34.26牛·米，并搭配起动/停车系统。

品牌介绍

## 别克

▶ 别克（Buick）是美国通用汽车公司旗下的豪华汽车品牌，成立于1904年，创始人是美国汽车制造业先驱大卫·邓巴·别克（David Dunbar ）。1908年，通用汽车公司以别克汽车公司为中心成立。当通用汽车公司扩大后，别克成为通用汽车公司的第二大部门。

## 别克发展

别克汽车品牌创始人大卫·邓巴·别克（1854—1929）于1854年9月17日生于苏格兰阿布罗斯，两岁时到美国。19世纪90年代，他开始研究汽油发动机，并在底特律成功地开始生产。1900年，别克和另一名工程师沃尔特决定一同离开所在的船机及农机修理行，全心投入到第一辆实验车的研制中。

在先后成立了别克动力公司和别克制造公司以后，1903年，在投资家布里斯柯兄弟的鼓励和资助下，大卫创立了别克汽车公司。当年虽然没有生产一辆汽车，但他和沃尔特以及另外一位工程师查德设计的顶置气门发动机却出类拔萃，成为日后发展的坚实基础。

1904年7月，第一辆别克牌汽车出厂，首批37辆汽车上市销售，在全美数百家汽车厂中可能是最不起眼的一家。而由于售价偏高的汽车无法竞争过当时依旧盛行的马车，大卫·别克自身也不善经营，工厂负债累累，不久之后大卫·别克就失去了有力的财政支持，从前的朋友也离他而去。

正当公司遇到财政困难时，一个马车制造商人威廉·杜兰特（William Durant）观察到别克汽车在翻山或穿过泥泞路段时，比其他汽车更具优势，别克汽车才是真正的实用汽车。于是他果断出资救助了别克公司，遏止了别克公司破产的命运。

然而，杜兰特凭借对别克的巨额投资不久就获得了公司的控制权。当大卫·别克手中仅剩的 3% 股份也被低价买走后，他只能黯然离开自己成立的公司，只留下了那个以他名字命名的汽车品牌——别克。

接管公司后，杜兰特立即把自己的能量注入公司的经营中来，在 1905 年的纽约汽车展上就“卖”掉了 1108 辆汽车，而当时公司实际上只生产了 37 辆。

1908 年，杜兰特成功地将别克发展成为全美第一大汽车制造商，其销售量一路遥遥领先。随着别克的迅速发展，杜兰特着手将许多小公司整合，成立了通用汽车公司，并沿用别克品牌作为开拓新公司的基石，开启了一个汽车帝国时代。

在今日来看，别克在美国的汽车历史中占有相当重要的地位。它是美国通用汽车公司的一大台柱，同时其发展也带动了整个汽车工业水平的进步，在一百年多的历史过程中留下了难以尽数的经典车型，对世界汽车界的发展作出了不朽的贡献，并成为其他汽车公司追随的榜样。

汽车档案

## 第一代别克 Roadmaster

| | | | |
|---|---|---|---|
| 英文名 | Buick Roadmaster | 品牌 | 别克 |
| 上市时间 | 1936 年 | 变速箱 | 3 挡手动变速箱 |
| 车身风格 | 轿车 | 前悬挂 | 独立悬挂 |
| 车身结构 | 4 门 4 座两厢车 | 后悬挂 | 桥式悬挂 |
| 发动机 | 5.0L V8 发动机 | 刹车 | 液压鼓式 |
| 驱动方式 | 前置后驱 | 车身尺寸 | 长 4572+ 宽 1829+ 高 1524（毫米） |

汽车介绍

别克路霸（Roadmaster）由著名汽车设计师Harley Earl带领的团队设计而成，其车顶、玻璃和铬合金组成了一个完美的曲线和平滑的整体，在造型设计上为汽车行业树立了另一个里程碑。

Roadmaster堪称汽车外观设计的里程碑，它体现了许多别克的崭新元素，例如全钢车身、子弹形车灯及高坡度的挡风玻璃。车内部也有一些显著变化，包括液压刹车和独立的车悬架，无一不是当时了不起的成就，那时欧美的汽车造型都在向Roadmaster看齐。

## 第一代别克 Skylark

| | | | |
|---|---|---|---|
| 英文名 | Buick Skylark | 品牌 | 别克 |
| 上市时间 | 1953 年 | 变速箱 | Dynaflow 自动变速箱 |
| 车身风格 | 跑车 | 前悬挂 | 独立弹簧前悬架 |
| 车身结构 | 2 门 2 座软顶敞篷车 | 后悬挂 | 桥式悬挂 |
| 发动机 | 5.2L 188 马力 V8 | 刹车 | 液压鼓式 |
| 驱动方式 | 前置后驱 | 车身尺寸 | 长 4572+ 宽 1829+ 高 1524（毫米） |



随着汽车行业开始向高性能市场发展，别克顺应潮流，在1953年研制出了高压缩比的V8发动机，再次展现其在引擎技术上的卓越成就。

同一年，限量版别克Skylark（云雀）作为别克品牌50周年庆典车型隆重亮相，优美的造型使之成为车坛有史以来最靓丽的车之一。Skylark云雀基于别克Roadmaster打造，搭载了5.2L V8顶置气门发动机，可提供188马力。设计上，Skylark云雀引入了后来成为别克标志之一的Sweep Spear弧光曲棱的腰线设计。

汽车档案

## 别克 Special 1958年款

| | | | |
|---|---|---|---|
| 英文名 | Buick Special | 品牌 | 别克 |
| 上市时间 | 1958 年 | 变速箱 | 2 速 Dynaflow 自动变速箱 |
| 车身风格 | 跑车 | 前悬挂 | 独立悬挂 |
| 车身结构 | 2 门 2 座敞篷车 | 后悬挂 | 桥式悬挂 |
| 发动机 | 6.2L 364 马力 V8 | 刹车 | 液压鼓式 |
| 驱动方式 | 前置后驱 | 车身尺寸 | 长 5380+ 宽 2025+ 高 1510（毫米） |

汽车介绍

别克Special车系最早诞生于1936年，这一年别克推出了多款全尺寸车型，Special是这一系列的入门级车型，它的前身是别克40系列。在二战后，美国进入了一个财富急剧增长，社会心态张扬、浮躁的特殊时代。这种心理也蔓延到汽车设计上，镀铬装饰被广泛应用，火箭、炸弹、轰炸机尾鳍等战争产物都成为战后汽车设计的灵感来源。1958年款别克Special就是这个时期的产物，它与其他全尺寸车型在广告中有一个共同的名字：B-58。这是在向它们的灵感来源——美国康维尔公司为美国空军研制的一种超声速轰炸机B-58Hustler致敬。

## 第一代别克 Riviera

| | | | |
|---|---|---|---|
| 英文名 | Buick Riviera | 品牌 | 别克 |
| 上市时间 | 1963 年 | 变速箱 | 2 速 Dynaflow 自动变速箱 |
| 车身风格 | 轿车 | 前悬挂 | 双叉臂独立悬挂 |
| 车身结构 | 2 门 2 座两厢车 | 后悬挂 | 四连杆悬挂 |
| 发动机 | 5.7L 345 马力 V8 | 刹车 | 液压鼓式 |
| 驱动方式 | 前置后驱 | 车身尺寸 | 长 5470+ 宽 2015+ 高 1360（毫米） |

Riviera是20世纪60年代初期通用拿来对标福特雷鸟的私人豪华车，于1963年到1998年间生产，共诞生了8代，累计生产了1127261台，在当时被称为最漂亮的美国量产车。

别克在当时的宣传上还将Riviera冠以“国际化的经典”，称其有着“宾利的外观，法拉利的性能”，以吸引年轻消费者。Riviera强调专属感的分体式座椅，比雷鸟大得多的后排空间加上不错的性能和舒适的驾驶体验，使得第一代车型在三年时间内达到112 244辆的销量，成为别克销量领先的车型，给它的竞争对手福特野马一次沉重的打击。

汽车档案

## 别克 昂科威

| | | | |
|---|---|---|---|
| 英文名 | Buick ENVISION | 品牌 | 别克 |
| 上市时间 | 2014 年 | 变速箱 | 6 挡手自一体变速箱 |
| 车身风格 | 中型 SUV | 前悬挂 | 麦弗逊式独立悬挂 |
| 车身结构 | 5 门 5 座 SUV | 后悬挂 | 多连杆式独立悬挂 |
| 发动机 | 2.0T 260 马力 L4 | 刹车 | 前轮通风盘式、后轮实心盘式 |
| 驱动方式 | 前置四驱 | 车身尺寸 | 长 4667+ 宽 1839+ 高 1696（毫米） |

汽车介绍

昂科威最早于2007年问世，于2014年量产上市。上市之初全系搭载2.0T涡轮增压汽油发动机，匹配6速自动变速箱，全系都是四驱车型。

作为别克品牌的旗舰SUV，昂科威的设计灵感来自别克的概念车型。第一代昂科威以其豪华的内饰、宽敞的乘坐空间和平稳舒适的驾驶感受而备受消费者青睐，采用了现代化的外观设计和先进的科技配置，填补了别克汽车在SUV产品线上的空缺，后来也成为别克品牌在SUV市场的代表车型之一。

## 别克 Electra 5

| 英文名 | Buick Electra 5 | 品牌 | 别克 |
|---|---|---|---|
| 上市时间 | 1963 年 | 变速箱 | 电动车单速变速箱 |
| 车身风格 | 中大型 SUV | 前悬挂 | 麦弗逊式独立悬挂 |
| 车身结构 | 5 门 5 座 SUV | 后悬挂 | 多连杆式独立悬挂 |
| 发动机 | 纯电动 245 马力 | 刹车 | 通风盘式 |
| 驱动方式 | 前置前驱 | 车身尺寸 | 长 4892+ 宽 1905+ 高 1684（毫米） |

别克Electra 5是基于通用奥特能（Ultium）电动平台打造的首款量产车型，是别克品牌在新能源领域的重要力作，定位大五座智能纯电SUV，2023年4月13日上市，搭载VCS智能座舱和Super Cruise超级辅助驾驶。

别克E5将提供两种动力版本供用户选择，分别为单电机后驱版和双电机四驱版。其中单电机后驱版的最大功率为204马力，峰值扭矩为330牛·米，零百公里加速时间仅需8.6秒；双电机四驱版的最大功率为245马力，峰值扭矩为330牛·米，百公里加速时间仅需7.6秒。

品牌介绍

## 悍马

▶ 悍马（Hummer）汽车品牌主营军用车和越野车，最早是美国AMG公司生产的，现在悍马的商标使用权和生产权归美国通用汽车公司所有。悍马的产品凭借出色的性能出口到50多个国家和地区，是当今世界上装备数量最多的轻型轮式机动车辆。

## 悍马历史

1903 年，AMG 公司成立越野（Overland）汽车部。1908 年，约翰·威利购买了越野汽车部并于 1912 年成立威利斯–越野（Willys–Overland）汽车公司。1953 年，商人凯赛购买了威利斯–越野汽车公司，更名为凯赛–吉普公司。1970 年，美国汽车公司购买了凯赛–吉普公司，又改为吉普公司，由商务汽车部和政务汽车部两个独立部门组成。

1980 年，美国陆军决定研制一种通用型的四轮驱动轻型卡车，并于 1981 年向美国各大车厂招标，目的是取代当时比较落后的多种型号军车，并将多种型号的车辆统一成单一型号的车辆，以降低采购成本、简化备件供应和维修。AMG 公司凭借长期生产军用车辆的经验优势中标，并很快制造出样车，取名 Hmmwv。

1992 年，AMG 公司又转入了 Renco 集团。同年，AMG 推出了 Hmmwv 的民用车，取名 Hummer，译音“悍马”。由于其优异的运行性能，悍马被业内外人士誉为“越野车王”。

可惜的是，悍马品牌已经成为历史。在与收购方谈判失败，未能将悍马售出后，2010 年 4 月 6 日，通用汽车在美国召开了由美国 153 家悍马经销商参加的会议，决定正式启动关闭悍马生产线的程序，不再生产任何型号的悍马。

## 悍马 H1

| | | | |
|---|---|---|---|
| 英文名 | Hummer H1 | 品牌 | 悍马 |
| 上市时间 | 1992 年 | 变速箱 | 4 挡自动变速器 |
| 车身风格 | 越野车 | 前悬挂 | 双叉臂式独立悬挂 |
| 车身结构 | 4 门 4 座 SUV | 后悬挂 | 双叉臂式独立悬挂 |
| 发动机 | 6.5L 170 马力 V8 | 刹车 | 盘式 |
| 驱动方式 | 前置四驱 | 车身尺寸 | 长 5895+ 宽 2059+ 高 2175（毫米） |



1991年2月28日，世界瞩目的“海湾战争”（Persian Gulf War）正式结束后，因为HMMWV在战场上的英勇形象，该车型广受美国民众的喜爱。各界喜好者的询问电话不断地向AM General涌入，也让AM General开始考虑推出民用型HMMWV的可能性。

1992年，民用型HMMWV开始销售，正式定名为Hummer。悍马H1沿用了Hmmwv凶悍十足的外观，在几乎满负荷使用的情况下，使用寿命长达12年。前所未有的动力性能、操纵性能及耐久性能使它能够适用于各种特殊的路面，并行驶在许多运动型车辆都无法行驶的道路上。

汽车档案

## 悍马 H2

| | | | |
|---|---|---|---|
| 英文名 | Hummer H2 | 品牌 | 悍马 |
| 上市时间 | 2003 年 | 变速箱 | 4 挡自动变速器 |
| 车身风格 | 越野车 | 前悬挂 | 双叉臂式独立悬挂 |
| 车身结构 | 4 门 5 座 SUV | 后悬挂 | 双叉臂式独立悬挂 |
| 发动机 | 6.0L 316 马力 V8 | 刹车 | 盘式 |
| 驱动方式 | 前置四驱 | 车身尺寸 | 长 4821+ 宽 2062+ 高 1976（毫米） |

汽车介绍

1999年，通用汽车公司从AM General收购了悍马的商标使用权和生产权。2003年，通用汽车推出了Hummer H2，同时将原来Renco Group推出的Hummer重新定名成Hummer H1。

有别于前一代Hummer H1仍然停留在军事化庞大体型与简陋舒适配备的设计，Hummer H2一开始就是针对一般的道路使用为目标设计的，改善过于庞大的体型、增加舒适配件，更加贴近一般民众的需求。由于H2是在雪佛兰Suburban的平台上开发的，因此它或许不会像H1那样对所有的路况都应付自如，但对大多数驾驶员来说，它提供了更多先进装备，舒适性更高。

汽车档案

## 悍马 H3

| | | | |
|---|---|---|---|
| 英文名 | Hummer H3 | 品牌 | 悍马 |
| 上市时间 | 2005 年 | 变速箱 | 4 挡自动变速器 |
| 车身风格 | 越野车 | 前悬挂 | 双叉臂式独立悬挂 |
| 车身结构 | 5 门 5 座 SUV | 后悬挂 | 双叉臂式独立悬挂 |
| 发动机 | 3.5L 220 马力 L5 | 刹车 | 盘式 |
| 驱动方式 | 前置四驱 | 车身尺寸 | 长 4742+ 宽 1897+ 高 1892（毫米） |

汽车介绍

Hummer H3在2003年12月举办的第97届洛杉矶车展（Greater Los Angeles Auto Show）中初次现身，当时是以概念车型H3T Concept的身份呈现在大众眼前。

2005年10月，Hummer H3开始发售。与H1和H2不同，H3的车辆设计与生产制造由通用汽车GM负责，AM General只负责行销业务。不难看出，这是一款更小，但几乎和H2一模一样的变体车，它保留了原悍马的韵味以及出色的越野能力，不过更小的尺寸以及更加燃油经济性的布局使其更适应市场需求。

品牌介绍

## 林肯

▶ 林肯轿车（LINCOLN）以美国总统亚伯拉罕·林肯的名字命名，是福特公司旗下的豪华车品牌，创立于1917年，创始人为亨利·利兰。自1939年美国总统富兰克林·罗斯福以来，林肯车因其杰出的性能、典雅的造型和无与伦比的舒适度一直被白宫选为总统专车。

LINCOLN
AMERICAN LUXURY

## 林肯历程

亨利·利兰不仅创造了凯迪拉克，他同样也是林肯汽车的开创人。第一次世界大战爆发时，利兰组织起卡迪拉克公司最出色的工程师，成立了一家生产飞机发动机的新公司，他以亚伯拉罕·林肯来命名这家新公司。一方面，林肯总统是亨利·利兰的偶像，另一方面，亨利也希望借助林肯总统的名字来树立品牌形象。

当年亨利·利兰的公司并不是一开始就制造汽车，而是生产 V12 飞机发动机。在生产了 6500 台 V12 飞机发动机之后，利兰又把注意力转向了汽车，林肯 L 型车很快诞生了。但适逢战后经济衰退，林肯 L 型车销售狂跌近一半，林肯公司的资产也由于股东抽走资金以及税务方面的法律纠纷而大量流失。

1922 年 2 月，美国福特公司以 800 万美元收购了林肯公司，在大笔资金的支持下，林肯公司逐渐恢复元气，开始大展宏图。在今后近百年时间内，林肯汽车凭借优雅造型且流线型的设计以及出众的驾乘体验，逐渐成为美国炙手可热的豪华汽车品牌。

## 林肯 Model L

| | | | |
|---|---|---|---|
| 英文名 | Lincoln Model L | 品牌 | 林肯 |
| 上市时间 | 1920 年 | 变速箱 | 3 挡手动变速器 |
| 车身风格 | 轿车 | 前悬挂 | 半椭圆形钢板弹簧 |
| 车身结构 | 4 门 4 座两厢车 | 后悬挂 | 半椭圆形钢板弹簧 |
| 发动机 | 6.3L 82 马力 V8 | 刹车 | 机械鼓式 |
| 驱动方式 | 前置后驱 | 车身尺寸 | 长 5400+ 宽 1800+ 高 1700（毫米） |

林肯旗下的第一款车型Model L诞生于1920年，这款车搭载了一台夹角为60度的V8发动机，其结构源自林肯的V12飞机发动机，最大功率为82马力，最高速度可达113公里/时，匹配的传动系统为3速手动变速箱，售价6100美元。

虽然这款车在当年非常先进，但是由于第一次世界大战后国家普遍经济衰退，林肯L型汽车的最低售价又是福特T型车的16倍，再加上生产周期较长，L型汽车的销量非常不好，甚至在1921年销量腰斩，林肯汽车公司陷入了经济危机，致使后来被福特收购。

汽车档案

## 第一代林肯 大陆

| | | | |
|---|---|---|---|
| 英文名 | Lincoln Continental | 品牌 | 林肯 |
| 上市时间 | 1939 年 | 变速箱 | 3 挡手动变速箱 |
| 车身风格 | 轿车 | 前悬挂 | 螺旋弹簧独立悬挂 |
| 车身结构 | 2 门 2 座软顶敞篷车 | 后悬挂 | 半椭圆形钢板弹簧 |
| 发动机 | 4.4L 112 马力 V12 | 刹车 | 鼓式刹车 |
| 驱动方式 | 前置后驱 | 车身尺寸 | 长 5329+ 宽 1905+ 高 1575（毫米） |

汽车介绍

1939年3月，格里高利设计的新车被送到了当时的林肯掌舵人——亨利·福特的儿子埃德赛手中，这部独一无二的汽车让埃德赛尔从中见到了商机，于是他当即决定将新车投入量产，这台也被命名为“林肯Continental（大陆）”。

1940款林肯Continental在1939年10月正式上市，和埃德赛尔所看到的原型车一样，它采用Zephyr的底盘，轴距为3175毫米。动力方面，Continental搭载了Zephyr上的4.4L V12发动机，最大率为112马力。在当时以及后世公众的眼中，这一代林肯Continental是林肯历史上最美的车型之一。

## 第五代林肯 大陆 1977年款

| | | | |
|---|---|---|---|
| 英文名 | Lincoln Continental | 品牌 | 林肯 |
| 上市时间 | 1977 年 | 变速箱 | 3 挡 C6 自动变速箱 |
| 车身风格 | 轿车 | 前悬挂 | 螺旋弹簧独立悬挂 |
| 车身结构 | 2 门 2 座两厢车 | 后悬挂 | 半椭圆形钢板弹簧 |
| 发动机 | 4.6L 365 马力 V8 | 刹车 | 液压鼓式 |
| 驱动方式 | 前置后驱 | 车身尺寸 | 长 5918+ 宽 2035+ 高 1435（毫米） |

1970年，林肯大陆Continental车型已经发展到第五代。新车型采用隐藏式车头，重新设计后的前格栅大气蓬勃，从此奠定了未来十余年中林肯大陆Continental车系的设计基调：为了统一车身设计，将尾部车灯融入后保险杠中，使整车设计高度统一。此外，第五代Continental还配备了后轮ABS制动防抱死系统，再次成为业界的安全配置领头者。

1970年后的Continental同时拥有四门和双门两个版本，同时，这一代车型还标配了双向电动调节座椅、可调头枕、可自动释放的手刹等配置。

汽车档案

## 林肯 MKT 2010年款

| | | | |
|---|---|---|---|
| 英文名 | Lincoln MKT | 品牌 | 林肯 |
| 上市时间 | 2010 年 | 变速箱 | 6 挡自动变速箱 |
| 车身风格 | 大型 SUV | 前悬挂 | 麦弗逊式独立悬挂 |
| 车身结构 | 5 门 7 座 SUV | 后悬挂 | 多连杆式独立悬挂 |
| 发动机 | 3.5T 261kw V6 | 刹车 | 通风盘式 |
| 驱动方式 | 前置四驱 | 车身尺寸 | 长 5273+ 宽 1930+ 高 1712（毫米） |

汽车介绍

林肯MKT是一款7座全尺寸SUV车型，在2008年北美车展上首发。外观方面，MKT的前进气格栅采用了家族式的分离式双翼设计，可与旅行车相比的侧面线条显得十分修长。车型内部，浅色内饰搭配木纹装饰的中控台大气典雅，三个炮筒式的仪表盘个性十足。

林肯MKT搭载了全新V6 3.5T双涡轮Ecoboost发动机，采用当时世界上最先进的涡轮组合技术，在同排量中动力输出名列前茅，零百公里加速时间约6.2秒，最高速度更是轻松突破200公里/时。

## 林肯 领航员 2022年款

| | | | |
|---|---|---|---|
| 英文名 | Lincoln Navigator | 品牌 | 林肯 |
| 上市时间 | 2022 年 | 变速箱 | 10 挡手自一体变速箱 |
| 车身风格 | 大型 SUV | 前悬挂 | 双叉臂式独立悬挂 |
| 车身结构 | 5 门 7 座 SUV | 后悬挂 | 多连杆式独立悬挂 |
| 发动机 | 3.5T 415 马力 V6 | 刹车 | 通风盘式 |
| 驱动方式 | 前置四驱 | 车身尺寸 | 长 5355+ 宽 2073+ 高 1937（毫米） |

林肯领航员（Navigator）是一款豪华的全尺寸SUV，以其宽敞的空间、强大的性能和舒适的乘坐体验而闻名，创立了豪华运动型多功能汽车的新理念。

2022年款林肯领航员采用3.5L V6发动机，最大输出功率达415马力，最大扭矩为670牛·米，搭配全新的10挡手自一体变速器，使发动机在运行过程中噪声更小，转速也更加平稳。此外，领航员还带有首创的电动展开式踏脚板，当车门打开时，电动踏脚板会从车门侧板下伸出10厘米，车门关闭时又会自动缩回。

品牌介绍

## 吉普

▶ 1941年，在二战动荡和战火中诞生的象征人类无畏精神和创造力的汽车品牌Jeep，迄今已有82年历史。从诞生之日起，Jeep就不断以探索精神推动着整个SUV行业向前，更始终致力于以SUV的强大能力为人们解禁未曾踏足的风景，探索更宽广和鲜活的世界。

## 吉普发展

二战期间，作为同盟国主要参战国家，美国军方希望得到一款更加实用易于维护同时有较强通过能力的汽车用于战时使用。当时多家美国汽车公司参与研发工作，最终 Willys Overland 公司所提交 Willys MA 原型车被美国军方选中，随后 Willys 针对美国军方提出意见对车辆进行改进。1940 年，重新设计的 Willys MB 吉普车亮相，这款车确立了吉普车的标准

Jeep 在战场上充当着诸多角色，如侦察车、通勤车、运输车辆等，广泛应用于战场的个角落。二战期间，约有 60 万辆 Jeep 及 Jeep 改装车型加入作战行列。战争证明了 Jeep 这车的优异性能，同时也使得 Jeep 迅速被人们认可和接受。

1950 年，Jeep 商标正式注册，Willys-Overland 公司正式推出 Jeep 品牌车型。1953 年，美国 Kaiser 公司收购了 Willy-Overland 公司，并将其改名为 Willys Motors，继续生产 Je 系列车型。1970 年，当时的美国汽车公司（American Motors Corporation）收购了 Kaiser Je 公司，对其追加了投资，并研发新车型，使得 Jeep 产品线再次扩大。

1986 年 8 月 5 日，克莱斯勒汽车公司收购了 Jeep 的东家美国汽车公司，至此，Jeep 式成为克莱斯勒汽车旗下品牌。

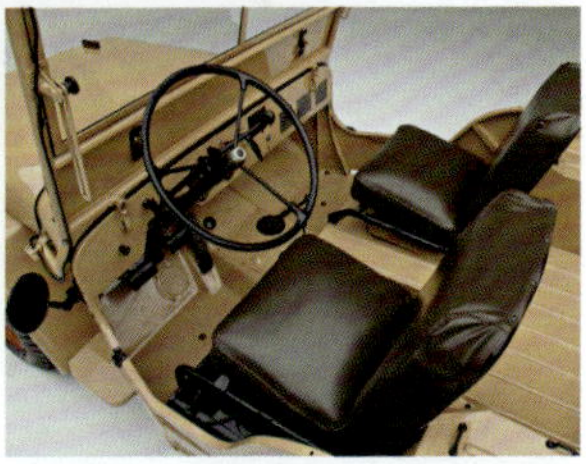

## 吉普 CJ-2A

| | | | |
|---|---|---|---|
| 英文名 | Jeep CJ-2A | 品牌 | 吉普 |
| 上市时间 | 1945 年 | 变速箱 | T-90A 变速箱 |
| 车身风格 | 越野车 | 前悬挂 | 螺旋弹簧 |
| 车身结构 | 4 门 4 座敞篷越野车 | 后悬挂 | 半椭圆形钢板弹簧 |
| 发动机 | 2.2L 直列四缸发动机 | 刹车 | 鼓式刹车 |
| 驱动方式 | 前置后驱 | 车身尺寸 | 长 3810+ 宽 1650+ 高 1650（毫米） |

随着硝烟落幕，Jeep走进了“从军用到民用”的时代，Jeep CJ-2A诞生。它可以说是民用越野车的鼻祖，CJ这个名字即Civilian Jeep（民用Jeep）的缩写。CJ-2A在外型上很好地完成了对经典之作Willys-MB的延续和发扬光大，进行了多项设备改进，并提升了性能，可以胜任各种不同的工作，特别受农场主、猎人和其他需要轻型车辆的消费者的欢迎。

动力总成是2.2L直列四缸发动机、T-90A变速箱、Spicer 18分动箱和全浮式的Dana 25前桥和Dana 23-2后桥，配备大型前照灯和后挡板，备用轮胎和紧急油箱安装在外部。前排乘客座椅、后排座椅、中央后视镜、帆布顶等配置均可选装。

汽车档案

## 第一代吉普 牧马人

| | | | |
|---|---|---|---|
| 英文名 | Jeep Wrangler | 品牌 | 吉普 |
| 上市时间 | 1987 年 | 变速箱 | 5 挡手动变速器 |
| 车身风格 | 越野车 | 前悬挂 | 独立悬挂 |
| 车身结构 | 2 门 4 座软顶敞篷车 | 后悬挂 | 桥式悬挂 |
| 发动机 | 4.2L 112 马力 L6 | 刹车 | 前轮通风盘式、后轮实心盘式 |
| 驱动方式 | 前置四驱 | 车身尺寸 | 长 3665+ 宽 1743+ 高 1811（毫米） |

汽车介绍

1987年，牧马人（Wrangler）的名字正式诞生，方形车灯是其外观上的主要特征之一。牧马人采用了Jeep切诺基的悬挂系统和内饰，包括防滚架，拥有更好的公路操控性和更舒适的内部设计。此外，牧马人在电影荧幕上也大受欢迎，从那时起，它一直在《侏罗纪公园》系列电影中以主角用来惊险逃生的工具的形象而出现。

吉普为消费者提供了两项动力选择，2.5L的直列4缸发动机，输出功率为117马力，以及4.2L的直列六缸发动机，输出功率为112马力，并且都有切换两驱和低速四驱的功能。

## 第三代吉普 牧马人 JK

| | | | |
|---|---|---|---|
| 英文名 | Jeep Wrangler JK | 品牌 | 吉普 |
| 上市时间 | 2007 年 | 变速箱 | 4 挡自动变速器 |
| 车身风格 | 中型 SUV | 前悬挂 | 独立悬挂 |
| 车身结构 | 4 门 4 座 SUV | 后悬挂 | 桥式悬挂 |
| 发动机 | 3.8L 199 马力 V6 | 刹车 | 前轮通风盘式、后轮实心盘式 |
| 驱动方式 | 前置四驱 | 车身尺寸 | 长 3881+ 宽 1872+ 高 1890（毫米） |

2007年，全新牧马人JK系列上市，这也是第三代牧马人。JK系列牧马人以全新的车架、内部和外部设计、发动机、安全性能，提供了更加出色的性能、精湛性、宽敞的内部空间和舒适性、敞篷乐趣、动力、燃油经济性和安全性，并提供了标准版和长轴版两种车型。

动力方面，牧马人JK标准版和长轴版所搭载的发动机是相同的，它搭载的是3.8L V6发动机，最大输出功率为199马力，最大扭矩为315牛·米。牧马人JK在全世界范围内有着举足轻重的地位，尤其是在美国市场，截止到2017年，JK的总销量已经达到了150万辆。

汽车档案

## 第一代吉普 大切诺基

| | | | |
|---|---|---|---|
| 英文名 | Jeep Grand Cherokee | 品牌 | 吉普 |
| 上市时间 | 1992 年 | 变速箱 | 4 挡自动变速器 |
| 车身风格 | 中大型 SUV | 前悬挂 | 独立悬挂 |
| 车身结构 | 5 门 5 座 SUV | 后悬挂 | 多连杆悬挂 |
| 发动机 | 4.0L 192 马力 L6 | 刹车 | 前轮通风盘式、后轮实心盘式 |
| 驱动方式 | 前置四驱 | 车身尺寸 | 长 4599+ 宽 1821+ 高 1760（毫米） |

汽车介绍

Jeep大切诺基将专业全路况能力与豪华性、舒适性相结合，划时代地打破了给车辆带来较大噪声和震动的设计缺陷，首次配备全新Quadra-Tracl四轮驱动系统、巡航控制系统等创新配置，极大地提升了SUV的专业豪华感与舒适性。

大切诺基的首次亮相是在1992年的底特律车展上，最初的车型搭载一台4.0L直列6缸发动机，还有一台5.2L V8发动机，其中4.0L发动机的最大功率为192马力，5.2L发动机的最大功率为223马力，匹配4速自动或5速手动变速箱，有后驱和四驱两种车型可选。

## 吉普 Avenger

| 英文名 | Jeep Avenger | 品牌 | 吉普 |
| --- | --- | --- | --- |
| 上市时间 | 2022 年 | 变速箱 | 电动车单速变速箱 |
| 车身风格 | 中小型 SUV | 前悬挂 | 麦弗逊式独立悬挂 |
| 车身结构 | 5 门 5 座 SUV | 后悬挂 | 复合扭力梁半独立悬挂 |
| 发动机 | 纯电机 156 马力 | 刹车 | 通风盘式 |
| 驱动方式 | 前置前驱 | 车身尺寸 | 长 4084+ 宽 1776+ 高 1528（毫米） |

在2022年10月17日的巴黎车展上，Jeep发布旗下全新纯电小型 SUV——Avenger，这也是Jeep旗下首款纯电汽车。动力方面，Jeep Avenger单电机版最大功率为115千瓦，峰值扭矩为260牛·米，并可选双电机四驱版本。同时，该车匹配容量为54度电电池组，WLTP工况续航里程为400公里。

充电方面，这款车在快充模式下可在24分钟内完成20%～80%的电量补充。此外，Avenger可提供一套地形选择系统，提供六种驱动模式（正常、经济、运动、雪地、泥地和沙地）。这款车采用了 Selec-Terrain系统，还提供坡度控制功能。

品牌介绍

## 特斯拉

▶ 特斯拉（Tesla）是美国的电动汽车及能源公司，于2003年7月1日由马丁·艾伯哈德和马克·塔彭宁共同创立，“特斯拉”的名称是用以纪念物理学家尼古拉·特斯拉。公司总部位于帕洛阿托（Palo Alto），主要产销电动汽车、太阳能板及储能设备。

### 特斯拉发展

2003 年 7 月 1 日，马丁·艾伯哈德（Martin Eberhard）与商业伙伴马克·塔彭宁（Marc Tarpenning）合伙成立了特斯拉（TESLA）汽车公司，并将总部设在美国加州的硅谷地区。成立后，特斯拉开始寻找高效电动跑车所需投资和材料，最终找到 AC Propulsion 公司。在 AC Propulsion 公司 CEO 的引荐下，埃隆·马斯克（Elon Musk）认识了马丁的团队。

2004 年 2 月，埃隆·马斯克向特斯拉投资 630 万美元，但条件是出任公司董事长、拥有所有事务的最终决定权，而马丁·艾伯哈德作为特斯拉之父出任公司的 CEO。

2008 年 10 月，第一批 Roadster 下线并开始交付。但原计划售价 10 万美元的 Roadster 实际成本却高达 12 万美元，和既定的 7 万美元成本相距甚远，马斯克不得不将售价提升至 11 万美元。即便如此，特斯拉依旧面临赔钱卖车的窘境。随后，特斯拉用了 8 周时间将一辆 Smart 改装成电动车，并用先进的技术打动了戴姆勒公司，后者最终投资 7000 万美元收购特斯拉 10% 的股份，两家公司也进入了更紧密的战略合作阶段。

2009 年，奥巴马和朱棣文参观特斯拉工厂，特斯拉也成功地获得美国能源部 4.65 亿美元的低息贷款，终于渡过了这次难关。此后的特斯拉开始稳步发展，不断开发新车型与新技术，逐渐成为世界上最大的新能源汽车生产厂商。

## 第一代特斯拉 Roadster

| | | | |
|---|---|---|---|
| 英文名 | TESLA Roadster | 品牌 | 特斯拉 |
| 上市时间 | 2008 年 | 变速箱 | 电动车单速变速箱 |
| 车身风格 | 跑车 | 前悬挂 | 双横臂式独立悬挂 |
| 车身结构 | 2 门 2 座软顶敞篷车 | 后悬挂 | 双横臂式独立悬挂 |
| 发动机 | 纯电机 | 刹车 | 通风盘式 |
| 驱动方式 | 后置后驱 | 车身尺寸 | 长 3946+ 宽 1851+ 高 1127（毫米） |

2008年，特斯拉公司推出了其第一款电动车Roadster，这是一款基于Lotus Elise底盘的纯电动汽车敞篷跑车，也是第一辆全球首款量产版使用锂电池技术，每次充电能够行驶320公里以上的电动车。Tesla Roadster每次全充电可行驶393公里，0～97公里（约为0～60英里）加速时间仅为3.7秒，最高速度可达201公里/时，每公里耗电量为0.135度（千瓦时），效率高达92%。

特斯拉Roadster的生产一直持续到2012年，总共生产了2450辆，销往30多个国家，其中大部分在最后一年的第四季度销往欧洲和亚洲。

汽车档案

## 特斯拉 Model S 2014年款

| | | | |
|---|---|---|---|
| 英文名 | TESLA Model S | 品牌 | 特斯拉 |
| 上市时间 | 2014 年 | 变速箱 | 电动车单速变速箱 |
| 车身风格 | 中大型车 | 前悬挂 | 双叉臂式独立悬挂 |
| 车身结构 | 5 门 5 座掀背车 | 后悬挂 | 多连杆式独立悬挂 |
| 发动机 | 纯电动 367 马力 | 刹车 | 通风盘式 |
| 驱动方式 | 后置后驱 | 车身尺寸 | 长 4970+ 宽 1964+ 高 1445（毫米） |

汽车介绍

Model是2012年特斯拉开始推出的车系，首先被推出的就是纯电动豪华轿车Model S，这款全 动轿车彻底改变了人们对电动汽车性能较差、续航里程有限的固有观念。Model S同时还拥有出 的加速性能和长达400公里以上的续航里程，成为当时市场上最具竞争力的电动汽车。

2014年第一季度，特斯拉中国区首家展示店在北京侨福芳草地开业，Model S引进中国，首 上市车型为85kWh的顶配版车型，预计中国区售价区间为人民币73万～85万元，并于2013年9月 始正式接受中国客户预订。

## 特斯拉 Model X 2016年款

| | | | |
|---|---|---|---|
| 英文名 | TESLA Model X | 品牌 | 特斯拉 |
| 上市时间 | 2016 年 | 变速箱 | 电动车单速变速箱 |
| 车身风格 | 中大型 SUV | 前悬挂 | 双叉臂式独立悬挂 |
| 车身结构 | 5 门 5 座 SUV | 后悬挂 | 多连杆式独立悬挂 |
| 发动机 | 纯电动 525 马力 | 刹车 | 通风盘式 |
| 驱动方式 | 双电机四驱 | 车身尺寸 | 长 5037+ 宽 2070+ 高 1684（毫米） |

特斯拉Model X是特斯拉研发的一款SUV车型，但车身重心要比一般的SUV更低，是一辆介于SUV和轿跑车之间的跨界车。Model X外观上的一大特色即后部配备鹰翼门，以向上折叠的方式打开，不会占用很多空间，在狭窄的停车场可也让乘车的人进出自如。出于实用性考虑，鹰翼门可自动根据两侧距离进行调节开启，可在最小30厘米宽的空间正常开门。

动力方面，特斯拉Model X 90D拥有90kWh的电池容量，续航里程达470公里，零百公里加速时间为5秒，最高速度达到250公里/时。

汽车档案

## 特斯拉 Model Y 2021年款

| | | | |
|---|---|---|---|
| 英文名 | TESLA Model Y | 品牌 | 特斯拉 |
| 上市时间 | 2021 年 | 变速箱 | 电动车单速变速箱 |
| 车身风格 | 中型 SUV | 前悬挂 | 双叉臂式独立悬挂 |
| 车身结构 | 5 门 5 座 SUV | 后悬挂 | 多连杆式独立悬挂 |
| 发动机 | 纯电动 431 马力 | 刹车 | 通风盘式 |
| 驱动方式 | 双电机四驱 | 车身尺寸 | 长 4750+ 宽 1921+ 高 1624（毫米） |

汽车介绍

2019年3月15日，特斯拉正式发布车型Model Y，这是特斯拉自2003年成立以来推出的第五款车。Model Y与Model 3共享75%的零配件，尺寸大约比Model 3大10%，续航里程略短于Model 3，过它和Model 3一样，提供单电机后驱和双电机四驱两种驱动形式。

Model Y共推出四种车型，标准续航车型零到96公里/时加速时间为5.9秒，最高速度193公里时；长续航后驱车型0到96公里/时加速时间为5.5秒，最高速度为209公里/时；双电机四驱车型0到96公里/时加速时间为4.8秒，最高速度为217公里/时；双电机四驱高性能车型零到96公里/时加速间为3.5秒，最高速度为41公里/时。

汽车档案

## 特斯拉 Model 3 2023年款

| | | | |
|---|---|---|---|
| 英文名 | TESLA Model 3 | 品牌 | 特斯拉 |
| 上市时间 | 2023 年 | 变速箱 | 电动车单速变速箱 |
| 车身风格 | 中型车 | 前悬挂 | 双叉臂式独立悬挂 |
| 车身结构 | 4 门 5 座三厢车 | 后悬挂 | 多连杆式独立悬挂 |
| 发动机 | 纯电动 450 马力 | 刹车 | 通风盘式 |
| 驱动方式 | 双电机四驱 | 车身尺寸 | 长 4720+ 宽 1848+ 高 1442（毫米） |

汽车介绍

特斯拉Model 3于2016年4月1日在美国发布，是一款具有卓越加速性能、高续航里程、便捷充电网络、自动驾驶技术以及优秀车身结构和材料的智能电动车。

2023年，全新Model 3在中国开启预售。动力方面，后驱版依然采用峰值功率为194千瓦电机，峰值扭矩为340牛·米，零百公里加速时间为6.1秒。四驱版本则采用了全新的动力组合，峰值功率为331千瓦，峰值扭矩为559牛·米，零百公里加速时间为4.4秒。续航方面，两驱版预估的CLTC续航为606公里，四驱版本预估的CLTC续航则为713公里，采用三元锂电池。

汽车档案

## 第二代特斯拉 Roadster

| | | | |
|---|---|---|---|
| 英文名 | TESLA Roadster | 品牌 | 特斯拉 |
| 上市时间 | 2023 年 | 变速箱 | 电动车单速变速箱 |
| 车身风格 | 跑车 | 前悬挂 | 自适应空气悬挂 |
| 车身结构 | 2 门 4 座硬顶敞篷车 | 后悬挂 | 自适应空气悬挂 |
| 发动机 | 纯电机 1000 马力 | 刹车 | 通风盘式 |
| 驱动方式 | 三电机四驱 | 车身尺寸 | 长 5021+ 宽 2189+ 高 1431（毫米） |

汽车介绍

2023年，第二代Tesla Roadster正式推出，它搭载200kWh的电池将为它提供超过1000公里的续航里程，这几乎是任何现有特斯拉车型中最大电池容量的两倍，使其成为唯一一款充满电后续航里程超过1000公里的电动汽车，也是当时特斯拉续航里程最长的电动汽车。

第二代Tesla Roadster将实现全轮驱动，可以在1.9秒内完成零百公里加速，最高速度也将超过400公里/时。如此印象深刻的加速时间归功于车辆中的三电机动力总成，使 Tesla Roadster能够提供即时扭矩和令人难以置信的加速时间。

# 第7章 中国汽车赏析

中国汽车市场汇聚了众多国内外汽车品牌，进入21世纪后，中国汽车市场已成为全球最大的汽车市场之一，拥有庞大的消费者群体和不断增长的需求。许多欧美大牌汽车制造商都已经将中国当作主要销售市场，各品牌之间竞争激烈。

品牌介绍

## 红旗

▶ 红旗是中国一汽汽车集团直接运营的高端汽车品牌。自1958年红旗品牌创立以来，红旗轿车长期被用作中国重大庆典活动的检阅车，是中国民族汽车高端品牌代表之一。在20世纪六七十年代，红旗轿车也是中国汽车工业的一面旗帜。

### 红旗历史

第一辆红旗轿车诞生于 1958 年，在那个饥荒遍野的年代，刚刚从苦难和屈辱中抬起头来的中国人急需向全世界人民证明自己。中国一汽集团以吉林工业大学借来的一辆 1955 型的克莱斯勒高级轿车作参照，根据民族特色，仅用一个月的时间就打造出了第一辆红旗高级轿车，定名为 CA71。这标志着中国汽车工业开始走上自主发展的道路。

1958 年 8 月 2 日，一汽在共青团花园举行了近两万人参加的红旗轿车命名大会。当时的吉林省委书记吴德给红旗牌高级轿车命名，并在车头上插上了“红旗”。1958 年 9 月 19 日，邓小平、李富春、杨尚昆、蔡畅等中央领导到一汽视察，赞扬了红旗轿车，红旗轿车从此定型。

从 1958 年 8 月到 1959 年 5 月，一汽的设计师又认真地对红旗轿车整车做了五次系统的试验。五次试验后，红旗轿车定型样车被正式编号为 CA72，这才是我国有编号的第一辆真正的红旗牌高级轿车。

1959 年，红旗轿车 CA72 参加日内瓦展览会，并被编入《世界汽车年鉴》。同年，第一批下线的两辆红旗检阅车送往北京，供十周年国庆阅兵典礼使用。这表明红旗汽车已经在国内崭露头角，并开始受到国际社会的关注。

从 20 世纪 60 年代开始，红旗轿车的各项技术日臻完善。1966 年，20 辆三排高级红旗轿车送往中央，供周恩来总理等领导正式乘用。这表明红旗汽车已经开始在国家层面崭露头角，成为国家领导人的座驾。而坐红旗车也曾与“见毛主席”“住钓鱼台”一道，被视为中国政府给予外国来访者的最高礼遇。

1981 年 9 月 19 日，中国改革开放总设计师、中央军委主席邓小平乘坐红旗 CA770TJ 型检阅车检阅参加华北军事大演习的中国人民解放军三军部队。但也在同年，红旗因为耗油量大、成本高、产量低而停产，这给红旗汽车的发展带来了巨大的挫折。

改革开放给红旗车带来了第二次生命。20 世纪 90 年代，一汽通过与国外公司合作，逐步开发了拥有全部知识产权的新型“小红旗”和豪华风格的“大红旗”等多个品种的系列产品。“小红旗”是自原有的“红旗”轿车停产以来的第一批红旗车，型号叫作红旗 CA7220 系列，是一汽大众用奥迪 100 车型帮助推出的。

1998 年 10 月 18 日，红旗 98 新星轿车（之后叫做“红旗名仕”）投放市场。此时的红旗车采用了毛主席手书的“红旗”标志，进气格栅中部使用了象征一汽集团的美术字“1”的金属标识。

到如今，通过不断的努力和创新，红旗汽车已经在中国汽车工业中占据了重要的地位，并成为代表中国高端汽车市场，甚至是民族精神的一个重要品牌。

汽车档案

## 红旗 CA72

| | | | |
|---|---|---|---|
| 英文名 | Hong Qi CA72 | 品牌 | 红旗 |
| 上市时间 | 1959 年 | 变速箱 | 液压自动变速箱 |
| 车身风格 | 大型车 | 前悬挂 | 独立悬挂 |
| 车身结构 | 4 门 4 座两厢车 | 后悬挂 | 钢板弹簧悬架 |
| 发动机 | 5.6L 200 马力 V8 | 刹车 | 鼓式 |
| 驱动方式 | 前置后驱 | 车身尺寸 | 长 5500+ 宽 1950+ 高 1570（毫米） |

汽车介绍

1958年，第一辆红旗样车完成后，一汽决定按正规程序重新设计此车型，前后经过了五轮样车试制和改进设计之后才最后定型。1959年第一季度，新车型图纸完成开始进行生产准备，8月份投入批量生产，确定产品编号为CA72型。红旗CA72的问世，极大地增强了中国民族自尊心和自豪感。

红旗CA72发动机缸径为100毫米，压缩比为7.5，容积为5.6L，输出功率为200马力，最高速度为160公里。采用自主研制的液压自动变速箱，前悬挂为独立悬挂，前后有减震器；膜片式真空鼓式制动器，动力转向。国庆十周年庆典上，两辆红旗检阅车和六辆红旗轿车参加了阅兵和游行活动。

## 红旗 CA770

| | | | |
|---|---|---|---|
| 英文名 | Hong Qi CA770 | 品牌 | 红旗 |
| 上市时间 | 1966 年 | 变速箱 | 液压自动变速箱 |
| 车身风格 | 大型车 | 前悬挂 | 独立悬挂 |
| 车身结构 | 4 门 6 座两厢车 | 后悬挂 | 钢板弹簧悬架 |
| 发动机 | 5.65L 220 马力 V8 | 刹车 | 鼓式 |
| 驱动方式 | 前置后驱 | 车身尺寸 | 长 5980+ 宽 1990+ 高 1640（毫米） |



毛主席曾指示生产一种三开门“红旗”加长型轿车，经过东风轿车、CA72轿车到CA72三排座轿车的不断研制，一汽的第一代汽车人已经总结出一套比较完善的三排座轿车的生产制造经验。1965年年底，红旗CA770由中国长春第一汽车制造厂研制成功，并在1966年正式投入生产。

CA770与CA72相比，内饰华贵舒适，装备先进，前后座舱间设有升降隔离玻璃，中排座椅为折叠式，供随行人员、翻译乘坐。发动机为5.65L V8四冲程水冷化油器式汽油发动机，最大功率为164千瓦，最高速度为165公里/时，百公里油耗为20L。

汽车档案

## 红旗 H7

| | | | |
|---|---|---|---|
| 英文名 | Hong Qi H7 | 品牌 | 红旗 |
| 上市时间 | 2013 年 | 变速箱 | 6 挡手自一体变速箱 |
| 车身风格 | 中大型车 | 前悬挂 | 双叉臂式独立悬挂 |
| 车身结构 | 4 门 5 座三厢车 | 后悬挂 | 多连杆式独立悬挂 |
| 发动机 | 2.0T 204 马力 L4 | 刹车 | 通风盘式 |
| 驱动方式 | 前置后驱 | 车身尺寸 | 长 5095+ 宽 1875+ 高 1485（毫米） |

汽车介绍

首款定位豪华C级轿车的红旗车型亮相于2012年的北京车展，内部产品代号C131。2013年5月30日，红旗H7（C131）正式上市，首次实现了整车全领域、平台与车型同步的深度自主研发，整车主要技术指标国内先进，部分性能达到国际水平。

红旗H7共有3.0L和2.0T两个排量的5款车型。平台方面，红旗H7的悬架形式采用前双叉臂后多连杆式，驱动形式也是前置后驱，完全满足各种复杂路况对极限操控的要求。红旗H7全车还采用先进的CAN网络下的电子电气平台技术，控制模块多达36个，在同级别车型中处于领先地位。

汽车档案

## 红旗 L5

| | | | |
|---|---|---|---|
| 英文名 | Hong Qi L5 | 品牌 | 红旗 |
| 上市时间 | 2014 年 | 变速箱 | 6 挡手自一体变速箱 |
| 车身风格 | 大型车 | 前悬挂 | 双横臂式独立悬挂 |
| 车身结构 | 4 门 5 座三厢车 | 后悬挂 | 多连杆式独立悬挂 |
| 发动机 | 6.0L 408 马力 V12 | 刹车 | 通风盘式 |
| 驱动方式 | 前置四驱 | 车身尺寸 | 长 5555+ 宽 2018+ 高 1578（毫米） |

汽车介绍

红旗L5是基于2009年红旗牌检阅车项目成功后，中国一汽正式启动红旗L平台产品开发及生产准备后打造的一款100%自主知识产权的E级轿车。红旗L5的造型延续了经典的红旗CA770的设计，外观传承了很多经典元素，作为中国外交礼宾用车出现在许多重大外交场合。

红旗L5采用现代化的造型语言，对中国哲学与文化重新进行了诠释和表达。侧面造型继承了老红旗前高后低的船型车身，彰显大气、稳重的气质；车头旗标采用传统中国红；演变自中国宫灯的后尾灯既显典雅稳重，又独具民族风格，在整体设计表达中兼顾了中国元素与现代审美。

汽车档案

## 红旗 H5

| | | | |
|---|---|---|---|
| 英文名 | Hong Qi H5 | 品牌 | 红旗 |
| 上市时间 | 2018 年 | 变速箱 | 6 挡手自一体变速箱 |
| 车身风格 | 中型车 | 前悬挂 | 麦弗逊式独立悬挂 |
| 车身结构 | 4 门 5 座三厢车 | 后悬挂 | 多连杆式独立悬挂 |
| 发动机 | 1.8T 186 马力 L4 | 刹车 | 通风盘式 |
| 驱动方式 | 前置前驱 | 车身尺寸 | 长 4945+ 宽 1845+ 高 1470（毫米） |

汽车介绍

2018年4月25日，红旗H5在北京国际车展上市，作为一款全新打造的高级B级轿车，红旗H5采用了全新开发的模块化中高级轿车平台，造型设计既传承了红旗品牌经典元素，又完美融合了现代汽车设计和时尚动感的元素。

动力方面，优秀的底盘调校使其性能达到同级别领先水平，1.8T直喷涡轮增压发动机及爱信三代6速自动变速箱则使其兼顾动力性、稳定性及燃油经济性。智能配置方面，红旗H5配备了ACC自适应巡航系统，搭载IHC智能前大灯控制系统，配备自动泊车功能。

## 红旗 S9

| | | | |
|---|---|---|---|
| 英文名 | Hong Qi S9 | 品牌 | 红旗 |
| 上市时间 | 2021 年 | 变速箱 | 6 挡手自一体变速箱 |
| 车身风格 | 跑车 | 前悬挂 | 双叉臂独立悬架 |
| 车身结构 | 2 门 2 座硬顶跑车 | 后悬挂 | 多连杆式独立悬挂 |
| 发动机 | 4.0T 1400 马力 V8 | 刹车 | 通风盘式 |
| 驱动方式 | 中置四驱 | 车身尺寸 | 长 4990+ 宽 2050+ 高 1350（毫米） |



2021年4月19日，中国第一汽车集团有限公司面向全球发布了一款超级跑车——红旗S9。这是中国汽车品牌红旗旗下首款豪华超跑，代表了中国汽车制造业在豪华跑车领域的一大突破。

红旗S9新车将采用V8发动机和三电机混合动力技术，总功率超过1400马力，峰值扭矩高达1600牛·米，零百公里加速时间为1.9秒，最高速度超过400公里/时。外观设计方面，红旗S9兼具力量感和动感。车身低矮且线条流畅，前脸采用独特的“红旗之眼”设计，形象鲜明且富有辨识度。车尾造型简洁大气，扰流板和双边四出的排气管运动感十足，彰显出豪华跑车的气质。

品牌介绍

## 东风

▶ 东风汽车集团有限公司是我国汽车行业的大型骨干企业，前身是始建于1969年的第二汽车制造厂，总部设在湖北省武汉市。2022年，东风销售汽车292万辆，位居国内汽车行业第3位、世界500强第188位，产品销往全球100多个国家。

### 东风发展

东风汽车公司的历史可以追溯到 1969 年 9 月 28 日成立的中国第二汽车制造厂（简称二汽）。这是 1969 年才开始在湖北省十堰市建造的，由中国自主设计、自主建造的第一个汽车制造厂，承担着重振中国汽车工业的任务。

1952 年年底，在一汽建设方案确定之后，毛主席就作出了“要建设第二汽车厂”的指示。次年，第一机械工业部组织拉开了二汽筹建工作的序幕，并在武汉成立了第二汽车制造厂筹备处。但在经历了前后 17 年、“两下三上”的漫长波折后，二汽才开始正式投建。1969 年 10 月，来自全国 30 多家工厂、设计院和建筑单位的建设者以及竹山、竹溪、随县、大悟、枣阳、汉川、汉阳等县的 2.5 万多民工，汇集在十堰周围数十公里的工地上，拉开了建设第二汽车制造厂的序幕。

1981 年 4 月，以二汽为主体，以东风系列产品为纽带，二汽组建了跨部门、跨省区的东风汽车工业联营公司，从而打破了我国汽车品种单一、各自为战和小而全的格局，发展了东风系列产品。

1978 年至 1983 年的五年间，二汽大力推行全面质量管理的科学管理方法，完成了技术中心、教育中心和装备中心等三大中心的建设任务。1986 年，二汽建成了年产 10 万辆汽车的生产能力，超过了当时的一汽。

1992 年 9 月 1 日，中国第二汽车制造厂更名为东风汽车公司。从那之后，东风汽车公司先后通过与法国 PSA 集团、日本日产、本田、韩国起亚、台湾裕隆汽车、瑞典沃尔沃等公司合资，大规模生产、销售乘用车。

经过多年的发展，东风汽车公司已成为国家明确重点支持的三大汽车集团之一。东风公司保持了超常的发展，经营规模、经营效益稳居行业前列。1997 年，东风汽车通过 IS09001 质量体系认证，东风商标被国家工商总局评定为全国汽车行业首家驰名商标。

经过几十年的发展，东风公司相继建成了十堰、襄阳、武汉三大汽车开发生产基地，并拥有云汽、柳汽、新汽、杭汽等整车生产企业和朝阳、南充等发动机生产企业，以及上海浦东和南方两个新事业生长点。

东风公司构建了完整的研发体系，在研发领域开展广泛的对外合作，搭建起全系列商用车、乘用车、校车研发平台及其支撑系统，进一步完善了商品计划和研发流程，同时构建起行业领先的产品研发能力、生产制造能力与市场营销能力。

汽车档案

## 东风 猛士

| | | | |
|---|---|---|---|
| 英文名 | Dong Feng Brave Warrior | 品牌 | 东风 |
| 上市时间 | 2007 年 | 变速箱 | 4 挡自动变速箱 |
| 车身风格 | 大型 SUV | 前悬挂 | 双横臂式独立悬挂 |
| 车身结构 | 5 门 4 座 SUV | 后悬挂 | 多连杆式独立悬挂 |
| 发动机 | 6.5T 197 马力 V8 | 刹车 | 前轮通风盘式、后轮实心盘式 |
| 驱动方式 | 中置四驱 | 车身尺寸 | 长 4694+ 宽 2134+ 高 2430（毫米） |

汽车介绍

东风猛士是一款由东风汽车公司自主研发的中国新一代高机动性军用越野汽车，具有100%自主知识产权、零部件几乎可以全部国产的汽车。

猛士民用版本搭载东风145千瓦V8电控增压柴油机和四挡液力自动变速器，0～80公里/时的加速时间为18秒，最高速度为125公里/时，续驶里程超过600公里。由于运用了多项具有世界先进水平的关键技术，其总体性能达到国际尖端水平，在衡量军用越野车的15项关键技术指标中，“猛士”共有12项超过美国的“悍马”，3项与其持平。

汽车档案

## 东风 御风 S16

| | | | |
|---|---|---|---|
| 英文名 | Dong Feng Yu Feng S16 | 品牌 | 东风 |
| 上市时间 | 2017 年 | 变速箱 | 6 挡手动变速箱 |
| 车身风格 | 中型 SUV | 前悬挂 | 双横臂式独立悬挂 |
| 车身结构 | 5 门 5 座 SUV | 后悬挂 | 整体桥式非独立悬挂 |
| 发动机 | 1.9T 150 马力 L4 | 刹车 | 前轮通风盘式、后轮实心盘式 |
| 驱动方式 | 前置四驱 | 车身尺寸 | 长 4771+ 宽 1870+ 高 1828（毫米） |

汽车介绍

御风S16发源于东风公司旗下唯一轻客品牌御风，于2017年作为东风旗下的一款全新中型SUV推出，采用非承载式车身设计，整体外观饱满大方，车身线条圆润，展现出硬朗粗犷的整体造型。前脸部分，六边形样式的进气格栅与车头两侧的前大灯组紧密相连，视觉效果出众。前雾灯和大灯高度调节这两项实用配置均为全系标配，提升了整车的安全性能。

御风S16的发动机是一款1.9T柴油涡轮增压发动机，具备出色的动力性能，最大功率达到150马力，额定功率为110千瓦，峰值扭矩高达350牛·米，为御风S16提供强劲的动力支持。

汽车档案

## 东风 俊风 ER30

| | | | |
|---|---|---|---|
| 英文名 | Dong Feng Jun Feng ER30 | 品牌 | 东风 |
| 上市时间 | 2018 年 | 变速箱 | 电动车单速变速箱 |
| 车身风格 | 小型车 | 前悬挂 | 麦弗逊式独立悬挂 |
| 车身结构 | 5 门 4 座两厢车 | 后悬挂 | 纵臂扭转梁式非独立悬挂 |
| 发动机 | 纯电动 82 马力 | 刹车 | 前轮实心盘式、后轮鼓式 |
| 驱动方式 | 前置前驱 | 车身尺寸 | 长 3775+ 宽 1665+ 高 1530（毫米） |

汽车介绍

东风俊风ER30是由东风汽车联合浙江时空公司合作生产，在东风日产启辰R30车型的基础上开发的一款纯电动轿车，搭载一台最大功率为24千瓦的永磁同步交流电机，零百公里加速时间为12秒，最高速度可达到105公里/时。工况条件下，俊风ER30是百公里耗电为10.81度，电池布置在底盘下部，车内空间利用比较好，而且降低了车辆中心，提高了行驶稳定性。

另外，俊风ER30还有一款工况续航达到320公里的版本，也是搭载三元锂电池，电机功率为24千瓦，电池供应商为上海德朗能动力电池有限公司，工况条件下百公里耗电量为11.39度。

汽车档案

## 东风 风神 奕炫GS

| | | | |
|---|---|---|---|
| 英文名 | Dong Feng AEOLUS GS | 品牌 | 东风 风神 |
| 上市时间 | 2020 年 | 变速箱 | 6 挡双离合 变速箱 |
| 车身风格 | 紧凑型 SUV | 前悬挂 | 麦弗逊式独立悬挂 |
| 车身结构 | 5 门 5 座 SUV | 后悬挂 | 纵臂扭转梁式非独立悬挂 |
| 发动机 | 1.5T 150 马力 L4 | 刹车 | 前轮通风盘式、后轮实心盘式 |
| 驱动方式 | 前置前驱 | 车身尺寸 | 长 4610+ 宽 1830+ 高 1600（毫米） |

汽车介绍

东风风神是东风汽车集团旗下的自主中高端品牌，创立于2009年，在东风自主乘用车事业中居于核心地位。奕炫GS则是东风风神于2020年推出的一款新国潮智享SUV。

作为东风风神全球模块化平台的首款SUV车型，奕炫GS既有SUV的大空间、通过性强，同时兼顾轿车的舒适性和操控性，搭载了领先同级的智能配置。奕炫GS提供1.0T和1.5T双重动力选择，拥有欧洲高刚性车身结构基因，平台安全性满足E-NCAP 2018五星标准，同时还搭载L2智能辅助驾驶系统，配备360度超清全景影像，行车、倒车、泊车应对自如。

汽车档案

## 东风 风行 雷霆

| | | | |
|---|---|---|---|
| 英文名 | Dong Feng Friday | 品牌 | 东风 风行 |
| 上市时间 | 2023 年 | 变速箱 | 电动车单速变速箱 |
| 车身风格 | 紧凑型 SUV | 前悬挂 | 麦弗逊式独立悬挂 |
| 车身结构 | 5 门 5 座 SUV | 后悬挂 | 多连杆式独立悬挂 |
| 发动机 | 纯电动 204 马力 | 刹车 | 前轮通风盘式、后轮实心盘式 |
| 驱动方式 | 前置前驱 | 车身尺寸 | 长 4600+ 宽 1860+ 高 1680（毫米） |

汽车介绍

东风风行雷霆是一款于2023年上市的全新纯电紧凑型SUV，提供两种不同的续航里程版本，分别是430公里和630公里，采用前置单电机布局，电机最大功率为150千瓦，最大扭矩为340牛·米，零百公里加速时间约为7.9秒。

风行雷霆的外观设计精致，具有无边框的机甲风进气格栅和大尺寸的LED灯带以及时尚的高腰线和黑色悬浮式车顶。内饰方面，风行雷霆配备了“华为TMS2.0热泵管理系统”，并提供了丰富的科技配置，搭载Fx-Drive风行领航智驾系统，以提升安全性和便利性。

汽车档案

## 东风 eπ 007

| | | | |
|---|---|---|---|
| 英文名 | Dong Feng eπ 007 | 品牌 | 东风 奕派 |
| 上市时间 | 2024 年 | 变速箱 | 电动车单速变速箱 |
| 车身风格 | 中大型车 | 前悬挂 | 麦弗逊式独立悬挂 |
| 车身结构 | 5 门 5 座掀背车 | 后悬挂 | 多连杆式独立悬挂 |
| 发动机 | 增程式 218 马力 | 刹车 | 前轮通风盘式、后轮实心盘式 |
| 驱动方式 | 后置后驱 | 车身尺寸 | 长 4880+ 宽 1895+ 高 1460（毫米） |

汽车介绍

东风eπ007，是东风汽车旗下全新品牌“奕派”的首款车型，定位为中大型新能源轿车。该车将提供增程、纯电两种动力，呈现出宽体低趴的轿跑车姿态，搭载隐藏式门把手和无框车门。除此之外，该车还采用了“同级唯一电动剪刀门”设计，支持车内语音、智能钥匙、智能触控等多种开启方式，配备双超声波雷达主动避障。

动力方面，eπ007搭载东风马赫E动力系统，其中纯电车型提供四驱双电机版本，最大功率可达400千瓦，增程版可实现1200公里续航。

品牌介绍

## 长城

▶ 长城汽车公司最早起源于1984年的长城工业公司，1990年由魏建军承包，1998年改制为长城汽车有限责任公司，2001年进一步改制为长城汽车股份有限公司。经过二十多年的发展，长城从皮卡进入SUV，后续进入轿车和MPV领域，实现了狭义乘用车领域的全覆盖。

长城汽车
Greatwall

## 长城历程

1984 年，魏建军的叔叔创办了长城工业公司。因为当时我国的汽车工业较为落后，所以长城汽车公司刚开始并没有自主研发生产汽车，而是以改装轻型客车和轻型货车的业务为主，同时从事农用车、汽车零部件的生产。

后来创始人因车祸去世，长城工业公司被河北保定南大园乡政府接手。1990 年，魏建军承包了长城工业公司，并从 1993 年开始通过外购底盘手工拼装轿车，初步销售业绩可观，为长城的发展奠定了一定的基础。

但好景不长，1994 年，政府出台了汽车工业产业政策，开始对汽车生产企业进行管制，而长城汽车公司并没获得轿车生产资质，于是便被迫放弃了轿车生产及销售业务，这也导致了当年长城汽车利润暴跌。

品牌故事

长城汽车公司高层不得不远赴美国和泰国等地进行考察，四处寻找出路。最终他们发现皮卡车型在海外十分受欢迎，于是决定放手一搏，在一大批进口车型中选择了丰田皮卡作为参考，开始生产皮卡车。1996 年 3 月，第一辆长城迪尔皮卡下线，发动机采购自绵阳新城发动机厂，变速箱则来自唐山齿轮厂，一经推出便取得了极佳的销售业绩，自此开启了长城汽车品牌产销的新篇章。

1998 年，在企业产权制度改革中，魏建军获得了长城公司 25% 的股权，承包经营转换为股东经营。此后的一年，河北保定南大园乡政府又出售 21% 的股权给魏建军。共 46% 的股权使得魏建军成为长城汽车最大的股东，公司也正式改制为长城汽车有限责任公司，一个集体所有制的企业完成了私有化过程。

同年，长城汽车已经在皮卡领域显示出了极强的竞争力，并首次在皮卡市场荣获销量冠军。2000 年 6 月，长城汽车投产内燃机公司，成为自主品牌中最早拥有核心动力的企业。2002 年，长城推出赛弗 SUV, 正式进入狭义乘用车市场。2005 年，哈弗 SUV 正式投产。2007 年 11 月，长城获得轿车生产资质，正式进军轿车市场。

经过二十余年的发展，长城在皮卡和 SUV 领域积累了雄厚的实力，并多次取得皮卡和 SUV 全国销量第一的桂冠。

汽车档案

## 长城 赛弗 2004年款

| | | | |
|---|---|---|---|
| 英文名 | Greatwall Safe | 品牌 | 长城 |
| 上市时间 | 2004 年 | 变速箱 | 5 挡手动变速箱 |
| 车身风格 | 紧凑型 SUV | 前悬挂 | 双横臂式独立悬挂 |
| 车身结构 | 5 门 5 座 SUV | 后悬挂 | 整体桥式非独立悬挂 |
| 发动机 | 2.2L 101 马力 L4 | 刹车 | 前轮实心盘式、后轮鼓式 |
| 驱动方式 | 前置四驱 | 车身尺寸 | 长 4625+ 宽 1780+ 高 1820（毫米） |

汽车介绍

赛弗是长城汽车精心打造、反复标定实验推出的一款多功能商务车，采用最新一体化厢式设计，动感强劲舒展，充分体现功能化、动力化和个性化的特征，搭载491QE多点电喷发动机，排量为2.3L，功率为75千瓦，排放达到欧Ⅱ标准。

制动系统方面，赛弗配有感载比例阀，能时刻保证前后轮制动力得到合理分配，四连杆螺旋弹簧式后悬架，增强乘坐舒适性，同时装备235宽大轮胎，高速行驶时抓地性强，具有在各种复杂、恶劣路面上通过的能力，其中四轮驱动的赛弗有极强的越野性。

汽车档案

## 长城 C30

| | | | |
|---|---|---|---|
| 英文名 | Greatwall C30 | 品牌 | 长城 |
| 上市时间 | 2010 年 | 变速箱 | 5 挡手动变速箱 |
| 车身风格 | 紧凑型车 | 前悬挂 | 麦弗逊式独立悬挂 |
| 车身结构 | 4 门 5 座三厢车 | 后悬挂 | 纵臂扭转梁式非独立悬挂 |
| 发动机 | 1.5L 106 马力 L4 | 刹车 | 前轮通风盘式、后轮实心盘式 |
| 驱动方式 | 前置前驱 | 车身尺寸 | 长 4452+ 宽 1705+ 高 1480（毫米） |

汽车介绍

长城C30是长城汽车倾力打造的一款全球战略车型，也是长城汽车第一款三厢轿车，标志着长城将重心转移到民用车市场，具有里程碑的意义。从开发到上市历时4年，其开发设计和检测试验完全按欧盟标准进行，秉承了长城汽车一贯的优秀品质和扎实工艺，整车沉稳踏实兼具动感时尚，在第十一届北京国际车展上拿到了权威汽车网站评选的“最受网友喜爱紧凑型轿车”称号。

动力方面，C30搭载1.5Lvvt发动机，质量更轻、稳定性更强，配合MT和CVT两种变速箱模式，有效地提升了动力。而整车的轻量化设计使油耗大大缩减，符合节能、环保、低碳的发展趋势。

汽车档案

## 长城 风骏3

| | | | |
|---|---|---|---|
| 英文名 | Greatwall Wingle 3 | 品牌 | 长城 |
| 上市时间 | 2011 年 | 变速箱 | 5 挡手动变速箱 |
| 车身风格 | 中型皮卡 | 前悬挂 | 双叉臂式独立悬挂 |
| 车身结构 | 4 门 5 座两排 | 后悬挂 | 整体桥式非独立悬挂 |
| 发动机 | 2.2L 106 马力 L4 | 刹车 | 前轮通风盘式、后轮鼓式 |
| 驱动方式 | 前置后驱 | 车身尺寸 | 长 5040+ 宽 1720+ 高 1675（毫米） |

汽车介绍

2006年，长城汽车与博世公司联合开发的INTEC柴油高压共轨发动机实现量产，该发动机动力强劲，在1600～2600转区间均可发出225牛·米的最大扭矩，最大功率为70千瓦，具有低速扭矩大、整车提速快的特点，明显优于传统增压柴油机，长城对其拥有自主知识产权。

2011年，风骏3皮卡正式上市。作为国内首款搭载高压共轨技术INTEC柴油发动机的皮卡，风骏3不仅开启了长城皮卡动力自主化的篇章，更让“风骏”系列车型成为国内皮卡市场中的经典力作，连续14年全国销量第一。

## 长城 哈弗 H6

| | | | |
|---|---|---|---|
| 英文名 | Greatwall HAVAL H6 | 品牌 | 长城 哈弗 |
| 上市时间 | 2011 年 | 变速箱 | 5 挡手动变速箱 |
| 车身风格 | 紧凑型 SUV | 前悬挂 | 麦弗逊式独立悬挂 |
| 车身结构 | 5 门 5 座 SUV | 后悬挂 | 双横臂式独立悬挂 |
| 发动机 | 2.0L 133 马力 L4 | 刹车 | 前轮通风盘式、后轮实心盘式 |
| 驱动方式 | 前置前驱 | 车身尺寸 | 长 4640+ 宽 1825+ 高 1690（毫米） |



哈弗是长城汽车旗下的子品牌，成立于2013年3月29日，与长城品牌并行运营，使用独立的标识，独立的产品研发、生产、服务等体系，主营SUV的生产及销售业务。

2011年8月25日，哈弗品牌推出首款中高级城市SUV——哈弗H6，提供三菱2.0L汽油动力车型及绿静2.0T柴油车型，分为都市型、精英型、尊贵型三种版本。同年12月12日，哈弗H6拿下了有“中国车坛奥斯卡”之称的《汽车族》年度车型大奖，被评为“中国2012年度SUV”，上市七年即创造单车型近300万辆的销售业绩。

汽车档案

## 长城 哈弗 大狗

| | | | |
|---|---|---|---|
| 英文名 | Greatwall HAVAL DARGO | 品牌 | 长城 哈弗 |
| 上市时间 | 2020 年 | 变速箱 | 7 挡双离合变速箱 |
| 车身风格 | 紧凑型 SUV | 前悬挂 | 麦弗逊式独立悬挂 |
| 车身结构 | 5 门 5 座 SUV | 后悬挂 | 多连杆式独立悬挂 |
| 发动机 | 1.5T 169 马力 L4 | 刹车 | 前轮通风盘式、后轮实心盘式 |
| 驱动方式 | 前置前驱 | 车身尺寸 | 长 4620+ 宽 1910+ 高 1780（毫米） |

汽车介绍

在2020年7月24日的成都车展上，哈弗大狗首次惊艳亮相。它定位为哈弗全新SUV车型，耗资200亿元研发打造，源于全球化、高智能、模块化技术平台——长城柠檬，其灵活性、高性能、高安全性和轻量化，让该车型的各项指标全面超越同级，同时配备电子手刹、自动驻车、ACC自适应巡航、语音识别、智能互联系统、无线充电等配置。

哈弗大狗在市场上成功地开辟了“3/4刻度”新蓝海与“轻越野”的SUV全新品类，曾创下上市20天订单破万辆的纪录，截止到2023年6月品类销量已超过30万辆，实力领跑轻越野SUV赛道。

汽车档案

## 长城 欧拉 黑猫

| | | | |
|---|---|---|---|
| 英文名 | Greatwall ORA Cat | 品牌 | 长城 欧拉 |
| 上市时间 | 2018 年 | 变速箱 | 电动车单速变速箱 |
| 车身风格 | 微型车 | 前悬挂 | 麦弗逊式独立悬挂 |
| 车身结构 | 5 门 4 座两厢车 | 后悬挂 | 纵臂扭转梁式非独立悬挂 |
| 发动机 | 纯电动 48 马力 | 刹车 | 前轮通风盘式、后轮鼓式 |
| 驱动方式 | 前置前驱 | 车身尺寸 | 长 3495+ 宽 1660+ 高 1560（毫米） |

汽车介绍

欧拉品牌隶属于长城汽车，是中国主流自主车企中第一个独立的新能源汽车品牌，于2018年8月20正式发布。随着欧拉品牌的发布，中国首个电动车专属平台——ME平台也随之亮相，从底盘到内外饰都结合了当下智能网联的先进技术，在空间、安全性、效率等方面，取得了实质性的突破。

欧拉黑猫就是基于ME平台打造的一款新能源汽车，于2018年12月26日上市，主打C端消费市场。动力方面，长续航车型搭载的是最大功率为45千瓦、峰值扭矩为130牛·米的电动机，最大续航405公里；续航里程为301公里和351公里的车型均搭载最大功率为35千瓦、峰值扭矩为125牛·米的电动机。

汽车档案

## 长城 魏牌 VV7 GT

| | | | |
|---|---|---|---|
| 英文名 | Greatwall WEY VV7 GT | 品牌 | 长城哈弗 |
| 上市时间 | 2019 年 | 变速箱 | 7 挡双离合变速箱 |
| 车身风格 | 中型 SUV | 前悬挂 | 麦弗逊式独立悬挂 |
| 车身结构 | 5 门 5 座 SUV | 后悬挂 | 多连杆式独立悬挂 |
| 发动机 | 2.0T 227 马力 L4 | 刹车 | 通风盘式 |
| 驱动方式 | 前置前驱 | 车身尺寸 | 长 4774+ 宽 1931+ 高 1672（毫米） |

汽车介绍

魏牌是长城汽车聚集1600多人的国际研发团队历时4年打造出的中国豪华SUV品牌，成立于2016年，旗下有VV5、VV6、VV7、P8、玛奇朵、拿铁、摩卡、蓝山、高山等车型。

VV7 GT于2019年9月5日在成都车展上市，整车设计为轿跑造型，配有Launch Control弹射起步、虚拟动态声浪反馈系统+Soundaktor座舱引擎模拟系统、专属后排豪华航空座椅、膝部气囊、带车辆/自行车/行人识别的主动式紧急制动系统等装置，搭载2.0T发动机+7速湿式双离合变速箱，最大功率为167千瓦，最大扭矩为387牛·米。

## 长城 坦克 300

| | | | |
|---|---|---|---|
| 英文名 | Greatwall TANK 300 | 品牌 | 长城 哈弗 |
| 上市时间 | 2021 年 | 变速箱 | 8 挡手自一体变速箱 |
| 车身风格 | 紧凑型 SUV | 前悬挂 | 双叉臂式独立悬挂 |
| 车身结构 | 5 门 5 座 SUV | 后悬挂 | 整体桥式非独立悬挂 |
| 发动机 | 2.0T 227 马力 L4 | 刹车 | 通风盘式 |
| 驱动方式 | 前置四驱 | 车身尺寸 | 长 4760+ 宽 1930+ 高 1903（毫米） |

2021年4月，长城汽车WEY品牌旗下的坦克系列正式独立，成为长城汽车第五大子品牌。坦克品牌是长城汽车面向SUV新趋势推出的全球高端越野品牌，也是长城汽车品类创新的重要成果，旗下产品主要面对硬派越野领域。

坦克300就是坦克品牌的首款车型，定位于紧凑型SUV，主打越野细分市场。车型搭载2.0T涡轮增压发动机，最大功率为167千瓦，最大扭矩为387牛・米，并配备8挡手自一体变速箱和9种驾驶模式。此外，坦克300还提供了3.0T发动机选项。

品牌介绍

## 长安

▶ 长安汽车是中国汽车四大集团阵营企业，拥有百余年历史底蕴，三十余年造车经验积累。作为中国汽车品牌的典型代表之一，长安汽车旗下包括长安启源、深蓝汽车、阿维塔、长安引力、长安凯程等自主品牌，以及长安福特、长安马自达、江铃等合资品牌。

### 长安历史

长安汽车是我国历史最悠久的车企，它造出了新中国第一台越野车。如今，其母公司中国长安汽车集团股份有限公司更是名列中国四大汽车集团，是我国最成功的军转民企业之一，也是自主品牌中第一个年产销过百万辆的车企。

长安汽车的前身是上海洋炮局，由洋务运动发起人李鸿章于 1862 年（清同治元年）12 月授命英国人马格里和中国官员刘佐禹在上海松江城外一所庙宇中创办。这是中国近代史上的第一家工业企业，也是清政府最早的兵工厂。

1864 年，苏州洋炮局（1863 年迁往苏州后更名）引进英国机械设备用于制造，开创了中国近代工业的先河，并在后世数十年时间里经历了无数风雨。工厂的名称也在不断变换，从金陵制造局到金陵兵工厂，从中央兵工总局国营四五六厂到国营长安机器制造厂，在近百年时光里它始终屹立不倒。

1957 年，为响应国家“军民结合，学会两套本领”的生产方针，工厂更名为国营长安机器制造厂，开始了军转民的尝试。

1958 年 5 月，长安生产出第一辆“长江牌”46 型吉普车样车，并进行了 2.5 万公里道路实验，作为新中国第一辆越野车，意义重大，填补了中国汽车工业的空白。次年，长江 46 型越野车作为受阅方队领队车参加了国庆 10 周年阅兵仪式。

然而在 1963 年长江 46 型越野车停产，长安在上级的要求下将长江 46 的全部图纸和技术转交给北京汽车制造厂后，工厂的汽车生产几乎停摆，在 20 世纪 80 年代之前都再无建树，只靠做一些其他的机械生产业务维持生计。

20 世纪 80 年代初，中央提出了“军民结合、平战结合、以军为主，以民养军”的十六字方针，第二机械工业部发出《关于全国汽车工业调整改组方案的通知》。

长安工厂终于抓住机会再次涉足汽车领域放手一搏，并于 1984 年 11 月生产出中国第一批小型汽车。这标志着长安正式从军工企业转向了民用车生产企业，也标志着中国微车时代的开始。

1995 年，长安工厂和江陵工厂（旧称一五二厂）正式合并为长安汽车有限责任公司。1996 年，重庆长安汽车股份有限公司成立。跨越百余年的变革之路，长安汽车完成了从军工企业到民用企业的领域拓展，开始了中国自主品牌的创造与尝试。

汽车档案

## 第三代长安 奔奔

| | | | |
|---|---|---|---|
| 英文名 | Changan Benni | 品牌 | 长安 |
| 上市时间 | 2014 年 | 变速箱 | 5 挡手动变速箱 |
| 车身风格 | 微型车 | 前悬挂 | 麦弗逊式独立悬挂 |
| 车身结构 | 5 门 5 座两厢车 | 后悬挂 | 纵臂扭转梁式非独立悬挂 |
| 发动机 | 1.4L 101 马力 L4 | 刹车 | 前轮通风盘式、后轮鼓式 |
| 驱动方式 | 前置前驱 | 车身尺寸 | 长 3730+ 宽 1650+ 高 1530（毫米） |

汽车介绍

长安汽车顺应时代潮流，于2006年7月发布自主品牌轿车发展战略，宣告正式进军轿车领域。2006年11月，公司发布首款自主轿车——长安奔奔。初代奔奔为两厢经济型轿车，售价在5万元以内，与竞品车型相比性价比优势明显，使得公司在第二次创业初期迅速成为市场龙头。

2012年过后，中国车市对微型轿车需求开始转弱，微型轿车市场慢慢萎缩，长安奔奔在市场上的表现也慢慢下滑。2014年，长安汽车对奔奔系列再次进行了改造，第三代奔奔的外观、动力全部焕然一新，可惜未能恢复奔奔往昔的荣光，2014年奔奔系列销量仅为5.3万辆。

## 长安 CS35

| | | | |
|---|---|---|---|
| 英文名 | Changan CS35 | 品牌 | 长安 |
| 上市时间 | 2012 年 | 变速箱 | 5 挡手动变速箱 |
| 车身风格 | 小型 SUV | 前悬挂 | 麦弗逊式独立悬挂 |
| 车身结构 | 5 门 5 座 SUV | 后悬挂 | 纵臂扭转梁式非独立悬挂 |
| 发动机 | 1.6L 125 马力 L4 | 刹车 | 前轮通风盘式、后轮实心盘式 |
| 驱动方式 | 前置前驱 | 车身尺寸 | 长 4160+ 宽 1810+ 高 1670（毫米） |



长安CS35是长安汽车自主研发，并于2012年推出的品牌首款SUV，在价格和配置方面都有着很强的竞争力，同时也标志着长安CS系列的开端。

CS35搭载全新一代Blue Core高效H系列1.6L发动机，全新一代Blue Core H系列高效发动机，其最大输出功率为125马力，最大扭矩为160牛·米。同时匹配全新5速手动变速器及日本爱信原装进口的Ss-Ⅱ4速AT手自一体变速器，MT百公里综合油耗可降低到6.6L。此外，CS35标配有倒车雷达、电动车窗与液晶显示屏等配置，而电动天窗、自动空调、多功能真皮方向盘等会出现在高配车型上。

## 长安 CS75

汽车档案

| | | | |
|---|---|---|---|
| 英文名 | Changan CS75 | 品牌 | 长安 |
| 上市时间 | 2014 年 | 变速箱 | 5 挡手动变速箱 |
| 车身风格 | 微型车 | 前悬挂 | 麦弗逊式独立悬挂 |
| 车身结构 | 5 门 5 座两厢车 | 后悬挂 | 纵臂扭转梁式非独立悬挂 |
| 发动机 | 1.4L 101 马力 L4 | 刹车 | 前轮通风盘式、后轮鼓式 |
| 驱动方式 | 前置前驱 | 车身尺寸 | 长 3730+ 宽 1650+ 高 1530（毫米） |

汽车介绍

在CS系列销量爆发后，第十一届广州车展上，长安CS75在国内首度亮相。在2014年4月的北京车展上，长安官方宣布新款CS系列成员——长安CS75正式上市。大空间、五星安全实力、强劲动力满足了家庭汽车消费者的用车需求，上市仅仅数年，长安CS75销量就成功地突破100万辆大关，并自2019年10月起，连续5月蝉联中国SUV销量亚军。

赢得用户口碑的同时，长安CS75还先后斩获“中国芯”年度十佳发动机、智能汽车指数第一名等20余项重量级奖项，让长安CS75成为紧凑型SUV市场的一款标杆性产品。

## 长安 欧尚 X7

| | | | |
|---|---|---|---|
| 英文名 | Changan OSHAN X7 | 品牌 | 长安 欧尚 |
| 上市时间 | 2020 年 | 变速箱 | 7 挡双离合变速箱 |
| 车身风格 | 紧凑型 SUV | 前悬挂 | 麦弗逊式独立悬挂 |
| 车身结构 | 5 门 5 座 SUV | 后悬挂 | 多连杆式独立悬挂 |
| 发动机 | 1.5L 178 马力 L4 | 刹车 | 前轮通风盘式、后轮盘式 |
| 驱动方式 | 前置前驱 | 车身尺寸 | 长 4705+ 宽 1860+ 高 1720（毫米） |



长安欧尚是长安汽车旗下的乘用车品牌，与长安汽车一起组成长安自主乘用车品牌发展的“一体两翼”。长安欧尚充分共享长安汽车的全球研发、采购及生产制造体系，不仅满足了消费者对于空间、舒适度、智能系统、动力和油耗的基础需求，更在价格上展现出了极高的性价比。

长安欧尚X7是中国首款登陆太空并完成太空实验的SUV，自然仿生的大美外观设计获得国际CMF大奖，同级独有的长轴距大空间打造领先同级的第二排舒适腿部空间，同时搭载行业首发太空逍遥椅功能、APA5.0一键全自动泊车系统、人脸识别功能等多项前瞻科技。

汽车档案

## 长安 Lumin

| | | | |
|---|---|---|---|
| 英文名 | Changan Lumin | 品牌 | 长安 |
| 上市时间 | 2022 年 | 变速箱 | 电动车单速变速箱 |
| 车身风格 | 微型车 | 前悬挂 | 麦弗逊式独立悬挂 |
| 车身结构 | 3 门 4 座两厢车 | 后悬挂 | 整体桥式非独立悬挂 |
| 发动机 | 纯电动 48 马力 | 刹车 | 前轮实心盘式、后轮鼓式 |
| 驱动方式 | 前置前驱 | 车身尺寸 | 长 3270+ 宽 1700+ 高 1545（毫米） |

汽车介绍

2022年4月22日，长安汽车旗下全新微型纯电动车——长安Lumin的实车正式亮相，定位为微型车，基于长安EPA0平台打造。小巧的车身尺寸和灵活的操控特性让它在城市的密集街道中显得无比灵活，能够轻松应对各种交通情况，亲民的价格也让它深受年轻消费者的喜爱。

动力方面，新车将搭载由两个供应商提供的驱动电机，其最大功率均为30千瓦。而在续航方面，新车的电池组为中创新航提供的磷酸铁锂电池，并提供三种续航版本车型，其续航里程分别为155公里、210公里和301公里。

汽车档案

## 长安 逸达

| | | | |
|---|---|---|---|
| 英文名 | Changan Lamore | 品牌 | 长安 |
| 上市时间 | 2023 年 | 变速箱 | 7 挡双离合变速箱 |
| 车身风格 | 紧凑型车 | 前悬挂 | 麦弗逊式独立悬挂 |
| 车身结构 | 4 门 5 座三厢车 | 后悬挂 | 纵臂扭转梁式非独立悬挂 |
| 发动机 | 1.5T 170 马力 L4 | 刹车 | 前轮通风盘式、后轮实心盘式 |
| 驱动方式 | 前置前驱 | 车身尺寸 | 长 4770+ 宽 1840+ 高 1440（毫米） |

汽车介绍

长安逸达是长安汽车旗下基于方舟架构打造的全新紧凑型轿车，整体设计采用长安最新的“纵横万象”设计语言，造型更加年轻时尚。

逸达搭载蓝鲸新一代NE1.5T高压直喷发动机，最大扭矩为260牛·米，开发了高几何压缩比深度米勒循环及高滚流气道，减少换气过程能量损失，提高燃烧效率，进一步降低了整车油耗。在WLTC综合工况下油耗低至5.99L/100公里，实现强劲动力与燃油经济性并存。配合蓝鲸新一代7速湿式双离合变速器，搭载智能预降挡等多项创新技术，综合传递效率高达96%。

品牌介绍

## 比亚迪

▶ 比亚迪股份有限公司成立于1995年2月，总部位于广东省深圳市。公司现有员工超过22万人，业务横跨汽车、轨道交通、新能源和电子四大产业，在香港和深圳两地上市，营业收入和市值均超千亿元，连续6年蝉联汽车行业最具价值的中国品牌冠军。

## 比亚迪历程

最初的比亚迪规模只有 20 人左右，以生产二次充电电池起步，包括镍镉电池和锂离子电池等。1997 年，比亚迪开始量产锂离子电池，并实现了年销售额突破 1 亿元。

进入 21 世纪后，汽车逐渐走进千家万户，市场上日系、欧系、美系、韩系等各系汽车百花齐放，中国也迎来了汽车工业发展的黄金时期。2003 年，比亚迪顺应时代潮流踏足汽车制造业，并推出了自己的品牌，最初主要生产经济型小型乘用车和商用车。

随着工业化和城市化的推进，以电动汽车为代表的先进技术汽车以其良好的环保、能源特性开始成为国际汽车工业发展的潮流和热点之一。在看准全球发展趋势后，比亚迪率先开始研发混合动力电动汽车，并在 2008 年推出了插电式混合动力车型——比亚迪 F3DM。

随着新能源汽车领域的发展，比亚迪加大了对新能源汽车领域的投入和研究。公司推出了一系列电动汽车和混合动力汽车，并成为全球最大的新能源汽车制造商之一。此外，比亚迪还在能源存储领域取得了重要突破，成为世界领先的锂电池供应商之一。

汽车档案

## 比亚迪 F3

| | | | |
|---|---|---|---|
| 英文名 | BYD F3 | 品牌 | 比亚迪 |
| 上市时间 | 2005 年 | 变速箱 | 5 挡手动变速箱 |
| 车身风格 | 紧凑型车 | 前悬挂 | 麦弗逊式独立悬挂 |
| 车身结构 | 4 门 5 座三厢车 | 后悬挂 | 纵臂扭转梁式非独立悬挂 |
| 发动机 | 1.6L 100 马力 L4 | 刹车 | 前轮通风盘式、后轮实心盘式 |
| 驱动方式 | 前置前驱 | 车身尺寸 | 长 4533+ 宽 1705+ 高 1490（毫米） |

汽车介绍

2005年，首款比亚迪品牌a+级乘用汽车F3上市，定位为中产家庭用车，成为中国品牌首个跨入“万辆俱乐部”的单一车型。F3借鉴了日系、韩系汽车发展的成功经验及模式，MM的理念（即表示人能够享受车内空间的最大化，车必须的机器占有空间最小）贯穿其设计始终。

F3采用了普遍的前置前驱形式，搭载的是三菱4G18的发动机，排量为1.6L，最大爬坡度高于35%。与此发动机配套的是5速手动变速器，经济时速约为80公里/时，标准油耗为4.9L/100公里，在低油耗和实用性上比较有竞争力。

汽车档案

## 比亚迪 F3 DM

| | | | |
|---|---|---|---|
| 英文名 | BYD F3 DM | 品牌 | 比亚迪 |
| 上市时间 | 2008 年 | 变速箱 | CVT 无级变速箱 |
| 车身风格 | 紧凑型车 | 前悬挂 | 麦弗逊式独立悬挂 |
| 车身结构 | 4 门 5 座三厢车 | 后悬挂 | 纵臂扭转梁式非独立悬挂 |
| 发动机 | 1.0L 68 马力 L3 插电式混动 | 刹车 | 前轮通风盘式、后轮实心盘式 |
| 驱动方式 | 前置前驱 | 车身尺寸 | 长 4533+ 宽 1705+ 高 1520（毫米） |

汽车介绍

2008年，全球首款不依赖专业充电站的双模电动车——比亚迪F3 DM上市。比亚迪借此车型率先实现电动汽车商业化，完成太阳能+储能+电动汽车的新能源产品布局，标志着品牌全面进入新能源行业。

DM系统的动力来自一台排量为1.0L的汽油发动机和两台电动机，输出功率为125千瓦。在起步阶段，比亚迪DM双模电动车的瞬间加速性能远超1.0L级别的发动机所能达到的水平，纯电动续航里程达100公里，并且电池在极端高低温和碰撞实验中也体现出了较高的安全指数。

汽车档案

## 比亚迪 S6

| | | | |
|---|---|---|---|
| 英文名 | BYD S6 | 品牌 | 比亚迪 |
| 上市时间 | 2010 年 | 变速箱 | 5 挡手动变速箱 |
| 车身风格 | 中型 SUV | 前悬挂 | 麦弗逊式独立悬挂 |
| 车身结构 | 5 门 5 座 SUV | 后悬挂 | 多连杆式独立悬挂 |
| 发动机 | 2.0L 140 马力 L4（或 1.5T、2.4L） | 刹车 | 前轮通风盘式、后轮实心盘式 |
| 驱动方式 | 前置前驱 | 车身尺寸 | 长 4810+ 宽 1855+ 高 1680（毫米） |

汽车介绍

比亚迪S6是比亚迪的首款SUV，定位为中高端自主SUV，于2010年9月份上市。动力部分，S6拥有1.5T、2.0L和2.4L三个排量，分为手动豪华型、手动尊享型、自动尊贵型及自动尊荣型四个款式，搭载BYD483QB或三菱4G69的发动机。其中，BYD483QB是比亚迪自主研发的发动机，采用博世的电喷管理系统及BIVT可变进气系统。

在底盘结构方面，比亚迪S6采用了承载式车身设计，前麦弗逊式，后三连杆式独立悬架，减震阻尼调校偏舒适化，在公路上行驶有不错的表现。

汽车档案

## 比亚迪 秦

| | | | |
|---|---|---|---|
| 英文名 | BYD Qin | 品牌 | 比亚迪 |
| 上市时间 | 2012 年 | 变速箱 | 6 挡双离合变速箱 |
| 车身风格 | 中型车 | 前悬挂 | 麦弗逊式独立悬挂 |
| 车身结构 | 4 门 5 座三厢车 | 后悬挂 | 扭力梁式非独立悬挂 |
| 发动机 | 1.5T 154 马力 双电机 | 刹车 | 前轮通风盘式、后轮实心盘式 |
| 驱动方式 | 前置前驱 | 车身尺寸 | 长 4740+ 宽 1770+ 高 1480（毫米） |

汽车介绍

在2012年的北京车展上，比亚迪汽车首发了搭载其第二代DM混合动力总成的车型——秦。这是比亚迪王朝系列的首款插电混动轿车，也是当时市场上最早推出的插电混合动力双模电动车，树立了新能源的标杆，代表比亚迪正式开启了中国新能源车时代的大门。

相比第一代DM车型，秦的外观进行了全新设计，前部采用梯形大嘴式进气格栅，两侧的流体性大灯非常犀利。动力方面，秦搭载自主研发的双擎双模技术，具备零百公里加速时间为5.9秒的超强动力，纯电模式下综合工况续航里程可达80公里，“短途纯电，长途混动”模式有效地缓解了出行焦虑。

汽车档案

## 比亚迪 海豹

| | | | |
|---|---|---|---|
| 英文名 | BYD SEAL | 品牌 | 比亚迪 |
| 上市时间 | 2022 年 | 变速箱 | 电动车单速变速箱 |
| 车身风格 | 中型车 | 前悬挂 | 双叉臂式独立悬挂 |
| 车身结构 | 4 门 5 座三厢车 | 后悬挂 | 多连杆式独立悬挂 |
| 发动机 | 纯电动 204 马力 | 刹车 | 通风盘式 |
| 驱动方式 | 后置后驱 | 车身尺寸 | 长 4800+ 宽 1875+ 高 1460（毫米） |

汽车介绍

比亚迪海洋车系是比亚迪推出的一个专注于纯电动汽车推广和普及的全新车型系列，它面向更年轻的消费群体，并以鲜明的绿色新能源属性为特色。

自海洋车系发布以来，比亚迪已经推出了多款基于该平台的车型。比亚迪海豹就是海洋系列中的一款高端车型，以其犀利的外观、低趴的车身姿态和极致运动的特性而闻名。作为全球首款同时搭载CTB电池车身一体化技术，iTAC智能扭矩控制系统的新能源汽车，海豹是比亚迪纯电平台e平台3.0的集大成之作，在安全、操控、效率上都实现了新的突破。

品牌介绍

## 蔚来

▶ 蔚来是一个智能电动汽车品牌，于2014年11月25日在上海注册，由李斌发起创立，并获得淡马锡、百度资本、红杉、厚朴、联想集团、华平、TPG、GIC、IDG、愉悦资本等数十家知名机构投资，代表国产高端电动汽车参与全球竞争。

### 蔚来历史

蔚来汽车成立于 2014 年 11 月，是中国较早从事新能源电动汽车研发、生产及销售的造车企业之一。在成立之初，蔚来并没有立即进行产品的研发或销售网络建设，而是首先成立了 FE 电动汽车赛车队，积极参加国际汽联的电动方程式世界锦标赛，并在 2014 年到 2015 赛季中获得了车手总冠军，从而提升了品牌知名度。

2016 年，蔚来在伦敦发布了英文品牌“NIO”，并推出了超跑车型 EP9，创造了纽伯格林北环等国际知名赛道最快圈速纪录以及最快无人驾驶时速两项世界纪录。2018 年 9 月，蔚来在美国纽交所成功上市，成为继特斯拉之后第二家美股上市的电动汽车制造商。上市后，蔚来汽车获得了大量资金的支持，进一步推动了公司的发展，加速了产品线的扩张。

现在的蔚来已成为一家全球领先的高性能智能电动汽车企业，也是一家通过赛车运动走向世界的中国品牌，在美国硅谷、慕尼黑、上海和伦敦设立了设计和研发中心，拥有制造顶尖的电动汽车和智能汽车的团队。

汽车档案

## 蔚来 EP9

| | | | |
|---|---|---|---|
| 英文名 | NIO EP9 | 品牌 | 蔚来 |
| 上市时间 | 2016 年 | 变速箱 | 电动车单速变速箱 |
| 车身风格 | 跑车 | 前悬挂 | 多连杆式独立悬挂 |
| 车身结构 | 2 门 2 座硬顶跑车 | 后悬挂 | 多连杆式独立悬挂 |
| 发动机 | 纯电动 1360 马力 | 刹车 | 陶瓷通风盘式 |
| 驱动方式 | 双电机四驱 | 车身尺寸 | 长 4888+ 宽 2230+ 高 1150（毫米） |

汽车介绍

2016年11月，蔚来汽车的首款量产车型——EP9电动超跑在伦敦发布。这台“速度传奇”，融合了蔚来从FE赛道上获取的数据和经验，4个高性能电机协力输出1000千瓦的最大功率，零百公里加速时间只需2.78秒，最大速度可达313公里/时。每个车轮都配以独立电机，动态扭矩分配系统能让车辆时刻保持在最佳牵引力状态。

作为一辆为赛道而生的跨时代电动超跑，蔚来EP9在2016年11月首次尝试纽博格林北环赛道即以7分05秒12的成绩打破了赛道最快电动汽车圈速纪录。

汽车档案

## 蔚来 ES8

| | | | |
|---|---|---|---|
| 英文名 | NIO ES8 | 品牌 | 蔚来 |
| 上市时间 | 2017 年 | 变速箱 | 电动车单速变速箱 |
| 车身风格 | 中大型 SUV | 前悬挂 | 双叉臂式独立悬挂 |
| 车身结构 | 5 门 7 座 SUV | 后悬挂 | 多连杆式独立悬挂 |
| 发动机 | 纯电动 653 马力 | 刹车 | 通风盘式 |
| 驱动方式 | 双电机四驱 | 车身尺寸 | 长 5022+ 宽 1962+ 高 1756（毫米） |

汽车介绍

2017年年底，蔚来推出了首款量产纯电7座SUV ES8，并在2018年开始交付。其中，E代表“电动”，S代表“SUV”，“8”代表性能等级。ES8定位于快速增长的7座SUV市场，面向一二线城市的新生代核心家庭。

ES8由全铝合金车身和底盘打造，全系标配主动式空气悬挂，搭载前后双电机，采用四轮驱动。座椅采用七座版2+3+2布局以及六座版2+2+2布局，车长超过5米，轴距超过3米，能满足工作、家庭、社交和探索全场景需求。

# 第 8 章

# 日韩汽车赏析

韩国和日本都是当今世界汽车生产大国，在亚洲乃至全球的地位都称得上举足轻重。其中，韩国的主要车企包括现代、起亚、双龙和雷诺三星等，日本则有丰田、本田、马自达、雷克萨斯、日产、斯巴鲁等，市场占有率都比较高。

品牌介绍

## 现代

▶ 现代汽车公司（Hyundai Motor Company）是韩国最大的汽车生产企业和世界上20家最大的汽车企业之一，1967年12月29日由现代企业集团出资建立，总部设在韩国汉城，旗下车型包括索纳塔（Sonata）、伊兰特（Elantra）、胜达（Santa Fe）和途胜（Tucson）等。

## 现代发展

20 世纪 60 年代，借助战后的建设浪潮的推动，现代建筑公司在 1967 年 12 月建立了现代汽车公司，这意味着公司开始介入运输及机械工业领域。在后续数年的创业期内，现代汽车公司和福特汽车公司的英国分公司合作，由福特提供主要部件，按许可证生产“哥蒂拉”牌小汽车，并于 1970 年建成年产量达 2.6 万辆的蔚山工厂。

到了 20 世纪 70 年代早期，现代集团的管理层作出了一个至关重要的决定——不再仅仅依赖外国车型的授权许可，而是要同步开发现代自主拥有所有权的轿车车型。于是现代公司花巨资，在公司内消化吸收福特技术，并于 1974 年投资 1 亿美元建设新厂。1974 年 6 月，现代汽车首款量产自主车型——小马（Pony）问世。这款微型汽车在韩国市场迅速获得了巨大的成功，并且令现代汽车雄踞韩国市场首位长达 20 年之久。

20 世纪 80 年代初期，现代汽车公司作出了另一个决定，加大投资对蔚山工厂进行大规模的扩建，这令工厂实现了从小批量生产到大批量生产的重要转变。1986 年，现代汽车公司的超小马汽车投入美国市场，当年即售出 16 万辆，创下汽车业销售奇迹，从而奠定了现代汽车公司的国际地位，并在今后数十年时间内不断巩固，直至建成今日庞大的现代集团。

▲汽车档案

## 现代 小马

| | | | |
|---|---|---|---|
| 英文名 | Hyundai Pony | 品牌 | 现代 |
| 上市时间 | 1974 年 | 变速箱 | 4 挡手动变速箱 |
| 车身风格 | 紧凑型车 | 前悬挂 | 麦弗逊式独立悬挂 |
| 车身结构 | 2 门 4 座掀背车 | 后悬挂 | 扭力梁式非独立悬挂 |
| 发动机 | 1.2L 三菱 4G36 L4 | 刹车 | 前轮盘式 + 后轮鼓式 |
| 驱动方式 | 前置后驱 | 车身尺寸 | 长 4029+ 宽 1566+ 高 1355（毫米） |

▼汽车介绍

现代汽车首款量产自主车型小马于1974年在都灵车展上作为概念车首次亮相，并于同年实现量产。小马在世界上是第16个，在亚洲是继日本之后的第二个自主研发的车型，标志着韩国进入了世界汽车工业国的行列。

现代汽车从1976年到1988年将小马出口到哥伦比亚、厄瓜多尔和埃及等国家。1978年，现代开始将小马出口到欧洲，最初是比利时和荷兰，后来出口到希腊。1976年5月，现代新推出了小马皮卡版，1977年4月推出了旅行车，1980年推出了三门掀背车。

汽车档案

## 第四代现代 EF 索纳塔

| | | | |
|---|---|---|---|
| 英文名 | Hyundai EF Sonata | 品牌 | 现代 |
| 上市时间 | 1998 年 | 变速箱 | 4 挡自动 /5 挡手动变速箱 |
| 车身风格 | 中型车 | 前悬挂 | 双横臂式独立悬挂 |
| 车身结构 | 4 门 4 座两厢车 | 后悬挂 | 多连杆式独立悬挂 |
| 发动机 | 2.0L 136 马力 L4 | 刹车 | 盘式 |
| 驱动方式 | 前置前驱 | 车身尺寸 | 长 4710+ 宽 1815+ 高 1410（毫米） |

汽车介绍

索纳塔是现代汽车发展历史最久的车型，第一代索纳塔诞生于1985年年底。初代索纳塔不仅在外观设计上符合当时人们对豪华中型车的主流审美，在配置上也都领先于当时的车型。

1998年，代号为EF的第四代索纳塔正式上市，目的是扩大现代在欧洲市场的影响力，因此这一代索纳塔在外观设计上融入了不少德系车的元素，并且加强了乘坐的舒适感，这也为后期索纳塔布局全球市场奠定了良好的口碑。而动力是这一代索纳塔最大的变化，从第四代车型起，索纳塔终于不再使用三菱的发动机，而是装备上了自行研发的发动机，共计有2.0L、2.4L和2.5L三个排量。

汽车档案

## 第五代现代 EF 途胜

| | | | |
|---|---|---|---|
| 英文名 | Hyundai Tucson | 品牌 | 现代 |
| 上市时间 | 2022 年 | 变速箱 | 6 挡手自一体变速箱 |
| 车身风格 | 紧凑型 SUV | 前悬挂 | 麦弗逊式独立悬挂 |
| 车身结构 | 5 门 5 座 SUV | 后悬挂 | 多连杆式独立悬挂 |
| 发动机 | 2.0L 150 马力 L4 油电混动 | 刹车 | 前轮通风盘式、后轮实心盘式 |
| 驱动方式 | 前置前驱 | 车身尺寸 | 长 4670+ 宽 1865+ 高 1690（毫米） |

汽车介绍

途胜是现代在2004年推出的一款城市SUV，在那个时候，城市SUV的概念刚刚开始萌芽，初代途胜可谓城市SUV的鼻祖之一。而如今的途胜系列，已经经历了五代车型的转变和发展。

2022年，途胜发展到了第五代，基于全新的现代i-GMP平台打造，在安全性、轻量化和驾驶性能等多个方面进行了创新性的变革，配备2.0L混动以及1.5T两种动力系统，并搭载了全球首创CVVD技术（连续可变气门持续期技术），让发动机能够无级调整空燃比，根据工况调整动力输出能力，让其在实现强动力输出的同时，又能实现在WLTC标准下的百公里综合油耗低至6.9L。

品牌介绍

## 起亚

▶ 起亚（Kia）全称起亚株式会社，成立于1944年，是韩国历史上第一家汽车制造商。初称“京城精密工业”，1952年改称“起亚工业”，寓意“起于亚洲”或“亚洲崛起”。2000年，起亚并入现代汽车，成为现代起亚汽车集团。

### 起亚历程

1944 年 12 月，起亚汽车的前身京城精密工业（Kyungsung Precision Industry）成立，位于汉城永登浦区。初期的京城精密工业是一家手工制作自行车零部件的小厂，直到 1951 年 3 月制造出韩国第一辆自行车——三千里后，才更名为起亚工业公司。1962 年，一辆小型的厢式三轮货车 K360 面世，从此起亚走上了汽车制造的道路。

1973 年，起亚生产出韩国第一台汽油发动机，并于 1974 年 10 月生产出韩国第一部采用汽油发动机的乘用轿车 Brisa。这标志着起亚开始介入竞争激烈的轿车市场之中，Brisa 轿车也成为韩国首部出口的汽车，出口地为中东地区。1981 年，起亚被韩国政府指定为面包车生产厂家，从而形成了轿车、货车、旅行车的生产体系。

20 世纪 90 年代，起亚公司由于急于开拓海外市场，快速的扩张使企业债务高筑，再加上亚洲金融危机引发了韩国的金融危机，使得起亚汽车的投资失去了可偿还能力，濒临破产，最后韩国政府出面，指令现代收购起亚公司。2000 年，起亚公司与现代公司一起成立现代起亚汽车集团，包括现代汽车、起亚汽车和现代零件供应商以及 19 个与集团产业有关的核心公司。在市场上，起亚和现代以两个独立公司的形式运营至今。

汽车档案

## 第二代起亚 Sportage

| | | | |
|---|---|---|---|
| 英文名 | Kia Sportage | 品牌 | 起亚 |
| 上市时间 | 2004 年 | 变速箱 | 4 挡手自一体变速箱 |
| 车身风格 | 紧凑型 SUV | 前悬挂 | 双横臂式独立悬挂 |
| 车身结构 | 5 门 5 座 SUV | 后悬挂 | 多连杆式独立悬挂 |
| 发动机 | 2.7L 175 马力 V6 | 刹车 | 实心盘式 |
| 驱动方式 | 前置四驱 | 车身尺寸 | 长 4350+ 宽 1800+ 高 1695（毫米） |

汽车介绍

第一代Sportage于1993年上市，之后30多年间，Sportage一直是起亚汽车的全球销量担当，截至2021年全球销量超660万辆，是起亚名副其实的最畅销车型之一，同时对韩国汽车工业的发展也具有重要意义。

2004年，Sportage推出第二代车型，和现代途胜共享平台，成为起亚首个采用承载式车身的SUV，引领承载式车身成为SUV的主流。动力方面，二代Sportage有三款发动机，分别是2.0L自然吸气柴油发动机、2.0L自然吸气汽油发动机和2.7L汽油发动机。

▲ 汽车档案

## 第三代起亚 K5

| | | | |
|---|---|---|---|
| 英文名 | Kia K5 | 品牌 | 起亚 |
| 上市时间 | 2020 年 | 变速箱 | 7 挡双离合变速箱 |
| 车身风格 | 中型车 | 前悬挂 | 麦弗逊式独立悬挂 |
| 车身结构 | 4 门 5 座三厢车 | 后悬挂 | 多连杆式独立悬挂 |
| 发动机 | 1.5T 170 马力 L4 | 刹车 | 前轮通风盘式、后轮实心盘式 |
| 驱动方式 | 前置前驱 | 车身尺寸 | 长 4980+ 宽 1860+ 高 1445（毫米） |

▼ 汽车介绍

起亚K5是一款于2010年推出的中型轿车，最初被称为起亚OPTIMA，外观和内饰设计非常时尚，具有出色的性能和安全配置，是起亚汽车在中型车市场的重大突破。

2016年，起亚K5迎来了一次重要的更新换代，这次升级使得该车型成功地跻身主流B级车市场。到了2020年，起亚K5进行了第三次换代升级，并最终放弃了OPTIMA这个名字，转而统一称为起亚K5。第三代起亚K5基于起亚先进的第三代i-GMP平台开发，搭载现代汽车集团新一代Smartstream动力系统，全球独创第四代CVVD技术，破除了动力与油耗不可兼得的束缚。

汽车档案

## 起亚 EV6 2023年款

| | | | |
|---|---|---|---|
| 英文名 | Kia EV6 | 品牌 | 起亚 |
| 上市时间 | 2023 年 | 变速箱 | 电动车单速变速箱 |
| 车身风格 | 紧凑型 SUV | 前悬挂 | 麦弗逊式独立悬挂 |
| 车身结构 | 5 门 5 座 SUV | 后悬挂 | 多连杆式独立悬挂 |
| 发动机 | 纯电动 229 马力 | 刹车 | 前轮通风盘式、后轮实心盘式 |
| 驱动方式 | 后置后驱 | 车身尺寸 | 长 4695+ 宽 1890+ 高 1575（毫米） |

汽车介绍

起亚EV6车型是起亚在2021年基于全新电动汽车专用平台E-GMP打造，遵循全新设计理念Opposites United的首款专属电动车型，也是起亚首款同时提供两驱版本（2WD）和全轮驱动版本（AWD）的电动车型，标志着起亚全面向电动化新时代转型。

起亚EV6提供了多种全电动、零排放的动力系统选择，包含拥有77.4kWh电池组的长续航版本和拥有58度电电池组的标准续航版本。EV6还支持切换GT驾驶模式，可带来爆发性的加速动力，最高时速达260公里的强大行驶性能，零百公里加速时间只需3.5秒。

品牌介绍

## 本田

▶ 本田全称本田技研工业株式会社，现役产品线主要由汽车、摩托、动力产品和飞机四大业务组成，其中汽车业务由核心品牌本田（Honda）和豪华品牌讴歌（Acura）构成。本田是日本乃至世界汽车业中的佼佼者，在全世界有很大的影响力。

## 本田发展

本田汽车公司由本田宗一郎于 1948 年在日本创立，那时战后的日本国内资源匮乏，交通不便，本田宗一郎抓住机会发明了一种燃油助力的新型机器脚踏车，销售情况出奇的好，自此本田公司开始从事摩托车的生产和销售。随后数年时间内，本田凭借先进的发动机技术成功地推出了多款畅销的摩托车车型，为本田积累了丰富的经验和声誉。

进入 20 世纪 60 年代，本田开始将目光转向汽车市场。1963 年，本田推出了第一款乘用车——本田 T360 小型皮卡。此后，本田凭借其独特的技术优势和精准的市场洞察成功地推出了多款具有竞争力的车型，如本田 Civic、本田 Accord 等，进一步巩固了其在日本汽车工业界的地位，并逐渐在全球范围内建立了良好的品牌声誉。

进入 20 世纪 90 年代，本田在引擎技术、燃料效率和环保方面取得了众多显著的成就，开始全面推进全球扩张和本土化战略。通过在北美、欧洲和亚洲等地建立生产基地，与其他汽车制造商合作，本田成功地将其业务拓展到全球各地，进一步拓展了国际市场。至今，本田汽车在北美、欧洲、亚洲等地都拥有极具竞争力的市场份额。

## 第七代本田 思域

| | | | |
|---|---|---|---|
| 英文名 | Honda Civic | 品牌 | 本田 |
| 上市时间 | 2001 年 | 变速箱 | CVT 无级变速箱 |
| 车身风格 | 紧凑型车 | 前悬挂 | 麦弗逊式独立悬挂 |
| 车身结构 | 5 门 5 座 SUV | 后悬挂 | 多连杆式独立悬挂 |
| 发动机 | 1.3L 电机混动 | 刹车 | 盘式 |
| 驱动方式 | 前置前驱 | 车身尺寸 | 长 4517+ 宽 1799+ 高 1434（毫米） |



1972年，第一台凝聚本田汽车顶尖技术精华与设计理念的思域（Civic）轿车诞生，Civic意为“公民”，代表思域作为人人可负担的经济适用车的产品定位。迄今50余年间历经十代革新与进化，思域在全球收获了近2700万用户的认可和信赖。从诞生之日起，Civic就代表着本田汽车不断挑战、不断突破的精神，是本田汽车的灵魂车型之一。

2001年，第七代思域搭载了IMA混合动力系统，成为世界上首台搭载混合动力系统的量产车型。得益于本田的G-Con碰撞安全技术，第七代Civic也拥有了当时最高的安全标准。

汽车档案

## 第六代本田 CR–V

| | | | |
|---|---|---|---|
| 英文名 | Honda CR–V | 品牌 | 本田 |
| 上市时间 | 2022 年 | 变速箱 | CVT 无级变速箱 |
| 车身风格 | 紧凑型 SUV | 前悬挂 | 麦弗逊式独立悬挂 |
| 车身结构 | 5 门 5 座 SUV | 后悬挂 | 多连杆式独立悬挂 |
| 发动机 | 1.5T 193 马力 L4 | 刹车 | 前轮通风盘式、后轮实心盘式 |
| 驱动方式 | 前置前驱 | 车身尺寸 | 长 4703+ 宽 1866+ 高 1680（毫米） |

汽车介绍

进入20世纪90年代，日系汽车厂商开始在轿车的基础上研发SUV产品。1995年，第一代本田CR–V诞生，基于第六代思域平台研发而来，上市之后迅速取得了出色成绩，尤其是在美国市场。

2022年9月，第六代CR–V在海外正式亮相，这也是本田在中国市场首次推出插电混动车型。作为紧凑型SUV的标杆级车型，新一代车型仍将提供燃油及混动等多种动力组合，配备Real–Time AWD智能四驱系统，可根据实时路况实现两驱和四驱之间的智能切换，WLTC综合工况总续航里程达965公里。

## 第十一代本田 雅阁

| | | | |
|---|---|---|---|
| 英文名 | Honda Accord | 品牌 | 本田 |
| 上市时间 | 2023 年 | 变速箱 | CVT 无级变速箱 |
| 车身风格 | 中型车 | 前悬挂 | 麦弗逊式独立悬挂 |
| 车身结构 | 4 门 5 座三厢车 | 后悬挂 | 多连杆式独立悬挂 |
| 发动机 | 1.5T 192 马力 L4 | 刹车 | 前轮通风盘式、后轮实心盘式 |
| 驱动方式 | 前置前驱 | 车身尺寸 | 长 4980+ 宽 1862+ 高 1449（毫米） |

本田雅阁（Accord）曾经是中国汽车市场中销量最高的中档轿车，1976—2023年，雅阁在全球已经历经十一代变革。第一代雅阁是在石油危机和废气排放标准大幅提高的大背景下开发的具有创新意义的节能低公害型轿车，以宽阔的车内空间、优异的行驶性能和新奇的掀背式形象问世。

2023年4月18日，本田全新一代雅阁亮相上海国际车展，继承了上一代的年轻化、运动化设计理念，整车拥有更突出的四门轿跑车特征。动力上，第十一代本田雅阁提供了燃油版和插电式混合动力（PHEV）两种车型，搭载CVT无级变速箱，让驾驶者更加舒适和省油。

品牌介绍

## 丰田

▶ 丰田汽车公司（Toyota Motor Corporation）是一家日本跨国汽车制造商，也是日本军用汽车与装甲车的最大生产商，现为丰田集团成员，总部位于日本爱知县丰田市和东京都文京区，创始人为丰田喜一郎（1894—1952）。

TOYOTA

## 丰田故事

1933 年，丰田汽车的创始人丰田喜一郎凭借着自己对欧洲和美国汽车工业进行的考察以及独到的眼光，认定汽车必然是未来举足轻重的交通工具，于是在其父亲丰田佐吉留下的丰田棉纺厂中创立了一个全新的部门——汽车部，开始研制汽车。1937 年 8 月 28 日，汽车部宣告从丰田自动织机制作所独立出来，作为一家拥有 1200 万日元资本金的新公司—丰田自动车工业株式会社从此踏上了自己的崭新历程。

创业初期的丰田汽车公司虽没有自己的汽车生产基地和大规模生产的经验，却坚守一个信念：模仿比创造更简单，如果能在模仿的同时给予改进，那就更好。因此，丰田汽车公司在那个时期所生产的汽车均来自和其他日本汽车厂家的合作。正是通过这样的合作，丰田汽车公司得以积累了足够的经验和人才，从而奠定了该公司的生产基础。

20 世纪 50 年代日本的奥运会和进出口体制的优化，以及 70 年代的两度石油危机为丰田汽车公司带来了巨大的商业机会，丰田开始逐步向国际市场进军，为品牌拓展市场，吸引国际消费者，直至发展成为今日的世界汽车业巨头之一。

汽车档案

## 第一代丰田 卡罗拉

| | | | |
|---|---|---|---|
| 英文名 | Toyota Corolla | 品牌 | 丰田 |
| 上市时间 | 1966 年 | 变速箱 | 4 挡手动变速箱 |
| 车身风格 | 小型车 | 前悬挂 | 麦弗逊式独立悬挂 |
| 车身结构 | 2 门 4 座两厢车 | 后悬挂 | 非独立悬挂 |
| 发动机 | 1.1L 60 马力 L4 | 刹车 | 鼓式 |
| 驱动方式 | 前置前驱 | 车身尺寸 | 长 3866+ 宽 1485+ 高 1380（毫米） |

汽车介绍

1966年，丰田为履行自创立之初立下的“普及汽车”的使命，响应日本政府提出的“发展国民车”的构想，以宣传家用车概念的形式推出了第一代Corolla。彼时恰逢日本经济的高速发展期，人们的生活变得更加富裕，整个社会迈进了新时代。在这种时代背景下，闪亮登场的Corolla成为许多人心中渴望的“私家车”象征，同时也是丰田品牌可靠声誉的奠基者。

初代Corolla遵循“80分主义+α”的理念，以追求整体平衡性和突出性能为目标，在坚守结实且实用的汽车制造精髓的同时，巧妙地融入了欧洲车高速、耐用与舒适的标准。

汽车档案

## 第八代丰田 凯美瑞

| | | | |
|---|---|---|---|
| 英文名 | Toyota Camry | 品牌 | 丰田 |
| 上市时间 | 2017 年 | 变速箱 | 8 挡手自一体变速箱 |
| 车身风格 | 中型车 | 前悬挂 | 麦弗逊式独立悬挂 |
| 车身结构 | 4 门 5 座三厢车 | 后悬挂 | 双叉臂式独立悬挂 |
| 发动机 | 2.0L 167 马力 L4 | 刹车 | 前轮通风盘式、后轮实心盘式 |
| 驱动方式 | 前置后驱 | 车身尺寸 | 长 4885+ 宽 1840+ 高 1455（毫米） |

汽车介绍

20世纪七八十年代，受石油危机影响，日本车企开始研发更小、更轻、更省油的经济型轿车。在这样的时代背景下，1982年3月，丰田在日本市场推出了前置前驱紧凑型轿车——凯美瑞（Camry），代号V10，凯美瑞车系正式诞生并独立。

作为一款经典中高级的B级车型，凯美瑞自2006年在美国上市以来，至今已经销售百万余辆，同时它也是唯一一款长期稳居中高级轿车市场前三的车型。时至今日，凯美瑞车系已经发展到了第八代，搭载了丰田全新的TNGA架构，使凯美瑞在操控舒适性等方面有了脱胎换骨的变化。

汽车档案

## 第四代丰田 汉兰达

| | | | |
|---|---|---|---|
| 英文名 | Toyota Highlander | 品牌 | 丰田 |
| 上市时间 | 2020 年 | 变速箱 | E-CVT 无级变速箱 |
| 车身风格 | 中型 SUV | 前悬挂 | 麦弗逊式独立悬挂 |
| 车身结构 | 5 门 5 座 SUV | 后悬挂 | 双叉臂式独立悬挂 |
| 发动机 | 2.5L 192 马力 L4 油电混动 | 刹车 | 通风盘式 |
| 驱动方式 | 前置后驱 | 车身尺寸 | 长 4965+ 宽 1930+ 高 1750（毫米） |

汽车介绍

20世纪90年代，日本的汽车工业日渐繁荣，很多车型已经出口到了北美市场。但北美市场和日本本土的需求不同，北美市场更倾向于兼具通过性和舒适性的SUV车型。丰田为了顺应市场，通过K平台打造出了一款具有承载式车身的SUV，这就是第一代汉兰达。

至今，汉兰达已经在市场上征战了二十余年，但其市场地位依旧稳固，靠的就是稳固的品质和优秀的性能。第四代汉兰达于2020年发布，在外观和内饰设计上变得更加豪华大气，采用了全新的TNGA平台和适应性全轮驱动系统，在性能和便利性方面都有了很大的提升。

品牌介绍

## 雷克萨斯

▶ 雷克萨斯（Lexus）创立于1983年，是日本丰田集团旗下全球著名豪华汽车品牌，最早在北美推出，仅用了十几年的时间，销量在北美地区便超过了奔驰、宝马。从2000年起，雷克萨斯品牌连续11年位居美国豪华汽车销量榜第一。

## 雷克萨斯发展

1983 年 8 月，丰田汽车公司召开了一次意义重大的董事会。董事会上，丰田英二向公司的高层主管、设计师、工程师和企业战略研究专家们抛出了一个问题：我们可以创造出一辆豪华汽车去挑战顶级市场吗？虽然这个设想对于当时主打国民汽车定位的丰田来说有些超前，要去和梅赛德斯－奔驰 S 级、宝马 7 系等顶级豪华轿车竞争更是一项巨大的挑战，但随着市场消费风向的变化和经济的复苏，丰田高层们决定大胆一试。

经过 6 年时间和超过 10 亿美元的投入，1989 年，雷克萨斯首款车型 LS 400 诞生了。上市后，雷克萨斯 LS 400 迅速获得了良好的口碑和销量，被认为是一款性能出色、豪华舒适的轿车，其优异的质量和性能给客户和竞争对手们都留下了深刻的印象。

两年后，雷克萨斯一跃成为美国销量最好的进口豪华品牌，并推出了更多的车型，如雷克萨斯 ES、GS 和 SC 等，不断拓展了市场份额，在全球范围内建立起了良好的声誉。2000 年，雷克萨斯夺取了凯迪拉克北美最畅销豪华车的宝座，从那一年起，雷克萨斯连续 11 年蝉联北美豪华汽车销量冠军，在全球范围内享有盛誉。

汽车档案

## 第二代雷克萨斯 LS 400

| | | | |
|---|---|---|---|
| 英文名 | Lexus LS 400 | 品牌 | 雷克萨斯 |
| 上市时间 | 1994 年 | 变速箱 | 4 挡自动变速箱 |
| 车身风格 | 中型车 | 前悬挂 | 双叉臂式独立悬挂 |
| 车身结构 | 4 门 4 座两厢车 | 后悬挂 | 多连杆独立悬架 |
| 发动机 | 4.0L 264 马力 V8 | 刹车 | 盘式 |
| 驱动方式 | 前置后驱 | 车身尺寸 | 长 4996+ 宽 1829+ 高 1415（毫米） |

汽车介绍

雷克萨斯LS车型的研发开始于1983年，时任丰田汽车董事长的丰田英二提出开展一项代号为Circle-F的秘密研发计划，旨在不计成本地制造一款高级轿车，以提升丰田品牌在消费者心中的平民定位，由此诞生了第一代LS 400。

第二代LS 400于1994年推出，虽然与初代LS 400使用了相同的发动机，但它的动力更大，最大输出功率为194千瓦，峰值扭矩为366牛·米，零百公里加速时间缩减至7.5秒。此外，二代LS 400还装备了世界上第一台车载前置多碟转换系统、第一台汽车音响硬盘以及可选配的GPS导航系统等先进设备。

▲汽车档案

## 雷克萨斯 RZ 450e

| | | | |
|---|---|---|---|
| 英文名 | Lexus RZ 450e | 品牌 | 雷克萨斯 |
| 上市时间 | 2022 年 | 变速箱 | 电动车单速变速箱 |
| 车身风格 | 中型 SUV | 前悬挂 | 麦弗逊式独立悬挂 |
| 车身结构 | 5 门 5 座 SUV | 后悬挂 | 多连杆式独立悬挂 |
| 发动机 | 纯电动 313 马力 | 刹车 | 通风盘式 |
| 驱动方式 | 双电机四驱 | 车身尺寸 | 长 4805+ 宽 1895+ 高 1635（毫米） |

▼汽车介绍

2022年，雷克萨斯推出旗下首台基于丰田e-TNGA纯电动架构打造的全新电动SUV——RZ 450e，采用纺锤型车身设计，车身侧面属于跨界车造型，营造出悬浮式车顶的视觉效果。

雷克萨斯RZ的异形方向盘是这台新车的标志性元素，它打破传统，并且对于驾驶操控有明显的提升作用。动力方面，搭载双电机驱动系统，前电机最大功率为150千瓦，后电机最大功率为80千瓦，配备了DIRECT4电子动态四驱系统，可以基于车辆轮速、加速踏板和转向角度传感器所收集的信息精准控制前后轮驱动力分配。